Johann Georg Lughofer

Des Kaisers *neues* Leben

Der Fall Maximilian von Mexiko

UEBERREUTER

Für meine Eltern

Die deutsche Bibliothek – CIP-Einheitsaufnahme

Lughofer, Johann:
Des Kaisers neues Leben : der Fall Maximilian von Mexiko /
Johann Lughofer. – Wien : Ueberreuter, 2002
ISBN 3-8000-3874-9

Umschlaggestaltung: Kurt Hamtil, verlagsbüro wien, unter Verwendung eines Fotos des Bildarchivs der Österreichischen Nationalbibliothek, Wien

Druck: Ueberreuter Print
1 3 5 7 6 4 2

Ueberreuter im Internet: www.ueberreuter.at

Inhalt

Vorwort

Die Geschichtswissenschaft muss immer wieder umgeschrieben werden. Geheime Machenschaften einflussreicher Gruppen und Staaten bleiben ihr oft lange verborgen, die Hintergründe und Ursachen seltsamer Ereignisse können – wenn überhaupt – erst spät erklärt werden. Hier soll die Forderung nach einer Überprüfung der klassischen Geschichtsschreibung vorgestellt werden, die das Leben – und vor allem den Tod – jenes österreichischen Erzherzogs betrifft, der in Übersee sein Glück finden wollte: Der Habsburger Kaiser Maximilian von Mexiko wäre nicht hingerichtet worden, sondern lebte im kleinen mittelamerikanischen Staat El Salvador noch viele Jahrzehnte.
Mexiko war das Schicksal Maximilians – mit oder ohne Exekution – und dort soll unsere Geschichte ihren Ausgang nehmen. Wie kam Mexiko überhaupt zu einem Kaiser der alten österreichischen Dynastie? Wieso nahm ein junger Erzherzog das Angebot des fernen Landes an? Wie erging es dem Monarchen in seinem amerikanischen Kaiserreich?
Was erzählt uns die althergebrachte Geschichtsschreibung über sein Ende? Wie viele Aspekte blieben dabei immer ungeklärt? Wie lautet die neue Theorie zum Weiterleben Maximilians? Wie hätte der Kaiser seiner Hinrichtung entgehen können? Wie hätte er in El Salvador gelebt?
Welche Beweise und Indizien liefert die neue Theorie? Welche Gegenargumente werden gebracht? Wer beteiligt sich an der Diskussion?
All diese Fragen sollen in diesem Buch beantwortet werden. Das problematische Leben Kaiser Maximilians von Mexiko wird dem Leser ebenso näher gebracht wie sein mögliches Entkommen in ein unkompliziertes Dasein.

Mexiko versinkt im Chaos

»Mit Bajonetten gräbt man kein Geld aus der Erde.«

Ferdinand Maximilian von Habsburg

Das zweite mexikanische Kaiserreich unter Maximilian von Habsburg sollte einem Land zu Ruhe und Stabilität verhelfen. Mexiko hatte nach 300 Jahren relativ beschaulichen Kolonialdaseins im spanischen Imperium ein turbulentes halbes Jahrhundert voller Unruhen, Bürgerkriege, leerer Staatskassen und ausländischer Militärinterventionen hinter sich. Keine Regierung konnte sich etablieren. In vierzig Jahren nach der Unabhängigkeit sah die mexikanische Bevölkerung 58 Regierungen kommen und gehen. Verfassungen und Gesetze blieben Papierverschwendung, lokale Machthaber bestimmten. Die Europäer sahen die Bedeutung des ehemaligen Zentrums des spanischen Kolonialreiches neben der Macht des aufstrebenden Nachbarn im Norden, der Vereinigten Staaten von Amerika, schwinden. Die Misere Mexikos stieß im alten Kontinent auf Unverständnis. Die Schuld der unvorteilhaften Situation wurde in der fehlenden Staatsführung gesehen, die weder eine Schaffung von Infrastruktur zuließ noch die Entwicklung der Wirtschaft. Es nutzte wenig, dass Mexiko mit Vorkommen von Silber, Gold, Eisen und Kohle reich an Bodenschätzen war. In dem großen Staat fanden sich außerdem alle Klimazonen vom gemäßigten Hochland bis zu Tropenwäldern, die den erfolgreichen Anbau aller landwirtschaftlichen Produkte erlaubten.

Schon 1519 fand Hernández Cortés nur Worte des Erstaunens für die beeindruckende Expansion des Kaiserreichs der Azteken mit der Hauptstadt Tenochtitlan, die jede spanische Stadt dieser Zeit an Größe übertraf. Das hochorganisierte Reich konnte nur mit Hilfe von alliierten Indios besiegt werden. Der damalige Herrscher auf dem spanischen Thron, der Habsburger Karl V., ernannte das Land zur Kolonie »Neuspanien« und proklamierte die Rechte der spanischen Krone. Nur sie durfte Steuern und Abgaben einheben und Beamte entsenden. Die Belieferung der Kolonie mit Produkten blieb dem Mutterland vorbehalten, dabei wurde der Kolonie verboten bedeutende Güter – wie Wein, Weizen und Oliven – selbst herzustellen. Doch nicht nur die Krone, auch die spanischen Eroberer vor Ort wollten aus dem Land so viel wie möglich herauspressen. Aztekische Adelige wurden gefoltert, doch der sagenhafte Schatz Moctezumas wurde nie gefunden. Die Soldaten des Cortés wurden so mit der Verleihung von Ländern, mit dem Recht, Tribute oder Arbeitsleistungen der darauf lebenden Indigenen einzufordern, belohnt. Dies führte zu einer grausamen Behandlung der untergebenen Ureinwohner, die wie Sklaven ausgebeutet wurden. Auf die Verpflichtung, ihre neuen Untertanen zu »zivilisieren« und für sie Sorge zu tragen, wurde nicht eingegangen. Die Zahl der Indigenen dezimierte sich von ursprünglich 25 Millionen zur Zeit der Ankunft der Spanier im Gebiet Mexikos auf sechs Millionen am Anfang des 19. Jahrhunderts. Von der Hauptstadt Mexiko ausgehend dehnte sich das mittlerweile zum Vizekönigtum erklärte Neuspanien kontinuierlich aus. Im Süden wurden die tropischen Mayagebiete, die Halbinsel Yucatán und die heutigen zentralamerikanischen Kleinstaaten bis Panama, annektiert. Diese Randgebiete konnten meist nicht zur Gänze unter spanische Kontrolle gebracht werden. Die Besiedlung blieb sehr dünn und die Entfernungen zur Hauptstadt waren enorm. Bis zum Beginn des 19. Jahrhunderts verschoben Missionare und Siedler die Grenzen bis in die heutigen US-Bundesstaaten Texas, New Mexico, Arizona, Kalifornien, Utah und Colorado. In den Norden lockten vor allem vermutete und entdeckte Silberminen, deren Ausbeutung einen beachtlichen Wohlstand brachte. Doch dieser Reichtum blieb auf wenige beschränkt und am Beginn des 19. Jahrhunderts führten soziale Spannungen und Unzufriedenheit zu Revolten gegen das Mutterland und die feudalen Kolonialstrukturen des Vizekönigtums. Besonders die reichen, gebildeten und mitunter aristokratischen Kreolen, in Mexiko geborene Spanier, wollten sich nicht mehr damit abfinden, dass alle hohen Ämter in der Regierung sowie in der Kirche nur durch *»gachupines«*, in Europa geborene Spanier, besetzt wurden. Sie waren zwar reiche Kaufleute, Minen- und Großgrundbesitzer, doch sie blieben von politischen Entscheidungen und Karrieren ausgeschlossen. Besonders schmerzte sie dabei, dass die Wirtschaftspolitik allein darauf ausgerichtet war, dem Mutterland Spanien zu nutzen, und den Aufbau einer eigenständigen Wirtschaft der Kolonie hemmte. Die Vizekönige legten nicht einmal auf eine nützliche Infrastruktur Wert. Die einzige gute Straße im Jahr 1800 führte von Acapulco nach Mexiko-Stadt und Veracruz. Auf ihr wurden die Güter aus den Philippinen, ebenso eine spanische Kolonie bis 1898, auf dem Landweg zur Verschiffung nach Spanien befördert. Der wachsende Unmut wurde von den neuen liberalen Ideen getragen, die in Europa und Amerika die absoluten Systeme ins Wanken oder gar zum Fallen brachten. Die spanische Regierung versuchte seine Kolonien von diesen Ideen abzuriegeln: Das Recht zur Erziehung blieb dem Klerus vorbehalten, Literatur wurde zensiert und die Einreise von Ausländern war verboten. Doch die französische Revolution von 1789 sowie die Unabhängigkeitskämpfe der englischen Kolonien in Nordamerika fanden ihren Widerhall in Mexiko. Die Kreolen forderten den Sturz der spanischen Tyrannei und die Mitbestimmung im eigenen Land. Die Vollmachten der Kirche sollten gebrochen werden, die Erziehung von ihrem Einfluss befreit werden. Die herrschenden *gachupines* sollten aus dem Land verjagt werden und die höchsten Posten den im Land Geborenen frei stehen. Vor allem Freimaurer arbeiteten gezielt an einer Loslösung von Spanien. In den Städten konnte der Aufruhr durch militärische Gewalt niedergehalten werden, nicht so in den Provinzen. Dort unterstützten die von Spaniern und Indigenen abstammenden Mestizen – Gemeindepriester, kleine Beamte und Angestellte der Minen – die Idee der Selbstbestimmung. 1810 brachte der Dorfpfarrer Miguel Hidalgo y Costilla, der sich im Einflussbereich der Freimaurer bewegte, mit dem »Schrei von Dolores« die soziale Rebellion in Gang: *»Meine*

Kinder, ein neues Heil ist über uns gekommen. Seid ihr bereit, es zu empfangen? Wollt ihr frei sein? Wollt ihr die Mühen auf euch nehmen, das euren Vorfahren vor 300 Jahren gestohlene Land von den gehassten Spaniern zurückzuerobern? Wir müssen nun handeln ... Lang lebe unsere Jungfrau von Guadalupe! Tod der schlechten Regierung!« Eine mit Sensen und Prügeln bewaffnete und ungeordnete Armee aus Indigenen und Mestizen nahm im Norden Mexikos Stadt um Stadt ein und wurde dabei immer größer. In manche Gebiete schickte Hidalgo Heeresabteilungen, in anderen genügte die Nachricht über die Erfolge der Aufständischen und die Spanier wichen. Innerhalb weniger Wochen verschwand die alte Herrschaft aus dem Norden des Landes. Hidalgo versuchte die gebildeten Kreolen zur Mitarbeit zu bewegen, indem er ihnen hohe Ämter in Stadtverwaltungen und Armee anbot. Doch diese wurden von den Indigenen-Soldaten mit den *gachupines* in einen Topf geworfen und terrorisiert, ihre Häuser geplündert. Noch dazu trat Hidalgo für die Rechte der Indigenen ein. Ihren Dorfgemeinschaften gab er ihr Land zurück und verzichtete auf ihre Tributzahlungen. Diese freundliche Haltung gegenüber der Urbevölkerung lag nicht im Interesse der reichen Kreolen – selbst Großgrundbesitzer und Mineninhaber. Seine soziale und wirtschaftliche Neuordnung wäre ihnen zuwider gewesen. Schon die spanischen Gesetze zum Schutz der Indios störten sie. Die Erhebung dieser plündernden Horde schreckte sie zudem ab. Sogar den Anführern des Aufstandes waren die Auswüchse der Rebellion über den Kopf gewachsen. Doch mit dem großen Ziel – die Befreiung Mexikos – vor Augen, wurden sie akzeptiert.

Kreolische Landbesitzer, Beamte und Offiziere unterstützten so die Regierung. In der spanischen Armee kämpften zwar viel weniger Soldaten als in der 80000 Mann starken, indigenen Volksarmee, doch sie war diszipliniert, gut ausgebildet und mit Gewehren und Artillerie ausgerüstet. Das Kriegsglück wendete sich und die spanische Armee konnte Städte zurückerobern. Die Rebellenarmee löste sich auf, Hidalgo geriet in Gefangenschaft. Er wurde sogar dazu gebracht, seine Ansichten zu revidieren. Er unterschrieb ein Dokument mit der Erklärung, Mexiko wäre für eine Unabhängigkeit nicht reif. Das Resultat hätte nur Des-

potismus oder Anarchie sein können. Im Gegensatz zu den südamerikanischen Kolonien, die ihre Unabhängigkeit von Spanien um 1810 erlangen konnten, scheiterte dieser Versuch in Mexiko kläglich. Hat das erpresste Vermächtnis Hidalgos in einigen Punkten sogar Recht? Sollte der junge Nationalstaat für Mexiko Anarchie, Despotismus und Zerfall bedeuten?
Die große Rebellenarmee war besiegt, ihre Anführer tot, doch das Land keineswegs befriedet. Kleine Heere Aufständischer streiften durch das Land ohne zentrale Führung. In den Provinzen kommandierten aufrechte Patrioten, Liberale mit großen Zukunftsideen, Indigenenführer sowie einfache Banditen. Die Stärke ihrer Heere war je nach ihren Erfolgen und Vorhaben verschieden. Schnell wuchs die Anzahl der Anhänger, wenn eine Stadt überfallen oder ein Zug mit Silberladung geplündert wurde und reiche Belohnung in Aussicht war. Armeen entstanden und verschwanden so nahezu über Nacht. Die Spanier gingen rigoros gegen diese Rebellen vor. Sie erschossen die Gefangenen und steckten Dörfer in Brand, die einer Zusammenarbeit mit den Aufständischen verdächtigt wurden. Die liberalen Befürworter der Unabhängigkeit konnten sich nicht durchsetzen. In diese Situation platzte 1820 die Nachricht, der spanische König sei durch einen Putsch gezwungen worden, einen Eid auf die liberale Verfassung abzulegen. Diese bestimmte nicht nur die Gleichberechtigung aller Rassen, sondern schuf ebenso die Sonderrechte von Kirche und Militär ab. Die mexikanischen Konservativen stellten sich unter dem Wohlwollen der Kirche gegen die Politik und die Einflüsse Spaniens. Paradoxerweise errang somit eine konservative Revolte 1821 die Unabhängigkeit. Für diese Mission wurde der königliche General Agustín de Iturbide ausersehen, der als treuer Anhänger der Kirche und Feind des Liberalismus das Vertrauen der mächtigen Kirchenmänner gewonnen hatte. Diese überredeten den Vizekönig, ihm das Oberkommando für einen Feldzug gegen den liberalen Rebellen Vicente Guerrero zu übergeben. Der General nutzte die Gelegenheit, mit dem Rebellenführer zu paktieren. Im Februar 1821 legten sie den Unabhängigkeitsplan von Iguala fest, auf den seine Truppen schwören mussten. Mexiko sollte eine unabhängige Monarchie werden, regiert von Ferdinand VII. von

Spanien oder einem anderen europäischen Prinzen. Die katholische Kirche sollte ihre Privilegien behalten, Kreolen und *gachupines* die gleichen Rechte erlangen. Diese drei Garantien brachten der Armee Iturbides den Namen »*Trigarante*« ein, die Flagge Mexikos mit den drei Streifen – grün, weiß und rot – führte sie an. Da somit die Unabhängigkeit überraschend in greifbarer Nähe war, unterstützten auch Liberale wie Vicente Guerrero anfangs die Bestrebungen Iturbides. Hinter ihm stand die mächtige Amtskirche, der größte Grundbesitzer mit einem Drittel des bewirtschafteten Landes Mexikos und der bedeutendste Bankier Mexikos, der sich am Kreditmarkt mit niedrigen Zinsen eine Monopolrolle garantierte und auf seine Schuldner politischen Einfluss ausübte. Dies sicherte Iturbides landesweiten Erfolg in allen sozialen Schichten. Problemlos konnte er die Spanier vertreiben. Eine provisorische Regierung wurde eingerichtet, der Iturbide als Präsident vorstand. Diese Junta sollte später von einem Monarchen abgelöst werden. Die Massenbewegung, die Iturbide hinter sich hatte, befreite eine Stadt nach der anderen meist ohne Kampfhandlungen, die Regierungstruppen schlossen sich ihm an. Alle lokalen Rebellenführer erhoben sich abermals und am 27. September 1822 konnte er ohne Blutvergießen in Mexiko-Stadt einziehen. Die Zeit für die im Unabhängigkeitsplan beschlossene Monarchie war gekommen, doch kein Mitglied der spanischen Königsfamilie war bereit den angebotenen Thron anzunehmen. So wurde dieser von der ausgesandten Deputation anderen europäischen Fürstenfamilien offeriert, darunter dem Bruder Kaiser Franz I. und Sieger von Aspern über Napoleon, Erzherzog Karl, der ebenso ablehnte. Im Mai 1822 ließ sich Iturbide selbst zum Kaiser von Mexiko krönen. Er organisierte eine Gruppe von Soldaten und Pöbel, die ihn mit »*Viva Agustín I.*« vor seinem Balkon als Monarchen forderten. Auf die Krönungszeremonie legte er viel Wert. Es wurde sogar ein Zeremonienmeister aus Frankreich engagiert, der eine Krönung nach dem Vorbild Napoleons arrangierte. Iturbide und seine Frau stolzierten mit imitierten und geliehenen Juwelen in die Kathedrale von Mexiko-Stadt den Kronen entgegen. Nach europäischem Vorbild organisierte er seinen Hof, mit dem »*Orden von Guadalupe*« rief er eine eigene mexikanische Adelsschicht

ins Leben. Kaiser Agustín I. löste den Kongress auf und schuf sich ein untertäniges Ministerium. Die Monarchie Iturbides hatte Anziehungskraft. Die zentralamerikanischen Provinzen – die heutigen Staaten Guatemala, Honduras, El Salvador, Nicaragua und Costa Rica – folgten seinem Vorschlag, sich von Spanien unabhängig zu erklären und an Mexiko anzuschließen. Iturbide herrschte so über ein Reich, das sich vom heutigen US-amerikanischen Kalifornien bis zur Landenge von Panama ausdehnte.
Doch dieses neue große Kaiserreich war nicht von langer Dauer. Die Staatskassen waren leer, obwohl eine Steuerreform durchgeführt wurde. Die Steuern wurden verringert und zum Teil sogar eliminiert, dafür wurde der internationale Handel mit Zöllen belegt. Das hatte den Vorteil, dass nur wenige Beamten zur Verwaltung in die Häfen eingesetzt werden mussten. Das Volk war kaum betroffen und wenn nur die reichen Konsumenten von Importgütern. Auf der anderen Seite war der Handel schwer zu kontrollieren, Schmuggel und Korruption wucherten, zu wenig Geld floss in die Staatskassen. Auch die Silberminen wurden während der Unabhängigkeitskämpfe vernachlässigt und lagen brach, das notwendige Kapital zur Wiederaufnahme des Bergbaus war aus dem Land geschafft worden. Die Reparationsarbeiten hätten Jahrzehnte in Anspruch genommen. Vom Vizekönigreich hatte der junge Nationalstaat außerdem 80 Millionen Pesos Schulden geerbt. Die Inflation stieg ins Unermessliche. Das Heer konnte nicht mehr bezahlt werden. So war es ein leichtes Spiel für die Opposition, den mexikanischen Kaiser zu stürzen. Das bedeutete, dass die Freimaurer, die zu jener Zeit als einzige über ein organisiertes politisches Netzwerk in Mexiko verfügten, auf die politische Bühne zurückkehrten und die Staatsform der Republik propagieren konnten. Schon nach einem Jahr führte der ehemalige Mitstreiter Iturbides und Oberbefehlshaber der Stadt Veracruz, Antonio López de Santa Anna, unter dem Einfluss der Freimaurer einen Staatsstreich durch, indem er in seiner Stadt die Republik ausrief, deren genauere Bedeutung er, wie er später gestand, selbst nicht verstanden hatte. Iturbide wurde zu politischen Zugeständnissen gezwungen, der Kongress wieder in seine Rechte gehoben. Dennoch musste der Kaiser nach elf Monaten an der Macht abdanken und ging in

die Verbannung nach Europa. Er kehrte 1824 zurück, konnte aber nicht Fuß fassen und wurde exekutiert.
Mexiko blieb weit von jeglicher politischen Beruhigung und Stabilität entfernt. Im Gegenteil, das Land schien auf einen Abgrund hin zuzutaumeln und zerfiel in einzelne, von den lokalen Oberschichten beherrschte Teilbereiche. Die lokalen Machthaber waren Generäle, Indigenenführer und Großgrundbesitzer mit Privatarmeen, die sich oft ihre Macht während der Wirren der Unabhängigkeitskriege erkämpft hatten. Die Desintegration ist auf die fehlende Infrastruktur zurückzuführen. Die Provinzen waren sehr isoliert und nur wenige Straßen verbanden sie. Zwischen den Regionen betrieben die Mexikaner nur wenig Handel, die einzelnen Regionen waren autark.
Die zentralamerikanischen Staaten sowie die südliche Provinz Chiapas verließen den mexikanischen Staatenbund; nur Chiapas kehrte nach einem Jahr wieder zurück. Viele Staaten Mexikos erkannten den neu gegründeten Kongress nicht an. Um den totalen Zerfall zu verhindern – die für Handel und Landwirtschaft bedeutende Halbinsel Yucatán stand vor der Unabhängigkeitserklärung – wurde in der ersten Verfassung der Vereinigten Staaten von Mexiko 1824 eine föderative Republik festgelegt. Doch die Konstitution blieb ein ideologisches Machwerk auf Papier, von ausländischen Gesetzen abgekupfert war ihr in der Praxis kein Leben einzuhauchen. Die politischen Änderungen reichten nicht an die Substanz. Die feudalen Strukturen blieben allerorts bestehen, ebenso die sozialen Probleme. Die Dienstzeit der Präsidenten wurde zwar auf vier Jahre festgelegt, doch niemand konnte sich so lange halten. Nach dem Sieg gegen eine kleine spanische Interventionsarmee 1829 in Tampico wurde Santa Anna zum Nationalhelden und ließ sich 1833 zum Präsidenten wählen, womit eine Zeit noch extremerer politischer Instabilität begann. In den nächsten 22 Jahren wechselte die Präsidentschaft 36-mal, davon elfmal in die Hand von Santa Anna. Kein einziger dieser Machtwechsel wurde durch eine Wahl herbeigeführt, alle politischen Umschwünge waren auf Rebellionen, Putsche und Aufstände zurückzuführen. Die Regierungen konnten das Land nicht stabilisieren, sie blieben ihren Geldgebern ausgeliefert, die sich Privilegien und Konzessio-

nen erpressten. Die dominierende Figur im Mexiko dieser Jahrzehnte blieb Santa Anna, der sich selbst »Napoleon des Westens« nannte. Er war ein skrupelloser Opportunist und arbeitete mit den unterschiedlichsten Strömungen zusammen. Mehr als ein Politiker oder Denker war er größenwahnsinniger Soldat. 1838 forderte Frankreich Kompensation, da französischen Untertanen im Laufe der mit den ständigen Rebellionen einhergegangenen Plünderungen Verluste erlitten. Einer davon war ein Zuckerbäcker, den mexikanische Offiziere in ein Zimmer seines Restaurants eingesperrt hatten, während sie sich an seinen Bäckereien gelabt hatten. Dem mexikanischen Staat stellte dieser eine unverschämte Rechnung von 60 000 Pesos aus. So nannte das Volk diesen internationalen Konflikt »Kuchenkrieg«. Die Franzosen fielen erfolgreich in Veracruz ein. Voller Enthusiasmus ritt Santa Anna in die Schlacht und wurde am Bein verletzt, worauf es amputiert werden musste. Das Bein ließ er mumifizieren, in einer pompösen Parade mit allen militärischen Ehren in der Kathedrale von Mexiko-Stadt feiern und feierlich am Friedhof von Santa Paula begraben.
Seine Regierungszeiten waren nicht nur durch Rebellionen und Aufstände gekennzeichnet, sondern auch dadurch, dass er dem verarmten Staat schwere Lasten mit hohen Heeresausgaben aufbürdete. Wenn die Stimmung gegen ihn umschwankte und die Situation brenzlig war, zog er sich in sein Privatleben auf seine Besitzungen am Land zurück oder wurde aus dem Land verwiesen. Die Verbannungen erlebte er immer im Karibikraum und intrigierte von dort aus, bis ihn eine passende Welle wieder an die Macht spülte. Doch seiner charismatischen Persönlichkeit war es zu verdanken, dass die mexikanische Einheit wenigstens zum Teil aufrecht blieb. Als Diktator ließ er sich mit dem Titel der Kronprinzen in Spanien *»Su Alteza Serenísima«* benennen und bestieg den Thron, den der Kaiser Iturbide in Europa bestellt hatte und nie benutzen konnte. Seine Neigung zur Monarchie ließ ihn 1853, als er das letzte Mal an die Macht zurückkehrte, den ehemaligen Außenminister und nun in Europa befindlichen José Maria Gutierrez de Estrada beauftragen, einen spanischen Prinzen zur Annahme des mexikanischen Throns zu bewegen. Die spanischen Herrscher hatten aber auf Grund ihrer

Erfahrung in Mexiko, ihrer guten Informationslage und interner Schwierigkeiten kein offenes Ohr für diese Offerte. So versuchte Gutierrez erfolglos, anderen europäischen Aristokraten die mexikanische Krone schmackhaft zu machen. Nach den Revolutionsjahren 1848 und 1849 hatten die Herrscher Europas andere Sorgen als außenpolitische Vorstöße in Übersee. Santa Anna wollte sich mit diesen Vorschlägen vielleicht nur die Unterstützung der Konservativen sichern, den Monarchen hätte er wohl nur als Marionette akzeptiert. Die Macht wäre in seinen Händen geblieben, der Kaiser hätte repräsentative Funktionen erfüllen können und hätte für Santa Anna als Schuldenbock hergehalten. Der Diktator bat sogar um europäische Interventionstruppen um sich die Liberalen vom Hals zu schaffen.

Der politische Kampf der jungen Republik fand zwischen Konservativen und Liberalen beziehungsweise zwischen Zentralisten und Föderalisten statt. Die Liberalen kämpften für einen demokratischen, liberalen und von der Kirche getrennten Staat. Die Kirche, deren Privilegien sie abbauen wollten, befand sich auf der Seite deren Gegner. Erst ab 1845 wurde für diese die Bezeichnung Konservative verwendet, auch wenn die Bewegung schon länger bestand. Die privilegierten Gruppen bevorzugten das alte System des Vizekönigtums und den Erhalt ihrer Vormachtstellung. Die mächtigen Gesellschaftsschichten Mexikos waren sehr heterogen. Großgrundbesitzer, Mineninhaber, Kaufleute, Klerus und Militär zogen selten an einem Strang. Die oft unter ausländischem Einfluss stehenden Freimaurerlogen wollten eine liberale und republikanische Politik durchsetzen. Ihre Macht reichte so weit, dass sich der erste Präsident Guadalupe Victoria gezwungen sah eine neue »*Loge von York*« zu gründen, um ein Gegengewicht zu den alteingesessenen Logen zu gewinnen. Die Kirche hingegen lenkte die Volksmeinung gegen liberale Regierungen und verwaltete weiter ihre Reichtümer, während die wirtschaftliche Situation des Staates katastrophal war. Doch keine Gruppe konnte sich für längere Zeit als bestimmend durchsetzen. Konservative und Liberale lösten sich mehrmals an der Macht ab. Die jeweils neuen Regierenden führten dann Hinrichtungen durch und krempelten das Regime völlig um. Auf liberale Reformen folgten konservative Wenden,

die kirchennahe, zentralistische und unterdrückerische Regierungen durchsetzten. Staatsstreiche des Militärs und Repression wurden zur traurigen Gewohnheit.
Die aufstrebenden Nachbarn im Norden, die Vereinigten Staaten von Amerika, wussten die chaotische Situation in Mexiko zu nutzen und brachten nahezu die Hälfte der mexikanischen Territorien unter ihre Kontrolle. Das von US-amerikanischen Siedlern besetzte Texas erklärte sich 1836 unabhängig. Santa Anna versuchte dies wieder rückgängig zu machen und griff mit mexikanischen Truppen an, doch die Texaner konnten nicht bezwungen werden. Santa Anna wurde gefangen genommen und angeblich nur durch Freimaurerzeichen, die er texanischen Befehlshabenden gab, vor der Exekution gerettet. 1845 gliederte sich Texas freiwillig in die Vereinigten Staaten von Amerika ein. Doch damit nicht genug, der nördliche Staatenbund forderte weitere mexikanische Gebiete und annektierte diese einfach. Im darauf folgenden Krieg von 1846 bis 1848 legten die besser organisierten und mit einer überlegenen Artillerie ausgerüsteten US-amerikanischen Truppen die Hafenstadt Veracruz in Trümmer und nahmen sogar Mexiko-Stadt ein. Mexiko musste der siegreichen Macht in den »*Verträgen zu Frieden, Freundschaft und Grenzen*« die heutigen Bundesstaaten Texas, Kalifornien, Utah, Colorado und große Teile New Mexikos und Arizonas – den Rest dieser beiden Staaten verkaufte Mexico im Jahre 1853 an seinen siegreichen Nachbarn – überlassen.
Neben dem Gebietsverlust hinterließ der Krieg Chaos und Anarchie. Die mexikanischen Soldaten desertierten in Massen mit Waffen und Pferden. Ein desertierender Sergeant, der in Kriegspsychose in der Hacienda de Guadalupe eine blutige Rebellion angezettelt hatte, wurde zwar von Santa Anna zur Exekution verurteilt, aber nie hingerichtet, da jemand für den Verurteilten intervenierte. Die Befehlsketten in der mexikanischen Armee wurden immer wieder durchbrochen. Die Disziplin und Organisation ließ genügend Mängel erkennen.
Ein weiterer Gebietsverlust – die südliche Halbinsel Yucatán – drohte im »Kastenkrieg« der späten 1840er-Jahre, bei dem sich die indigene Mayabevölkerung gegen ihre kreolischen Herren erhob, aber in einem blutigen Krieg unterlag. Ausländische

Abenteurer, so genannte Filibusters, bemächtigten sich ganzer Landstriche. Im ganzen Land herrschten Armut und Anarchie, es befand sich in einer tiefen wirtschaftlichen, sozialen und kulturellen Krise. Das politische Chaos verhinderte einen wirtschaftlichen Fortschritt. Die reichen Spanier verließen Mexiko mitsamt ihrem Kapital, keine ausländischen Investitionen erreichten das Land, die Korruption wucherte, eine Infrastruktur existierte kaum. Die einzelnen Provinzen erzeugten zwar für den eigenen Konsum, betrieben aber kaum Handel. Dazu waren die Transport- und Kommunikationswege zu schlecht und gefährlich. Im Gegensatz zu den Vereinigten Staaten konnte Mexiko kein Eisenbahnnetz und keine Telegrafenlinien aufbauen. Als Erbe der Rebellionen war das Land voller Banditen, die sich in Kampfzeiten als ideologielose Söldner verdienten und in Friedenszeiten die Wege unsicher machten. Selbst der bedeutendste Wirtschaftszweig Mexikos, der Bergbau, lag auf Grund der Kapitalflucht und der Unsicherheiten danieder und konnte aus Kapitalmangel nicht angekurbelt werden.
Mexiko hungerte nach Frieden und Ordnung, die wieder einmal beide Seiten – Liberale sowie Konservative – versprachen. In den späten 50er-Jahren spitzte sich die Situation aber zu einem blutigen Bürgerkrieg zu: Die liberale Regierung führte unter dem Justizminister Benito Juárez, einen studierten zapotekischen Indigenen, eine weit reichende Reform durch. Eine neue Verfassung im Jahre 1857 sollte die Macht von Kirche und Militär zurückdrängen. Die betroffenen Institutionen nahmen diese einschneidenden Veränderungen nicht hin und bekämpften die Neuordnung unerbittlich. Nach der neuen Verfassung sollten sie der ordentlichen Gerichtsbarkeit unterworfen werden. Der Kirche drohte die Enteignung. Diese Konstitution war jedoch mehr eine Niederschrift ideologischer Forderungen und hatte keine Chance in die Realität umgesetzt zu werden. Auf Grund ihrer zweifelhaften Durchführbarkeit wurde sie sogar vom gemäßigten Flügel der Liberalen kritisiert.
So leitete beispielsweise das Gesetz zur Enteignung der Kirche keine gerechte Bodenreform ein. Die Formulierung des Verbots des »*Besitzes von zivilen und kirchlichen Körperschaften*«, welche die antiklerikale Idee des Gesetzes verschleiern sollte, er-

möglichte reichen Großgrundbesitzern kommunalen Besitz der Indigenen zu beanspruchen. Die sozialen Spannungen und ihre militärischen Entladungen waren durch diese juristischen Vorstöße vorprogrammiert. Konservative und Indigene zogen an einem Strang, das religiöse mexikanische Volk erhob sich an manchen Orten gegen die liberale Regierung, die bedeutende Stadt Puebla wurde sogar von der Opposition eingenommen. Die Kirche drohte allen Anhängern der Liberalen mit der Exkommunikation. Der dreijährige »Reformkrieg« entbrannte: 1858 putschte der konservative General Félix María Zuloaga und der liberale Präsident flüchtete. Juárez erklärte sich gemäß der Verfassung zum neuen Staatsoberhaupt und bildete eine liberale Gegenregierung. Die Konservativen, an deren Spitze ab 1859 der 28-jährige General Miguel Miramón als Präsident stand, konnten sich in der Hauptstadt behaupten. Sie wurden von den meisten europäischen Staaten sowie von der Kirche mit Geldmitteln unterstützt. Die Liberalen mussten dem professionellen Heer der Konservativen ausweichen und ihren Stab oftmals verlegen, mitunter ins Ausland. Über die Stationen Panama, Havanna und New Orleans kam Benito Juárez in den mexikanischen Hafen Veracruz, wo er seine Gegenregierung festigte. Von dort aus konnten die Liberalen mit Hilfe der USA, die eine Seeblockade der Konservativen verhinderten, den Sieg erringen. Benito Juárez konnte sich 1861 alleiniger Präsident eines Landes in Trümmern nennen. Während des Bürgerkriegs nahmen beide Seiten im In- und Ausland Kredite auf, die nun bestehenden Staatsschulden stellten eine erdrückende Belastung dar. Die Regierung, ihre nationalen, aber auch internationalen Geldgeber erhofften einen Ausgleich der Bilanzen von der Nationalisierung der Kirchengüter, die trotz des innenpolitischen Risikos 1861 wirklich durchgeführt wurde und nicht nur am Papier geschrieben stehen blieb. Die Erwartungen wurden bitter enttäuscht. Die Gewinne waren weit geringer als kalkuliert: Die Reichtümer der Kirche waren schwer auf einen Schlag in Geld umzuwandeln. Das Angebot an Immobilien, Möbeln und Kunststücken übertraf bei weitem die geringe Nachfrage. Viele potenzielle Interessenten schreckten aus Glaubensgründen vom Kauf zurück. So profitierten vor allem Ausländer.

Der straffe Führungsstil des Präsidenten Juárez wurde sogar von den eigenen liberalen Reihen aus skeptisch verfolgt, Diktatorengelüste wurden ihm vorgeworfen. Er wies fünf Vertreter des hohen Klerus sowie Diplomaten des Vatikans, Spaniens und Guatemalas aus, die im Bürgerkrieg parteiisch intervenierten. Die Kombination mit schwer rückzahlbaren Auslandsschulden ließ die Gefahr von ausländischen Interventionen dramatisch ansteigen. Darauf hofften auch Kräfte in Mexiko, im Land gebliebene Konservative kämpften zurückgezogen als Guerilleros weiter und warteten auf ihre Chance. Ihre Freunde im französischen Exil sollten diese vorbereiten.

Rettet ein Kaiser das Land?

»Furcht und Ambition treiben das Weltrad.«

Ferdinand Maximilian von Habsburg

Der mexikanische Präsident musste handeln, die maroden Finanzen hätten sonst einen weiteren Staatsbankrott, Aufstände und Bürgerkrieg bedeutet. Juárez war gezwungen das Ausland die Zeche zahlen zu lassen. Von den 55 Millionen Pesos Schulden, die die Regierung Miramóns in Europa aufgenommen hatte, erkannte er nur die 1,6 Millionen an, die sein konservativer Gegner wirklich bar erhalten hatte. Diese Maßnahme allein konnte die finanziellen Probleme des Landes nicht beseitigen. Am 17. Juli 1861 wurde ein Dekret verabschiedet, das alle Zahlungen wie Zinsendienste und Anleiherückzahlungen ans Ausland für zwei Jahre suspendieren sollte. Die Botschafter Englands, Spaniens und Frankreichs baten um Aufhebung des Dekrets, erhielten aber nur das Versprechen der Regierung, die Zahlungen würden so bald wie möglich wieder aufgenommen, wenn das Land eine gewisse Stabilität erreicht habe. So brachen diese Länder den diplomatischen Kontakt mit Mexiko ab.

Eine europäische Invasion lag in der Luft und wurde ebenso von mexikanischen Monarchisten unterstützt, die der Meinung waren, die Mexikaner könnten sich nicht allein regieren und den Karren aus dem Dreck ziehen. Schon die Unabhängigkeit Mexikos stand ja mit dem Plan von Iguala unter dem Zeichen der Monarchie. Nicht alle konservativen Mexikaner waren erklärte Monarchisten, doch sie sahen in einer ausländischen In-

vasion und einem ausländischen Kaiser wenigstens die Chance, die Liberalen endgültig von ihrer Machtposition zu verjagen, die alte soziale Ordnung des Vizekönigtums abermals zu etablieren und ihre Privilegien zu sichern. Abseits jeglicher politischen Einstellung und jeglichen persönlichen Machtinteresses strebten große Teile der mexikanischen Bevölkerung nach der turbulenten Zeit der letzten Jahrzehnte nur nach Ruhe und Stabilität, die auch das ersehnte wirtschaftliche Wachstum bringen sollte. Die Leute wollten Wege benutzen können ohne überfallen zu werden. Sie wollten ihren Geschäften nachgehen ohne einen Umsturz fürchten zu müssen. Sie wollten keine Machtwechsel mit Racheakten an der jeweils anderen politischen Gruppe mehr erdulden. Darum sehnte sich die unpolitische Mehrheit nach einer starken und stabilen Regierung, deren Natur den Leuten eher nebensächlich erschien. Die Form der Regierung interessierte herzlich wenig, so viel Unglück hatten diese Streitigkeiten schon über das Land gebracht. Gewünscht wurde eine effiziente und mächtige Regierung, die Wirtschaftstreiben ermöglichte, indem sie eine Infrastruktur wie ein Straßen-, ein Eisenbahn- und ein Telegrafennetz aufbaute. Mit der Erinnerung an die kontinuierliche Kolonialzeit vor der chaotischen Unabhängigkeit lag die Vorstellung nahe, die Monarchie mit der Unterstützung europäischer Nationen und einem europäischen Souverän würde diese Stabilität erreichen.
Ein Kaiser aus einem europäischen Herrscherhaus könnte Ordnung und Zivilisation bringen, träumten viele Mexikaner. Im Gegensatz zu den in politischen Angelegenheiten ungeschulten und völlig unerfahrenen Kreolen Mexikos wäre ein europäischer Prinz von Kindheit an dazu erzogen worden, ein Volk zu regieren. Das Verantwortungsbewusstsein dieser Aristokraten wäre wohl ein anderes als das der mexikanischen Generäle, die meist die Präsidenten stellten. Ein adeliger Spross einer bedeutenden europäischen Familie hätte noch dazu weit reichende, oft verwandtschaftliche Verbindungen mit allen Herrscherhäusern auf dem alten Kontinent, was die außenpolitischen und wirtschaftlichen Verhältnisse Mexikos verbessern könnte. In Europa, dem noch immer unbestrittenen Zentrum der Welt, waren alle mächtigen Reiche fest in monarchistischer Hand. Die

Heilige Allianz der herrschenden Dynastien ließ das Schreckgespenst der Französischen Revolution und der Volksaufstände von 1848 mittlerweile vergessen.
Dagegen standen nur die Vereinigten Staaten von Amerika als starke Macht mit einem republikanischen System. Der junge Staatenverbund, der als erste Kolonie seine Unabhängigkeit erkämpft hatte, konnte sich wirtschaftlich und militärisch erfolgreich behaupten. Dies hatte gerade Mexiko im Krieg von 1846 bis 1848 unangenehm zu spüren bekommen. Doch die Vorbildwirkung des aufstrebenden Nachbarn verblasste in diesen Jahren, da die Föderation gerade im Zerfall begriffen war. Seit März 1861 tobte der Sezessionskrieg. Nach der Wahl Abraham Lincolns zum Präsidenten, der die Abschaffung der Sklaverei versprochen hatte, spalteten sich elf Südstaaten von der Union ab und gründeten im Februar 1861 die Konföderierten Staaten von Amerika. Die Nordstaaten erkannten die Trennung nicht an und es kam zum blutigen Krieg, der vier Jahre dauern sollte. Bürgerkrieg und Zerfall waren Zustände, die Mexiko seit der Unabhängigkeit bedrohten. Von einem Kaiser erhoffte man, er könnte eine anerkannte Integrationsfigur darstellen und die Staaten geeint halten.
Die mexikanischen Konservativen, die schon nach der Unabhängigkeit und später für Santa Anna in Europa – nicht zuletzt in Wien – nach einem Kandidaten für den mexikanischen Thron Ausschau hielten, sahen wieder ihre Zeit gekommen. Federführend blieb hierbei der Hauptvertreter der mexikanischen Monarchisten José María Gutiérrez de Estrada. Der jesuitisch, streng erzogene Diplomat aus gutem Kreolenhause und ehemalige Außenminister war bekannt als stockkonservativ und über die Maßen reaktionär. Er konnte sich nur einen Ausweg aus den anarchistischen Zuständen in seiner Heimat vorstellen: eine absolute Monarchie gekoppelt mit der Vorherrschaft der katholischen Kirche und des jesuitischen Ordens. 1840 hatte er eine Schrift veröffentlicht, in der er das Chaos nach der Unabhängigkeit verurteilt, die Kolonialzeiten herbeigesehnt und eine Monarchie mit einem europäischen Souverän empfohlen hatte. Daraufhin musste er nach Europa flüchten und sollte Mexiko auch nie wieder betreten. Selbst ohne Auftrag nach dem Sturz Santa

Annas arbeitete er ständig an seiner Sache und richtete seitenlange, schwülstige Briefe an die Mächtigen Europas. Bei dieser Arbeit ohne jegliche Legitimation war er keineswegs allein, mexikanische Konservative und Monarchisten zogen mit ihm in Europa an einem Strang. Die mexikanischen Diplomaten hatten ein schweres Los, bei den ständigen Regierungswechseln wurden sie schnell unliebsam und verloren ihre Posten. So sehnte sich gerade diese mächtige Berufsgruppe nach einer stabilen Regierung, die ihnen sichere Stellungen bescheren könnte. Nach der völligen Niederlage der Konservativen fanden sich viele wohlhabende Exilanten in Europa ein und eine große Emigrantengruppe sammelte sich um die Idee Gutiérrez'. Als dessen bedeutendster Verbündeter stellte sich der ehemalige Sekretär der mexikanischen Gesandtschaft in Madrid José Manuel Hidalgo heraus. Der Diplomat aus spanischem Adelshaus hatte am spanischen Hof die Gräfin von Teba näher kennen gelernt. Deren Tochter Eugénie de Montijo vermählte sich mit dem französischen Kaiser Napoleon III.

Louis Napoleon Bonaparte, der Neffe des großen Napoleon wuchs im Exil in der Schweiz auf. Viele Jahre lang wurde er durch den Freimaurer und Republikaner Philippe Le Bas erzogen, der ihm die Revolutionsideale Freiheit, Gleichheit und Brüderlichkeit sowie die Idee der Volkssouveränität näher brachte. Als Bewunderer seines großen Onkels zeigte er bald politische Ambitionen und scharte Bonapartisten und Republikaner um sich. Nach zwei gescheiterten Putschversuchen in Paris wollte er über die parlamentarische Laufbahn an die Macht gelangen. Im Dezember 1848 wurde er mit einer großen Mehrheit zum Präsidenten gewählt. Im Amt ermöglichte er die Wiederherstellung des Kirchenstaates und die Rückkehr des Papstes Pius IX. nach Rom. Spannungen mit dem Parlament beantwortete Napoleon im Dezember 1851 mit einem Staatsstreich, der in einem Plebiszit von der Mehrheit angenommen wurde. Im darauf folgenden Jahr erklärte er Frankreich zum Kaiserreich und sich selber zum Kaiser. Napoleon III. wollte Frankreich auf den Weg zu einer modernen und mächtigen Nation führen. In kurzer Zeit wurde Paris erneuert, was ganz Europa zum Vorbild diente. Die intensive Bautätigkeit hatte ihren Grund im steigenden Verkehr und

in strategischen Erwägungen: Auf den überbreiten und asphaltierten Prachtstraßen konnte man keine Barrikaden mehr bauen, dafür sollten Soldaten schnell aufmarschieren und sich sammeln. Es entstanden Boulevards, Parkanlagen, Brücken und ungeheuer imponierende Bauten. Auch die Kaiserresidenz wurde verschönert, in der ein prunkvolles Hofleben herrschte, zu dem der mexikanische Diplomat Hidalgo – nun in Paris – wegen seiner alten Bekanntschaft mit der Kaiserin offene Türen vorfand.
Er konnte zuerst Kaiserin Eugénie davon überzeugen, dass nur eine Monarchie in Mexiko Ordnung, Ruhe und Macht einrichten und somit auf dem amerikanischen Kontinent die lateinische Kultur und den Katholizismus retten könnte. Die Kaiserin, die in der Politik maßgeblich mitbestimmte, begeisterte sich für diese Idee. Das Interesse des Kaisers Napoleon III. an dieser historischen Aufgabe konnte ebenfalls gewonnen werden. Frankreich und sein neues Kaiserreich sollten sich in Mexiko Ruhm und Handelsvorteile sichern. Hidalgo wurde als bedeutender Mann für zukünftige Pläne hofiert und erlangte am Hof eine Vertrauensstellung. Er frühstückte und speiste mit der Kaiserin und konnte bei Spaziergängen, Jagden und sonstigem Hofgeschehen dem über die mexikanische Realität schlecht informierten französischen Kaiserpaar die Gründung einer Monarchie im fernen Land übertrieben schmackhaft machen: Im Land stünden die Massen hinter der Idee einer Monarchie, eine französische Intervention würde sofort unterstützt werden.
Ein mexikanisches Marionettenregime Frankreichs sollte einen Meilenstein auf dem Weg zu einem riesigen französischen Imperium darstellen, das schon der erste Napoleon erträumt hatte und sein Neffe nun verwirklichen wollte. Die ehemaligen spanischen Kolonien in Lateinamerika stellten in diesen Plänen einen zentralen Punkt dar. Im Frankreich Napoleons III. entstand der Begriff Lateinamerika um die Abgrenzung zum englischsprachigen Norden zu unterstreichen. Die lateinischen Wurzeln sollten diese jungen Nationalstaaten kulturell näher an Frankreich als an die Vereinigten Staaten von Amerika rücken, die seit ihrer Ausdehnung nach dem Krieg gegen Mexiko als potenzielle Weltmacht wahrgenommen wurden.
Der Franzosenkaiser hoffte die Bodenschätze dieser amerikani-

schen Staaten für sich verwenden zu können. Die aufstrebende französische Industrie hungerte nach Rohstoffen. Auf den Gold- und Silberreichtum Mexikos wurde dabei ein spezielles Auge geworfen, gerade wurden im Norden – in den Bundesstaaten Sonora und Baja California – neue Goldvorkommen entdeckt. Hier musste rasch zugegriffen werden, bevor die Nordamerikaner ihre Einflusszone weiter ausdehnten. Die Vereinigten Staaten waren schon zu diesem Zeitpunkt der wichtigste Handelspartner Mexikos, erst an zweiter Stelle stand Frankreich. Manufakturprodukte, Weine und Schnäpse wurden teuer nach Lateinamerika verkauft. Für Frankreich stellte 1864 Mexiko ein bedeutenderes Abnahmeland dar als die Niederlande, Portugal, Russland, Österreich und alle südamerikanischen Staaten zusammen.

Die Vereinigten Staaten waren Napoleon III. ein Dorn im Auge. Schon bei seinem Staatsstreich gegen die Französische Republik vom 2. Dezember 1856 und dem daran anschließenden Aufbau des zweiten Kaiserreichs äußerte die nordamerikanische Regierung durch ihren Vertreter in Paris Missfallen. Der junge Staatenbund trat auf der internationalen Bühne selbstbewusst auf und unterstützte offen die republikanischen Bewegungen in Europa. Schon die Revolutionen der Jahre 1848 und 49 verfolgten die Amerikaner mit Sympathie. Der antiösterreichische ungarische Aufständische Lajos Kossuth ging dorthin ins Exil und wurde jubelnd empfangen. Napoleon III. hatte eine klare Vorstellung der großen Bedrohung der Vormachtstellung Europas durch das dynamische Wirtschaftssystem der aufstrebenden Nation. Er hatte die Vereinigten Staaten bereits selbst besucht.

Doch alle europäischen Gesandten in Washington berichteten von den großartigen Fortschritten in diesem entfernten Land und von den gigantischen territorialen Ausdehnungen der letzten 20 Jahre auf Kosten Mexikos. Die Bedeutung und das Potenzial des jungen Staatenbundes war den Europäern bewusst und sie fühlten sich zu Recht in ihrer Machtfülle bedroht. So hatten die europäischen Mächte allesamt das Interesse, den Aufstieg der Vereinigten Staaten zu bremsen. Insbesondere die US-amerikanische Monroe-Doktrin, die europäische Eingriffe auf ihrem Kontinent verhindern sollte, bereitete den Europäern, die noch immer Kolonien im Karibikraum besaßen, Kopfschmerzen.

Die Expansion der Vereinigten Staaten hatte in Mexiko schon große Fortschritte gemacht, nun sollte ihr ein Riegel vorgeschoben werden. Weitere Bodenschätze in Mexiko sollten nicht dem aufstrebenden Nordamerika zugute kommen, sondern unter europäischen Einfluss gebracht werden. Nur von Mexiko aus konnte man den Expansionswillen des jungen Nationalstaats bremsen. Mit diesem Land als Einflusszone wäre die Sicherheit der eigenen Kolonien garantiert, Handelsvorteile in ganz Lateinamerika gesichert und die Vereinigten Staaten im Norden isoliert. Der Zeitpunkt, sich in Mexiko zu engagieren, war günstig. Der mächtige Nachbar im Norden befand sich im Bürgerkrieg und konnte auf eine Invasion in Mexiko nicht reagieren. Eine erhebliche Schwächung des zerstrittenen Staatenbundes durch die interne Auseinandersetzung wurde von den europäischen Mächten erhofft. 1861 verteidigten sich die Südstaaten erfolgreich gegen die an Material und Bevölkerung weit überlegenen Nordstaaten und ein Ende des Krieges war nicht in Sicht. Mit der Einstellung der Zahlungen der Auslandsschulden und fremden Anleihen lieferte Juárez den Europäern ein Argument, in Mexiko zu intervenieren. Die Geldverleiher hatten eine starke Lobby hinter sich und setzten sich ebenfalls für eine militärische Intervention ein. Napoleon sah seine Zeit gekommen. Spanien und England schlossen sich der Invasion an. Die Achse der Westmächte hatte sich schon im Krimkrieg 1856 bewiesen, in dem gemeinsam der potenzielle Feind Russland in die Schranken gewiesen wurde.

Die beiden anderen Länder hatten ebenso ihre spezifischen Interessen. Für Spanien bedeutete Mexiko eine nostalgische Erinnerung an die verlorene Größe, eine Invasion eine neue Möglichkeit, die Fehler der Vergangenheit wieder gutzumachen und verblassten Ruhm wieder aufzubauen. Die spanischen Herrscher sahen ein Recht, Mexiko wieder an die Brust des Mutterlandes zu drücken. Die ehemalige Kolonie hatte bewiesen, dass sie unabhängig und auf sich selbst gestellt nicht an die frühere Größe und Bedeutung anschließen konnte. Bei einer Intervention der drei Mächte konnte Spanien Mexiko nur schwer allein besetzen. Die Königin Isabella II. wollte aber zumindest einen europäischen Prinzen, wenn möglich einen spanischen, an der

Spitze dieses Staates sehen und ihren Einfluss dort geltend machen.
Der mächtigste Staat der drei Alliierten, England, konnte nach den Unabhängigkeitskriegen der ehemaligen Kolonien in Lateinamerika den stärksten wirtschaftlichen und politischen Einfluss über diese gewinnen. England wollte sich diesen sichern, weder an Frankreich noch an die Vereinigten Staaten von Amerika verlieren und beteiligte sich so an der militärischen Intervention. Vor allem wollte es den Status quo Mexikos beibehalten und die beiden anderen Staaten an der Ausführung ihrer Pläne einer Machtergreifung in Mexiko hindern. Die Besetzung einiger Häfen sollte genügen, damit den materiellen Forderungen entsprochen werde. Nach der Steuerreform der Unabhängigkeit wurden ja fast alle Staatseinnahmen in den Häfen gemacht. Man saß somit direkt an der Quelle des Geldes.
Die Absichten der Großmächte waren also keineswegs gleich, so bestand England auf einem formellen Vertrag für eine gemeinsame Intervention aus Anlass des Dekrets Mexikos, die Schulden nicht weiter zurückzuzahlen. Spanien schlug vor nicht nur die Schuldenrückzahlungen zu fordern, sondern auch gemeinsam eine *»stabile Ordnung für Mexiko«* aufzubauen. In klarer Sprache bedeutete dies den Eingriff in die Innenpolitik Mexikos per Interventionstruppen und die Machtergreifung. Die Engländer sträubten sich dagegen, die Franzosen hingegen zeigten sich einverstanden. Doch Erstere setzten sich vorerst durch und die drei Staaten unterzeichneten am 31. Oktober 1861 das Londoner Abkommen. *»Auf Grund der willkürlichen und demütigenden Haltung der Regierung der Republik Mexiko«* sahen sich die drei Staaten gezwungen, *»einen effizienteren Schutz der Personen und Eigentümer ihrer Untertanen sowie die Erfüllung der Pflichten zu fordern, die die erwähnte Republik mit den unterzeichnenden Staaten eingegangen ist«*. So wurde die Entsendung von Marine und Bodentruppen vereinbart, die die Befestigungen an der mexikanischen Küste einnehmen sollten. Festgelegt wurde, dass die Interventionsmächte keine Territorialgewinne und Einzelvorteile anstrebten und nicht in innere Angelegenheiten Mexikos eingriffen. Das Abkommen war im Sinne Englands. Die beiden anderen Staaten

deuteten sie einfach in ihrem Interesse, Konflikte waren vorprogrammiert. Die Regierung der Vereinigten Staaten wurde ebenso eingeladen sich am Unternehmen zu beteiligen – nicht mehr als eine diplomatische Finte. Das Land im Bürgerkrieg konnte unmöglich teilnehmen. Auf die Antwort wurde gar nicht gewartet.
Die Einheit der drei Mächte bestand jedoch nur auf dem Papier, schon der Angriff erfolgte nicht wie abgemacht gleichzeitig von Havanna auf Kuba aus, sondern die Spanier nahmen schon drei Wochen früher, am 14. Dezember 1861, mit 6000 Mann Veracruz erfolgreich ein und setzten sich in der mexikanischen Hafenstadt fest. Um diesen Vorteil auszugleichen schickten die Franzosen nach den 2600 Marinesoldaten bedeutende Kontingente von 4500 Infanterietruppen des stehenden französischen Heeres mit. Der französische Admiral stach in See mit der geheimen Weisung und dem Recht, gegebenenfalls die Aktion bis zur Hauptstadt Mexikos ins Landesinnere auszudehnen. Dies widersprach dem Londoner Abkommen klar. Monarchisten sollten dann die Macht übernehmen. Deren Hilfe wurde eingerechnet, denn auch in Paris wusste man, dass es nicht leicht wäre, mit 8000 Soldaten ein Land fünfmal so groß wie Frankreich zu besetzen. Die Engländer zeigten schon mit ihrer schwachen Beteiligung von 800 Mann kein Interesse an einer weit reichenden Intervention.
Die truppenkommandierenden Kommissare schickten aus Veracruz eine Bekanntmachung an Juárez, in der sie bekräftigten seine Regierung als rechtmäßig anzuerkennen, außerdem riefen sie zur Vernunft auf. In diesem Fall bedeutete dies so viel wie die Bezahlung der Auslandsschulden. Doch schon nach dem Bekanntwerden des Londoner Abkommens in Mexiko hatte Juárez das Dekret vom 17. Juli außer Kraft gesetzt und weitere Zahlungen verfügt – eine Maßnahme, die die Dreierallianz jedoch kaum wahrnahm. Der französische Gesandte Dubois de Saligny forderte die unrealistische Summe von 60 Millionen Franc zur Schadensdeckung und volle Bezahlung aller Anleihen von 75 Millionen, von denen Mexiko nicht einmal vier Millionen erhalten hatte. Es wurde klar, dass Frankreich nicht an einer sinnvollen und gemäßigten Regelung interessiert war, son-

dern unter allen Umständen in das Land einmarschieren und ein ihm gefälliges Regime an die Macht heben wollte. England und Spanien distanzierten sich von den Forderungen des französischen Gesandten und suchten nach einer einvernehmlichen Lösung. Mexiko erklärte sich unter der Bedingung, die fremden Truppen verließen das Land, gesprächsbereit. Frankreich hingegen suchte mit seinem unannehmbaren Ultimatum eine gewaltsame Auseinandersetzung, die unausweichlich schien. Am 25. Januar 1862 erließ Juárez ein Gesetz, alle Verschwörer gegen die Unabhängigkeit Mexikos und ihre Kollaborateure wären zum Tode zu verurteilen. Die Bevölkerung wusste, dass das Gesetz ernst gemeint war, und verhielt sich zurückhaltend gegenüber den ausländischen Truppen. Man fürchtete die fremden Soldaten und die mögliche zukünftige Rache der eigenen liberalen Soldaten des Juárez gleichermaßen.

Der mexikanischen Regierung wurde überraschend mitgeteilt, dass die ausländischen Truppen ins Landesinnere vorgestoßen waren, weil das schwüle Küstenklima Krankheiten unter den Soldaten verursacht hatte. Der mexikanische Außenminister Manuel Doblada konnte zwar in Vorverträgen die Unabhängigkeit Mexikos sichern, in Orizaba sollten die Verhandlungen zu Ende geführt werden. Doch vor diesen Besprechungen landete mit dem Graf Charles Latrille de Lorencez als neuer Kommandant französische Verstärkung in Veracruz. Mit an Bord waren bedeutende mexikanische Konservative und Monarchisten wie Juan Nepomuceno Almonte, die offen erklärten, unter dem Schutz der französischen Truppen eine Monarchie errichten zu wollen. Almonte präsentierte sich bereits als Stellvertreter des zukünftigen Kaisers Mexikos.

Die Dreierallianz wurde somit offen gebrochen. England und Spanien zogen ihre Truppen zurück. Die beiden Nationen sahen keine Möglichkeit, Mexiko zu unterwerfen und eine stabile Monarchie zu etablieren. Außerdem rechneten sie mit dem Sieg der Nordstaaten im amerikanischen Bürgerkrieg und wollten keine Auseinandersetzung mit ihnen riskieren. Die Abgeltung ihrer materiellen Forderungen wurde mit den Mexikanern gesondert verhandelt und eine Lösung erzielt.

Die Franzosen hingegen nahmen ohne Kriegserklärung Orizaba

ein, worauf die offene Auseinandersetzung begann. Die Eindringlinge hatten nicht dasselbe Glück wie die Nordamerikaner beim Krieg mit Mexiko 1848, die liberale Regierung unter Juárez zerfiel nicht, sondern organisierte einen effektiven Widerstand. Die konsolidierte Regierung hatte gegen die Konservativen drei Jahre Kriegserfahrung gesammelt und die Franzosen konnten nie ganz über die liberale Regierung triumphieren. Die damals geschlagenen konservativen Militärchefs Leonardo Márquez, Miguel Miramón und Tomás Mejia schlossen sich mit schwachen mexikanischen Kräften den Franzosen an, die Richtung Hauptstadt vorrückten. Das liberale Heer hielt sie lange auf, am 5. Mai 1862 errang es einen historischen Sieg bei Puebla, der in Mexiko sowie in Europa Erstaunen hervorrief. Der Vormarsch der Franzosen wurde so um ein Jahr verzögert. General Elie Frederic Forey ersetzte im September 1862 Lorencez als Oberkommandierenden der französischen Truppen, die um das Fünffache verstärkt wurden.
Mit dem General François Achille Bazaine kamen 1863 die militärischen Erfolge der Franzosen. Im Mai wurde das umkämpfte Puebla nach einer zweimonatigen Belagerung eingenommen. Der Klerus empfing jubelnd die »Befreier«, die eine Entsatzarmee schlagen und die bedeutendsten militärischen Köpfe der republikanischen Armee gefangen nehmen konnten. Einigen der fähigsten Generäle – González Ortega, Mariano Escobedo und Porfirio Diaz – gelang zwar die Flucht, doch die Schlachten bedeuteten einen entscheidenden Schlag gegen das republikanische Heer. Der Krieg konnte von dessen Seite nur noch als Guerrillakrieg weitergeführt werden. Juárez musste die Hauptstadt aufgeben und floh mit seiner Regierung nach San Luis Potosí, wo er bis Ende dieses Jahres blieb. Er proklamierte den Krieg als nationalen, er wäre keine Verlängerung des Reformkrieges zwischen Liberalen und Konservativen. Die französische Präsenz in den eroberten Städten unterstrich diese Sichtweise klar. Am 7. Juni 1863 zog General Bazaine in die Hauptstadt ein, General Forey folgte mit seinen Truppen.
Nun sollte der Auftrag Napoleons, die Macht versteckt auszuüben und sie offiziell den Mexikanern zu überlassen, realisiert werden. Die Franzosen wollten aus außen- und innenpoliti-

schem Kalkül auf ein offen gelegtes Protektorat verzichten und eine Frankreich gefügige Monarchie ins Leben rufen.
Im Juni 1863 ernannte General Forey eine Regierungsjunta, die eine provisorische Regentschaft mit Almonte, einem weiteren konservativen General und einem Bischof berief. Danach wurde die Nationalversammlung aus 215 Personen gebildet, die wie alle von den Franzosen einberufenen Regierungskörper aus klerikalen und anderen konservativen Elementen bestand. Die Versammlung beschloss für Mexiko die Regierungsform der »gemäßigten, erblichen Monarchie mit einem katholischen Prinzen« als Kaiser von Mexiko. Diese Kaiserkrone sollte dem Prinzen Ferdinand Maximilian, Erzherzog von Österreich, und seinen Nachkommen angeboten werden. *»Im Falle, dass durch unmöglich vorherzusehende Umstände Ferdinand Maximilian den angebotenen Thron nicht in Besitz nehme, erbete die mexikanische Nation von der Güte seiner Majestät Napoleon III., Kaiser der Franzosen, ihr einen anderen katholischen Prinzen anzugeben.«*
Am 12. Juni 1863 wurde Erzherzog Maximilian schriftlich aufgefordert die Krone anzunehmen, man beauftragte eine Delegation unter dem Vorsitz von Gutiérrez und Hidalgo dem Erzherzog die Einladung persönlich zu übergeben. Der alte Wunsch der mexikanischen Diplomaten stand nun vor der Erfüllung. Sie stellten Maximilian den Thron sehr verlockend dar. Sie erwähnten nicht, dass nur ein kleiner Teil Mexikos, eigentlich nur der Weg von Veracruz bis zur Hauptstadt, in der Hand der Franzosen war. Mit General Bazaine als neuen Oberbefehlshabender der Expedition erhofften sich die Monarchisten einen schnellen militärischen Sieg über die Liberalen. Dies war auch im Interesse der französischen Führung – ein schneller und einfacher Triumph wurde gebraucht, da weite Teile der öffentlichen Meinung in Frankreich dem mexikanischen Unternehmen sehr skeptisch gegenüberstanden und ein Erfolg diese Opposition mundtot machen würde. Doch es stellte sich als unmöglich heraus, das Land flächendeckend zu besetzen und zu beherrschen, doch Vorstöße in alle Richtungen wurden unternommen und die Halbinsel Yucatán schloss sich der Intervention freiwillig an. Anfang 1864 musste Juárez weiter in den Norden nach Sal-

Ferdinand Max, Erzherzog von Österreich

tillo, später nach Monterrey, fliehen. Doch seinen Widerstand konnten die Franzosen nie zur Gänze brechen, selbst wenn nur wenige Staaten seiner Regierung treu blieben. Der Guerillakampf seiner republikanischen Truppen, ständige Angriffe auf französische Einheiten und Institutionen, ließen diese nie in Ruhe. Die ausländischen Truppen ermüdeten, von alledem erfuhr der Erzherzog natürlich nichts.

Maximilian akzeptiert

»Frei erfassen
Muss man's Glück,
Nimmer lassen
Sein Geschick.«

»Jeder Mensch hat seinen Privat-Wahnsinn,
und der ihn nicht hätte, trüge nicht als Motor
zur allgemeinen Weltbewegung bei.«

Ferdinand Maximilian von Habsburg

Nachdem Napoleon III. die Vorschläge der mexikanischen Konservativen akzeptiert hatte, blieb die Frage offen, wer den mexikanischen Thron besteigen könnte. Einige Prinzen und Herzöge kamen ihnen in den Sinn, doch diese lehnten ab. Vorzugsweise sollte dieser nicht aus einem der drei intervenierenden Staaten sein, er dürfte keinesfalls protestantisch sein. Das Angebot, einem Habsburger den Thron zu offerieren, lag nahe. Schon im Unabhängigkeitsplan von Iguala wurde an einen Habsburger gedacht. Der österreichische Erzherzog Ferdinand Maximilian, der Bruder des österreichischen Kaisers Franz Joseph, war zu diesem Zeitpunkt ohne standesgemäße Betätigung. Die Vorsteherin seines erzherzoglichen Haushalts Gräfin Maria Ignazia Lützow schlug in einem Brief vom Frühjahr 1861 ihrem Schwiegersohn – niemand geringerem als dem mexikanischen Monarchisten Gutiérrez – diese Möglichkeit vor. Mehrere Umstände machten Ferdinand Maximilian zu einem interessanten Kandidaten für den französischen Kaiser und für die mexikani-

schen Konservativen. Für die französische Außenpolitik war es von Vorteil, die Beziehungen mit dem österreichischen Herrscherhaus zu verbessern. Diese waren schlecht, da Frankreich im italienischen Freiheitskampf gegen Österreich interveniert hatte. Das französische Kaiserpaar kannte den Erzherzog von einem Besuch 1856 und befand ihn für sehr passend – diplomatisch und einflussreich, noch dazu leicht zu beeinflussen.
Für die mexikanischen Konservativen war Maximilian ein idealer Kandidat. Der junge katholische Prinz war außerdem mit der Tochter Leopolds von Belgien, des Staatsoberhaupts eines katholischen und international sehr einflussreichen Staates, verheiratet. Die Konservativen hofften, Maximilian werde ihnen und dem Klerus die unter Juárez verlorenen Privilegien rückerstatten.
Maximilian wurde von vornherein dazu erzogen, ein Reich zu regieren, und konnte als Regent der Lombardei und Venetiens in Vertretung seines Bruders Franz Joseph Erfahrung sammeln. Die dabei bewiesene liberale Ader Maximilians missfiel zwar den Konservativen Mexikos, aber nicht Napoleon III., dessen imperialistische Pläne mit einem gemäßigten Liberalismus Hand in Hand gingen. Die Franzosen mussten fürchten, der Prinz aus dem ältesten europäischen Hause würde kaum annehmen, das Abenteuer klang wohl zu exotisch. Doch der Erzherzog zeigte Interesse und sein Bruder, der Kaiser Österreichs, stellte dem nichts in den Weg. Wie konnte ein Spross der Habsburger, eines der bedeutendsten Herrscherhäuser der Welt, diesem vagen Plan in diesem fernen Land zustimmen? In welcher außergewöhnlichen Situation befand sich der junge Habsburger, als ihm der mexikanische Thron angeboten wurde?
Ferdinand Maximilian wurde zwei Jahre nach Franz Joseph am 6. Juli 1832 als zweiter Sohn von Erzherzog Franz Karl von Habsburg und Sophie aus dem Haus der Wittelsbacher in Schönbrunn bei Wien geboren. Sein Onkel Ferdinand war seit 1835 auf dem österreichischen Thron, obwohl er völlig ungeeignet war und an Epilepsieanfällen litt. Das Erstgeborenengesetz und Staatskanzler Klemens Wenzel Fürst von Metternich hatten den unfähigen Kaiser auf den Thron gehoben. Metternich konnte so die Macht in seinen Händen konzentrieren. Ob-

wohl Kaiser Ferdinand I. mit Maria Anna von Sardinien vermählt wurde, war von ihm kein Nachwuchs zu erwarten. Von Beginn an wurde Franz Joseph als Thronfolger erzogen, der schon als Kind sehr ernsthaft und ordentlich war. Dessen Bruder Maxi, wie er im Familienkreis genannt wurde – er selbst zog stets den zweiten Namen vor und wurde unter diesem Namen Kaiser von Mexiko –, war ein lebhaftes, fantasiebegabtes Kind. Er musste sich aber damit abfinden, dass sein älterer Bruder der ganze Stolz und die eigentliche Lebensaufgabe der Mutter war. Maximilian konnte zwar liebenswürdig und unterhaltend sein, doch die erste Stelle in den Gedanken der Mutter blieb Franz Joseph vorbehalten. Ihrer Mutter Karoline von Bayern schrieb sie: »*Ich muss sagen, dass unter den Buben Franzi von allen der besterzogenste war ... Maxi aber gewann alle Herzen; ohne nur im Mindesten schön zu sein, zieht er alle Welt durch seine stets wechselnde und Intelligenz verratende Physiognomie, seine herzige kleine Art und komische Art an. Es ist wahr, dass er für sein Alter außerordentlich fortgeschritten ist.*« Sein Schicksal als Nachgeborener teilte Maxi mit seinen jüngeren Brüdern Karl Ludwig und Ludwig Viktor. Seine Schwester Maria Anna Caroline, eine Epileptikerin, starb mit fünf Jahren. Hatten die jüngeren Brüder kaum Kontakt zum Kaiser, wurde Maximilian mit dem Thronfolger erzogen und sie besuchten genau den gleichen Unterricht. Neben dem wohlerzogenen und zurückhaltenden Franz Joseph fiel Maximilian durch sein lebhaftes Interesse, seine Aufgewecktheit und seine Scherze auf. Er gewann sich Sympathien, während Franz Joseph Achtung gewann. Seine sehr leichtlebige, unbekümmerte und freimütige Art machte seiner Mutter Sorgen: »*Maxi ist sehr faul und schwätzt zu viel, weil seine lebhafte Fantasie ihn wider seinen Willen mit sich reißt. Er wird häufig ausgezankt, aber es ist, als spräche man zu einer Kuh. Doch ist er ein guter kleiner Herzensjunge, aber sein Leichtsinn und seine Faulheit machen mir manchmal Sorge für die Zukunft. Wenn nur einmal etwas Ordentliches aus ihm wird! Bombelles, der ihn förmlich anbetet, ist guten Mutes, aber Coronini ist manchmal verzweifelt. Maxi zeigt manchmal das Gehabe eines Lazzarone oder Pariser Gassenbuben, wohl weil das französische Blut von Lothringen her und das italieni-*

sche aus Neapel die Oberhand über das meine gewinnen. Aber dafür besitzt er die Anmut und die tolle und ungestüme Einbildungskraft dieser beiden Nationen.«
Die erwähnten Grafen Heinrich von Bombelles und Coronini-Cronberg waren zwei der Lehrer der Kinder. Sophie hatte Staatskanzler Metternich gebeten die Erziehung der Kinder zu organisieren, der seine Freunde damit betraute. Die beiden älteren Söhne genossen zwar die gleiche Erziehung, doch es stand fest, dass der Erstgeborene den Kaiserthron in Wien besteigen sollte. Da nutzte es wenig, dass Maximilian oft mehr Geist bewies, leichter lernte und auch in sportlicher Hinsicht seinem älteren Bruder bald voraus war.
Max hatte Fantasie, liebte die Natur und die Künste. Der empfindsame und intelligente Knabe vergnügte sich mit Malerei und Modellieren, doch vor allem gefiel ihm die Schriftstellerei. Die deutsche Romantik tat es ihm an – unter ihrem Einfluss schrieb er selbst Gedichte, Reiseskizzen und Aphorismen. Diese Werke wurden 1859 in der Hof- und Staatsdruckerei Wien gedruckt und nur am kaiserlichen Hofe den Freunden Maximilians geschenkt. Nachdem die Nachricht von der Exekution des mexikanischen Kaisers Europa erschüttert hatte, wurden sie bei Dunker und Humblot 1867 und 1868 in Leipzig veröffentlicht. Ein Habsburger als romantischer Schriftsteller war allein schon eine Besonderheit.
Doch nicht nur seine Werke, seine ganze Denkart wurde von der Romantik beeinflusst. Er bewunderte ebenso das Mittelalter und die Geschichte der ritterlichen Zeit. In seinem Tagebuch ist zu lesen: *»Ich leugne es nicht, ich liebe die alte Zeit! Nicht die vergangenen Jahrzehnte, wo man im Nimbus des Haarpuders unter lau-flauen Idyllen zwischen üppigen Wiesenblumen dem gähnenden Abgrund entgegenkollerte; nein, die Zeit unserer alten Ahnen, wo sich in Turnieren Rittersinn entwickelte, wo ein tüchtiges Weib nicht bei jedem Blutstropfen ein Riechfläschchen verlangte und eine Ohnmacht fingierte, wo man nach dem wilden Eber und Bären jagte, und zwar im freien Forste, nicht wie jetzt, hinter Barrikaden. Diese starke Zeit hat starke Kinder erzeugt. Was ist uns als Erbteil geblieben?«*
Er empfand wenig Interesse für den langweiligen Hof, in dem

sein Bruder Franz Joseph so aufging. Ferdinand Maximilian träumte von der ritterlichen Zeit, in der die Könige und Kaiser nicht vom Schreibtisch aus, sondern mit dem Schwert in der Hand herrschten. Sein Ehrgefühl wie sein Familienstolz waren stark ausgeprägt. Die Idee der göttlichen Einsetzung der Herrscher durchdrang ihn. Wie die deutschen Romantiker wollte der Erzherzog in seinem eigenen Ich das Echo der Vergangenheit fühlen, sich den großen Taten und Errungenschaften seiner Vorfahren würdig erweisen und in seinem eigenen Herzen, in seinem Verstand und Tun den Schlüssel zukünftigen Glücks finden. Der sentimentale und schwärmerische Bursche stellte früh sein Ich, seine Gefühle und Gedanken in den Mittelpunkt seines Lebens. Da er in seiner Familie, am Hof und in der Öffentlichkeit nur die zweite Geige spielen konnte, war eine Konkurrenzsituation der beiden Brüder unausweichlich. Franz Joseph war der unangefochtene Thronanwärter, Maximilian der Freigeist, der sich aller Sympathien sicher war. Der jüngere Bruder zeigte sich bereit an seiner Persönlichkeit zu arbeiten. Er stellte ein Kärtchen mit Lebensregeln zusammen, die er immer befolgen wollte. Seine Persönlichkeit war einnehmend und sympathisch, womit er seinen älteren Bruder oft in den Schatten stellte. Obwohl die Mutter Franz Joseph ihr Hauptaugenmerk schenkte, konnte sie sich dem Charme Maximilians nicht entziehen: »*Im Vergleich dazu tut mir die Leichtigkeit und überschäumende Fröhlichkeit Maxis geradezu wohl, denn dies lässt mich hoffen, dass wenigstens er sein Dasein fröhlich durchleben wird.*« Dies rief die Eifersucht und den Neid des kühleren und zurückhaltenden Franz Joseph hervor und Sophie bemühte sich mit voller Absicht, den zukünftigen Kaiser stets in die erste Reihe zu stellen, wo sein Platz sein sollte. Er musste immer die Hauptrolle spielen – auch wenn dies seinem Willen, Naturell und Talent widersprach –, so bei Theaterstücken, die die Kinder am Hof einstudierten. Der nüchterne Junge musste sich als Hauptdarsteller beweisen. Der fantasiebegabte Maximilian hingegen, dem die Kunst und die Schauspielerei viel mehr am Herzen lagen, musste sich mit der zweiten Rolle begnügen. Er bekam schon früh die Zurücksetzung deutlich zu spüren. Diese Konkurrenzsituation sollte sein Leben über weite Teile bestimmen.

Im Jahr 1848 sprang der revolutionäre Funke von Paris auf Wien und die ganze Donaumonarchie über. Studenten, Bürger und Arbeiter erhoben sich gegen den Polizeistaat. Metternich floh nach England. Kaiser Ferdinand machte sofort Konzessionen, hob die Zensur auf und versprach eine Verfassung. Die daraufhin von Ministerpräsident Pillersdorf geschaffene Verfassung begeisterte die Bürger auf Grund ihrer liberalen Ansätze, doch bald bemerkte man Mängel. Im Mai gab es weitere Aufstände, die Hofburg wurde belagert und drohte besetzt zu werden. Kaiser Ferdinand machte weitere Zugeständnisse: Wahlen wurden zugesagt und die Verfassung nur für provisorisch erklärt. Die kaiserliche Familie floh nach Innsbruck. Der 16-jährige Maximilian bemerkte, dass es sich nicht um den vorgegebenen Frühjahrsurlaub handelte. Er fühlte mit den Unterdrückten und erkannte ihre Forderungen an, doch sein Familienstolz blieb verletzt. Franz Joseph befand sich zu dieser Zeit schon an der Front in Italien, wo er im Heer durch seinen bewiesenen Mut Beliebtheit errang. Im Sommer konnte die kaiserliche Familie in die Hauptstadt zurück, doch schon im Oktober entkam sie nur knapp nach Olmütz, den Sommersitz des Fürsterzbischofs. Die Aufständischen bekamen die Hauptstadt völlig in ihre Gewalt. Doch die Konterrevolution war mittlerweile erstarkt, schon im Sommer wurde der Aufstand in Prag niedergeschlagen, Feldmarschall Joseph Wenzel Graf von Radetzky besiegte die rebellischen Italiener und Ende Oktober konnte die Revolution in Wien niedergerungen werden. Diese war schon seit Juli nur noch von Studenten und Arbeitern weitergeführt worden, Bürger und Bauern waren mit den kaiserlichen Zugeständnissen zufrieden.
Als neuer Ministerpräsident wurde Felix Ludwig Fürst von Schwarzenberg ernannt, eine neue Regierung und der Kremsierer Reichstag einberufen, der eine zentralistische Zusammenfassung des Reiches mit gleicher Verfassung und Gesetzgebung beschloss. Schon 1849 wurde der Reichstag wieder aufgelöst, die Verfassung trat nie in Kraft. Die Monarchie wurde nämlich wieder mit härterer Hand geführt – von Maximilians Bruder Franz Joseph, der in jungen Jahren überraschend den Thron bestiegen hatte. Der schwache Kaiser Ferdinand dankte auf Betrei-

ben Schwarzenbergs in Olmütz ab, Franz Karl, der nächste Thronprätendent, verzichtete zu Gunsten seines Sohnes. Am 2. Dezember 1848 kam der 18-jährige Franz Joseph auf den Thron des österreichischen Reiches. Nun spürte der jüngere Bruder in aller Stärke den Unterschied zwischen seiner Bedeutung und der des Erstgeborenen. Er musste seinen ehemaligen Spielkameraden mit »*Seine Majestät*« ansprechen und um Audienz ansuchen, wenn er ihn sehen wollte. Eine skurrile Situation, doch der junge Kaiser legte großen Wert auf Hofzeremoniell und Etikette. Maximilian hätte auch keine Kritik an der Politik des Kaisers äußern dürfen, ließ sich aber nicht davon abhalten. Schon 1849 wies er auf die brutale Niederschlagung des Magyarenaufstandes und die darauf folgenden Vergeltungsmaßnahmen hin. Die Ungarn hatten sich dem jungen, reaktionären Kaiser bis zuletzt nicht untergeordnet. Sie kapitulierten nicht vor dem österreichischen Kaiser, sondern vor dem russischen Zaren, der Hilfstruppen entsandt hatte. Nikolaus I. empfahl Milde, doch Schwarzenberg meinte »*aber vorerst werden wir ein bisschen aufhängen*«. 14 Anführer der Aufstände wurden sofort erschossen, das Strafgericht fällte weitere 114 Todesurteile.
Maximilian hielt die unnachgiebige Politik der Regierung seines Bruders in einer Zeit, in der in allen Völkern der Monarchie das nationale Streben nach Unabhängigkeit erwachte, für kontraproduktiv. Er konnte sich nicht gut damit abfinden, dass seinem konservativen Bruder ein unglaublicher Tätigkeitsbereich, große Entscheidungskraft und Verantwortung überlassen wurden und ihm nichts von alledem. Franz Joseph hatte doch dieselbe Ausbildung und oft weniger Begabung wie er selbst. Maximilian versuchte an der Machtfülle seines Bruders teilzuhaben, doch der Kaiser zeigte wenig Interesse, in seinen Regierungsgeschäften mit dem jungen, liberalen Bruder zusammenzuarbeiten. Franz Joseph wollte seine Macht nicht mit dem überall sehr beliebten Maximilian teilen. Er fürchtete dessen Popularität in der Gesellschaft und beim Volk. Die Autorität des 18-jährigen Kaisers in dieser revolutionären Zeit war noch keineswegs gesichert, er konnte keine Nebenkaiser und Kritiker aus der Familie gebrauchen. Die bittenden Andeutungen Maximilians wurden so stets höflich, aber bestimmt abgewiesen.

Der Zweitgeborene konnte seinen Ehrgeiz nicht ausleben, er blieb ohne Aufgabe. Der Erzieher Graf Heinrich Bombelles glaubte eine Veränderung im Wesen Maximilians festzustellen: Er wäre ernster, nachdenklicher und ruhiger geworden. Eines seiner Lebensmottos lautete: »*Nur in der Tätigkeit ist Glück.*« Und jetzt sollte er als jüngerer Prinz ohne direkte Thronfolge und ohne klares Ziel vor Augen sein Dasein genießen, während sein Bruder die Geschicke der Weltpolitik mitlenkte. Mit siebzehn Jahren endeten die Schuljahre Maximilians. Er widmete sich nun seinen kostspieligen Launen. Nach eigenem Entwurf ließ er sich das Sommerhaus »*Maxing*« bauen, von dem ein unterirdischer Gang zum Tirolergarten von Schönbrunn führte. Was von seiner Mutter als »*große Narrheit*« gescholten wurde. Heute steht das Gebäude nicht mehr, doch die Maxingstraße in Wien Hietzing erinnert immer noch daran. Solche Spielereien konnten ihn nicht lange faszinieren, er litt an seinem sorgenfreien Leben. Vor seiner Familie und vor seinem kaiserlichen Bruder wollte er beweisen, dass er nicht nur der unterhaltsame Knabe wäre, sondern ein fähiger Regent. »*Es gibt Leute, welche das Leben, welches meine jüngeren Brüder führen, philosophisch finden; mir wäre eine solche Existenz der Tod bei lebendigem Leibe und was noch ärger ist, ich finde sie lächerlich. Es gibt nichts Erbärmlicheres als ein apanagierter Prinz, der eine so genannte sorgenlose Existenz führt.*«
In Wien erwartete Maximilian keine verantwortungsreiche Zukunft. So drängte es ihn hinaus in fremde Länder, besonders liebte er den Mittelmeerraum. Schon 1845 auf seiner ersten Reise nach Venedig und Triest verlautbarte er den Entschluss, Seemann zu werden. Den oft kränklichen Jungen erfreute die Sonne und das milde mediterrane Klima. Auf See und Reisen gab es keine Etikette. Sein Bruder blieb stets nördlich der Alpen, Maximilian wollte im Süden seine Zukunft aufbauen. Unter den Marinesoldaten konnte er unangefochten die erste Rolle spielen. Dem Wunsch des jungen Erzherzogs, Marineoffizier zu werden, kam der Kaiser gerne nach. So hatte er ihn fern der Hauptstadt mit einem Tätigkeitsfeld, das ihn von der Mitsprache in Regierungsgeschäften abhielt. 1850 trat Maximilian in die Marine ein, der Achtzehnjährige begann seine Tätigkeit von seinem jün-

Das Sommerhaus »Maxing«, welches einen unterirdischen Zugang zum Tirolergarten in Schönbrunn hatte

geren Bruder Karl Ludwig begleitet mit einer Studienreise auf dem Kriegsdampfer »Vulkan« nach Griechenland und in die Türkei. Abermals entzückte Maximilian die südliche Vegetation und das milde Klima. Aus seinen Reiseberichten erfahren wir, dass ihn in Griechenland die einfachen Leute mit ihren Trachten und Tänzen bezauberten. Er fand das unhöfische Landleben faszinierend und romantisch. Die Verpflichtungen während der Reise wie Empfänge bei lokalen Potentaten mochte er dagegen gar nicht. Nach der Reise blieb er in der Marine als *»interessierter, initiativer, eifriger und pflichterfüllter«* Leutnant, wie ihn sein Admiral lobte. Ihn bewegte das Schicksal der Marine, das innerhalb des österreichischen Militärapparates ein Stiefkind war. Ihr Ansehen war in Wien sehr schlecht, die Marinesoldaten waren großteils Italiener. Die Ausbildung der Mannschaften und Offiziere war mangelhaft, die Hafenanlagen und Schiffsausrüstungen veraltet. Ein Erzherzog in den Reihen konnte das notwendige Geld mit Nachdruck erbitten um diese Missstände zu beheben. Maximilian setzte sich für die Marine ein, doch nicht immer mit Erfolg. Der Kaiser hatte in diesen Jahren andere Sorgen und Ängste. Der russische Zar forderte von Österreich Hilfe im Krimkrieg, da er den Österreichern gegen die rebellischen Ungarn ausgeholfen hatte. Doch Österreich wollte sich nicht gegen die Westmächte stellen und hielt sich aus den Streitigkeiten auf der Krim heraus und blieb neutral. Es scheute weitere Konflikte – an der Nordgrenze des Reichs drohten die Preußen, die immer unerbittlicher auf der internationalen Bühne auftraten. Die Unzufriedenheit der Italiener und Ungarn innerhalb der eigenen Grenzen konnte nicht beseitigt werden, mit Aufständen musste der Kaiser jederzeit rechnen.
Doch Maximilian bekam wenigstens die Aufgabe, die Flagge Österreichs in allen Mittelmeerhäfen zu zeigen. Er initiierte zahlreiche Kreuzfahrten, 1851 lief die »Novara«, das bedeutendste Kriegsschiff Österreichs, nach Amerika und in die Karibische See aus. Maximilian regte die Forschungsreise an, konnte aber selbst nicht mit an Bord sein, er war an Typhus erkrankt. Doch noch im gleichen Jahr konnte er auf der »Novara« eine Mittelmeerkreuzfahrt mitmachen. Auf der Reise beeindruckte ihn vor allem Spanien. Er bewunderte den Anstand und die

Würde der Iberer, die Frauen erschienen ihm anmutig und schön. Noch dazu begleiteten ihn die Erinnerung und der Stolz, dass in diesem Land die Habsburger zu unvorstellbarer Macht gekommen waren und dass im Reich Karls V. die Sonne nie untergegangen war. So setzte er in der Reisegesellschaft gegen viele Einwände durch, Granada und dessen Kathedrale mit dem Grab seiner entfernten Verwandten, der katholischen Könige Ferdinand und Isabella, trotz einer unangenehmen Landreise zu besuchen: »*Sind die Leute stützig und schwer zu etwas zu bewegen, so bin ich noch stütziger und schwerer von meinen Vorsätzen abzubringen. So siegt man und so geschah es auch diesmal nach meinem Willen.*«
Die Reise hinterließ einen entscheidenden Eindruck: Der Ruhm seiner Ahnen überwältigte ihn vor deren Grabmal. Unter ihrer Herrschaft waren die Araber aus Europa gejagt und mit Granada deren letzte Bastion eingenommen worden. Christoph Kolumbus hatte Amerika entdeckt und das spanische Königreich schickte sich an, die Neue Welt zu erobern. »*Familienerinnerungen, Erinnerungen an eine Zeit, in welcher Spanien unter den Fittigen des Doppel-Aars, die ewig von der Sonne gesäumt wurden, auf dem höchsten Gipfel der Macht und das größte Reich der Welt war*«, übermannten ihn. »*Ich blickte meinen steinernen Ahnenbildern so recht ins totenstille Antlitz; es waren große Menschen, die ein Stück Geschichte gemacht, die das Ihrige auf dem weiten Erdenballe geleistet, ein mächtiges weithin herrschendes Geschlecht erzeugt haben und nun verlassen in einer einsamen Kapelle ruhen ... In ganz Spanien war ich den armen Toten als legitimer Verwandter der Nächste, näher als die Herrscher und Prinzen des Landes ... und ein wehmütiges Bedauern bewegte meine Seele, wie die großen Toten so verlassen sind, wie der neue Stamm ihrer nicht gedenkt ...*«
Die romantische Schwärmerei endete in einem klaren Interesse, den Ruhm der Habsburger wieder aufleben zu lassen und über die Welt auszubreiten: »*Stolz, lüstern und doch wehmütig griff ich nach dem goldenen Reif und dem einst so mächtigen Schwerte. Ein schöner, glänzender Traum wäre es für den Neffen der spanischen Habsburger, Letzteres zu schwingen um Ersteres zu erringen.*« Sein Wille, zu regieren und zu herrschen,

war unverkennbar. Er wusste, dass er in Triest bei der Marine auf dem Abstellgleis stand. Das Machtzentrum des Reiches lag in Wien, ebenso die interessantesten Posten. Beides war für ihn unerreichbar, deswegen genoss er seine Reisen und bildete sich dabei fort. Sein Interesse an Spanien blieb dabei besonders ausgeprägt, Sizilien beeindruckte ihn hingegen weniger. Auf den spanischen Balearen fühlte er sich wieder wohl: *»Die stolzen Spanier veredeln dagegen ihr Land und machen selbst hässlichere Teile desselben durch ihre Persönlichkeit interessant.«*
Doch sein Herz verlor er nicht an eine Spanierin, sondern in Lissabon an Maria Amalia von Braganza. Ihre Mutter Maria de Glora, die portugiesische Königin, war die Tochter der Tante Maximilians, Leopoldine von Brasilien. Eine Heirat wurde ins Auge gefasst, doch dazu musste Maximilian seinen älteren Bruder um Einverständnis bitten, eine demütigende Forderung des Hauses Habsburg. Bevor die Ehepläne jedoch wirklich spruchreif wurden starb Maria Amalia an Tuberkulose.
Weitere Reiseziele waren Madeira und Algerien, wo das einfache Beduinenleben bei Maximilian Begeisterung hervorrief. Hier fand er seine romantischen Träume von tapferen Menschen, die täglich die endlose Wüste bezwangen, wieder. Das biedere Hofleben voller Intrigen und diplomatischer Finten kam ihm gegen die Ehrlichkeit und Naturverbundenheit diese Leute absolut verkommen vor.
Maximilian blieb der intensiven Reisetätigkeit treu, nach Albanien fuhr er mit seinem ersten diplomatischen Auftrag. Österreich hatte sich zum Schutzherrn über die katholischen Gebiete des Osmanischen Reiches erklärt. Nachdem Verfolgungen von Katholiken in Albanien bekannt wurden, wollte der Kaiser seinen Einfluss geltend machen ohne die Osmanen zu vergrämen. So schien es ihm passend, als moralische Stütze der Katholiken einen Erzherzog mit einem Kriegsschiff das Land besuchen zu lassen.
Maximilian bewies, dass es ihm mit der Seefahrt ernst war, und der Kaiser ernannte seinen 22-jährigen Bruder entgegen der Ratschläge seiner Minister 1854 zum Konteradmiral und Oberkommandanten der Kriegsmarine. Bei der Marine wurde diese Idee mit Begeisterung aufgenommen, dort wusste man vom ehrlichen Interesse Maximilians.

Er legte nun den Grundstein für eine moderne österreichische Marine. Die bisher einem Artilleriegeneral unterstellte Flotte erhielt nun eine eigene Sektion im Kriegsministerium. Nach englischem Vorbild wurde sie wesentlich verstärkt, indem neue Kriegsschiffe in Auftrag gegeben wurden. Die antiquierten Schiffe wie Segelfregatten wurden in dampfbetriebene Schraubenschiffe umgebaut und gepanzert. Die Kriegsschiffe liefen vermehrt aus – so in türkische Enklaven von Dalmatien, Klek und Neum, in denen den Türken wie anderen Nationen die Schifffahrt verboten war.
Pola löste Triest als Kriegshafen des österreichischen Imperiums ab, eine Werft und ein Arsenal wurden errichtet. Maximilian bemühte sich um das Budget zum Bau von weiteren Kriegsschiffen und Festungswerken. So konnte der Hafen von Venedig ausgebaggert werden. Wiederholte Reisen unterbrachen diese vielseitige Arbeit. 1855 fuhr Maximilian mit 14 Kriegsschiffen, der bis dahin größten österreichischen Kriegsflotte, nach Palästina und Ägypten, bei der Rückfahrt besuchte er in Rom Papst Pius IX.
Maximilian sah nicht nur den militärischen Zweck in der Marine, sondern forcierte ebenso eine wissenschaftliche und volkswirtschaftliche Betätigung. Ein Marinemuseum und ein hydrographisches Institut wurden gegründet. Zwischen 1957 und 1959 fand die bedeutende Weltumseglung der »Novara« über Brasilien, Südafrika, China, Australien und Südamerika statt. Die mitgebrachten wertvollen Objekte aus aller Welt beschäftigten österreichische Wissenschafter verschiedener Fachrichtungen wie Geologie, Botanik, Zoologie, Geografie, Völkerkunde und Ozeanografie für lange Zeit. Eine weitere Expedition nach Westafrika und Südamerika brachte ebenso wertvolle Untersuchungsgegenstände und Resultate.
Die Verdienste des jungen Oberkommandanten beeindruckten und überraschten an manchen Stellen. Er wurde von seinem kaiserlichen Bruder 1856 sogar zum Vizeadmiral ernannt. Doch er steigerte während seiner pflichterfüllten Tätigkeit nicht seine Beliebtheit am Wiener Hof, mit dem er Auseinandersetzungen riskierte, weil er für die Konstruktionen nicht immer auf die Genehmigung des Parlaments wartete. Kaiser Franz Joseph ge-

fielen solche unabhängigen Unternehmungen nicht, umso weniger, wenn sie von einem Familienmitglied initiiert wurden. Er hegte ein gewisses Misstrauen gegenüber seinen Brüdern, die dem Thronanspruch nahe standen. Dies sollten später sogar die Erzherzöge Rudolf und Franz Ferdinand zu spüren bekommen. Doch der Kaiser sah vor allem im beliebten Maximilian einen Kontrahenten, der für seine liberale Einstellung bekannt war. Der junge Kaiser hatte sich mittlerweile als unabhängiger Souverän durchsetzten können und wollte sich seine Macht durch niemanden streitig machen lassen. Sein mächtiger Kanzler Felix Schwarzenberg war 1852 verstorben und der Monarch dachte nicht mehr daran, sich ins Regierungsgeschäft allzu viel dreinreden zu lassen.
Nachdem am 18. Februar 1853 vom ungarischen Revolutionär Libenyi ein Messerattentat auf Kaiser Franz Joseph verübt wurde, tauchten sofort Gerüchte um einen Thronwechsel auf, obwohl der Kaiser kaum verwundet war. Der Kaiser wollte seinen Bruder aus diesem Grund gerade in dieser Stunde nicht in Wien sehen. Als Maximilian auf Bitten der Mutter zu ihm eilte, wurde er kalt empfangen und gefragt, wieso er es sich erlaube, sich von seinem Posten zu entfernen. Franz Joseph deutete die schnelle Anreise dahingehend, sein Bruder mache sich Hoffnungen auf den Thron. Die schroffe Zurückweisung kränkte Maximilian sehr. Trotzdem rief er zu Spenden auf, damit eine Kirche zum Dank für das Überleben des Kaisers gebaut werde. 300 000 Spender ermöglichten die Errichtung der Votivkirche und somit den Beginn der Ringstraßenbautätigkeit. Maximilian konnte dabei seiner Bauleidenschaft frönen und gab dem Entwurf des jungen Architekten Heinrich Ferstel seine Zustimmung.
Trotz der Feindseligkeiten zwischen den Brüdern bewies der Kaiser staatspolitisches Kalkül, indem er seine Reisen nach den außenpolitischen Interessen Wiens lenkte. Die Gefahr eines Bündnisses zwischen Frankreich und Russland schwebte in der Luft, nach dem Krimkrieg stellten die siegreichen Westmächte kaum Forderungen an den Verlierer Russland. Es bahnte sich eine Österreich missliebige Freundschaft an. Außerdem störte Österreich der Schulterschluss zwischen Frankreich und Sardinien. Der italienische Kanzler Graf Camillo Benso von Cavour

zeigte sich im Spiel der internationalen Politik sehr geschickt, seine Truppen fanden sich auf der Seite der alliierten Sieger im Krimkrieg. Er schielte nun auf die italienischen Provinzen der österreichischen Monarchie. In dieser Situation war Österreich bereit, mit Napoleon III. gemeinsame Sache zu machen. Über den Kaiser der Franzosen, der sich vom Volk wählen ließ und auf keinen alten dynastischen Stammbaum verweisen konnte, hatte man sich vorher in Wien amüsiert und seiner fehlenden Wertschätzung durchaus Ausdruck verliehen.
Nun sollte Maximilian die Wogen glätten und einer Zusammenarbeit den Weg bahnen. Er selbst hatte die Franzosen oft in seinen Aufzeichnungen geschmäht. In seinem Reisetagebuch aus Spanien fiel ihm beim Anblick eines Gemäldes Eugène Sues nur ein: »*Also auch über die goldene Halbinsel hat sich Frankreichs Gift ergossen, welches gleich dem schimmernden stets beweglichen Tropfen des Merkurs das edle Metall zur grauen glanzlosen Masse umwandelte.*« Doch diese Einstellung sollte sich ändern, Maximilians Leben sollte für lange Zeit von Paris bestimmt werden.
Am 17. Mai 1856 traf Maximilian in der französischen Hauptstadt ein. Noch blickte er ironisch lächelnd auf den Bürgerhof und den hinaufgekommenen Bürgerkaiser: »*Durch meine vielen Reisen kenne ich die Franzosen des 19. Jahrhunderts und weiß, dass etwas Komödie zur Sache gehört; ich habe mich daher angetan in Gold und Flitter, mit einem Kürass von Orden, und an meinem Halse hing wie eine mächtige Glocke ein Vlies, in dem die Diamanten wie ein Feuerwerk sprühten und glänzten; ich war anzusehen wie ein Schlittenpferd am frohen Karnevalstage. So passt es für den Hof der Imperatoren.*« Maximilians Begegnung mit »*Frankreichs Geschick, Europas Lenker, der Herrscher, vor dem sich die Fürsten aus Ost und West beugen, der Mann der Zeit, Ludwig Napoleon Bonaparte, als Gewählter der Nation Napoleon III., Kaiser der Franzosen*« verlief anfangs enttäuschend: »*Da steht es oben auf dem Stufenberge ausgesetzt, das kleine breitschultrige Männchen mit den kurzen Beinen und dem ungeheuren Kopf, da nickt es verlegen herunter mit dem matten unstet suchenden Blick, da schiebt es und zieht es entgegen in den goldenen Epauletten, in dem glänzen-*

den Firlefanz mit Spaniens diamantenem Hammel auf der Brust, die O-Beine in den maßlos weiten, fahlroten, gegen unten enger zusammenlaufenden Soldatenhosen. Da schüttelt es zitternd mit der breiten, haarigen, plumpen Hand des Gastes Rechte, da stammelt es einen Schwall unverständliche Worte. Seltsamer Gegensatz! ... Nichts Kaiserliches ist in dieser ersten Erscheinung. Und doch, was für große Eigenschaften muss der Mann haben, dass er einen trotz seinem unglücklichen Äußeren, trotz dem gemein-französischen Typus im täglichen Umgange so bezaubert, so überzeugt, dass man, ich scheue mich nicht es zu sagen, als sein Freund und Verehrer scheidet!«

Das zuerst verlachte Regime und sein Hof beeindruckten Maximilian, der französische Kaiser und die würdige und wunderschöne Kaiserin Eugénie und deren Modernisierung des Staats faszinierten Maximilian. Fast zwei Wochen blieb er in Paris an der Seite des Kaisers und schmeichelte ihm: *»Napoleon I. hatte Genie, Napoleon III. hat Geist: Wohl reißt das Genie mit sich fort, aber der Geist herrscht.«* Napoleon III. beeindruckte den jungen Erzherzog über die Maßen, Maximilian schrieb an die Königin Elisabeth von Preußen: *»Liebe Tante, das ist keine Bewunderung, die ich für diesen Mann habe, das ist ein Kult!«* Wohl fand er in dem mächtigen Kaiser der Franzosen eine Gegenautorität zu Franz Joseph. Dieser wurde nicht Kaiser durch das Glück, Erstgeborener zu sein. Das Volk hob ihn auf den Thron – eine Vorstellung, die Maximilian erfreute. Der bürgerliche Kaiser regierte liberal und volksnahe, lehrte aber mit seiner Armee der Welt das Fürchten. Ein perfektes Gegenbild zu dem kaiserlichen Bruder, der sich vom Volk abschottete und sein Heer aus Kriegen so weit wie möglich heraushielt. Das französische Kaiserpaar fand Gefallen an Maximilian, doch bindende Zusagen konnte Maximilian nicht bekommen.

Nach Paris besuchte Maximilian Brüssel, wo der Begründer des mächtigen Hauses Coburg herrschte, König Leopold I., der sein 1830 neu gegründetes Reich Belgien zu Wohlstand und Macht geführt hatte. Maximilian aus der absolut regierten österreichischen Monarchie verwunderte die konstitutionelle Regierung Leopolds und ihre Bürgernähe. Dass bei einem Hofball Bürger,

Das Ehepaar Erzherzog Maximilian und Charlotte von Belgien

»Gevatter Schneider und Handschuhmacher«, Zutritt hatten, erheiterte den Erzherzog unermesslich. Die schulmeisterliche Art des Königs fand er zwar unangenehm, doch dessen 16-jährige Tochter Charlotte hinterließ mehr als nur einen guten Eindruck. Ihre Intelligenz und Bildung überraschten den Erzherzog, ebenso ihre sich entwickelnde Schönheit. Sie war schlank und elegant, eine hübsche junge Prinzessin. Außerdem dürfte sie die reichste Partie Europas gewesen sein und mit ihr sollte sich Maximilian vermählen. Diese Verbindung war den Österreichern sowie den Belgiern gefällig.
Durch Heiratspolitik konnte sich König Leopold I. in weiteren Herrscherhäusern Europas einen gewissen Einfluss sichern. Maximilian hatte wenig Lust, eine weitere Schachfigur im strategischen Heiratsspiel der Dynastien zu sein. Das vermutete politische Manöver des Schwiegervaters gefiel ihm wenig. Vielleicht war auch der Eindruck der Beziehung zu Maria de Braganza noch nicht zur Gänze ausgelöscht. Der Erzherzog zögerte noch. Doch keine andere Prinzessin, die er noch auf seiner Reise durch europäische Fürstenhöfe kennen lernte, konnte Charlotte ausstechen. Einer endgültigen Verlobung stand also nichts mehr im Wege, sie fand im Dezember 1856 in Belgien statt. Die Verbindung wurde von beiden Häusern gutgeheißen. Auch die beiden Eheleute schienen glücklich. Charlotte dürfte sogar sehr verliebt gewesen sein und Maximilian empfand mehr als nur tiefe Zuneigung für seine Frau.
Nichtsdestotrotz erkämpfte der Erzherzog weitere finanzielle Zuwendungen zu der von der belgischen Kammer festgelegten Mitgift, welche er auch gegen Widerstände durchsetzen konnte, was er stolz seinem kaiserlichen Bruder mitteilte: *»Ich tue mir ein wenig darauf zugute, dem alten Knauser schließlich doch etwas von dem, was seinem Herzen am teuersten ist, abgerungen zu haben.«*
Der *»alter Knauser«* Leopold I. hatte aber ganz andere Sorgen, er dachte an die weitere finanzielle und professionelle Lage seines Schwiegersohns und erbat von Österreich für diesen eine Stellung innerhalb des Staatsapparats, die ihm Tätigkeiten ermöglichte und seiner hohen Geburt würdig wäre. Der Kaiser war von solchen Überlegungen wenig begeistert. Doch boten

sich die aufrührerischen italienischen Provinzen Lombardei und Venetien im Süden der Monarchie an. Einerseits waren sie von Wien weit genug weg, sodass Maximilian in gesamtstaatlichen Belangen nicht mitsprechen konnte. Andererseits schien es ratsam, einen bedeutenden Habsburger an die Spitze dieser Provinzen als Integrationsfigur zu setzen und sie so stärker in die Monarchie einzugliedern, da separatistische Tendenzen immer mehr an Zuspruch gewannen. Die italienischen Provinzen wurden durch Unterdrückung im Vielvölkerstaat gehalten. Staatspolizei und Militär waren allgegenwärtig; Exekutionen, die Prügelstrafe und Vermögenskonfiskationen an der Tagesordnung. Die Provinzen Lombardei und Venetien strebten die Unabhängigkeit von der österreichischen Monarchie und die Eingliederung in den jungen italienischen Nationalstaat an. Verschiedene Zusagen des Kaisers konnten daran nichts ändern. Seit 1848 regierte in diesen Provinzen Feldmarschall Radetzky mit eiserner Hand und konnte die Unruhen nicht besänftigen.
Bei der Reise des Kaiserpaares 1856 durch die italienischen Provinzen spürte es am eigenen Leib die Feindseligkeit des Volkes, obwohl Kaiserin Elisabeth die Sympathien der Italiener durch ihre Schönheit und ihren Charme gewinnen konnte. Einen ähnlichen Effekt erhoffte Kaiser Franz Joseph von seinem Bruder und Charlotte. Dem bisherigen Befehlshaber Radetzky wurde ein ehrenvoller Abschied bereitet um die Armee nicht zu kränken. Die Macht in den Provinzen Lombardei und Venetien wurde daraufhin geteilt. Den militärischen Oberbefehl erhielt Graf Gyulai, die zivile Macht ging an den neu ernannten Generalgouverneur Maximilian. Franz Joseph beschrieb in seiner offiziellen Ernennung die Aufgaben folgendermaßen: »*Vor allem geht meine Absicht dahin, dass Sie mich in dem Lande, das ich Ihrer Leitung anvertraue, würdig repräsentieren und sich ganz besonders angelegen sein lassen, dahin zu wirken, dass das dynastische Gefühl in der Bevölkerung belebt und gekräftigt, der Adel in seinen Interessen und sozialen Beziehungen mit Umsicht herangezogen und überhaupt in allen Klassen die Erkenntnis der Vorteile, die denselben die Vereinigung mit der Monarchie gewährt, durch eine gerechte und alle Interessen eifrig fördernde Verwaltung zum Bewusstsein gebracht und nachhaltig*

gepflegt werde ...« Der Kaiser dachte bei dieser Ernennung vor allem an repräsentative Funktionen, anders Maximilian. Er sah die Möglichkeit gekommen, seine Ideen einer Regentschaft durchzusetzen und beim Volk zu triumphieren. Er wollte vor Wien beweisen, dass eigentlich er der fähigere Staatsmann wäre. Doch vorher sollte er noch Papst Pius IX., den Großherzog der Toskana und die englische Königin Victoria besuchen und seine Charlotte am 27. Juli 1857 in Brüssel ehelichen. Die Ankunft des jung vermählten Paares unterbrach am Wiener Hof die Trauer, da das erste Kind der Kaiserin Elisabeth in Budapest verstorben war. Die belgische Prinzessin verstand sich gut mit ihrer Schwiegermutter, der Erzherzogin Sophie. Dies bedeutete auf der anderen Seite, dass jedes freundschaftliche Verhältnis zu ihrer Schwägerin, der Kaiserin Elisabeth, unmöglich wurde. Charlotte konnte deren überhebliches Benehmen nicht leiden. Als Königstochter fühlte sie sich dem bayrischen Fürstenkind überlegen.

Am 6. September 1857 wurden Maximilian und Charlotte, das neue Regentenpaar, in Mailand nur von Neugierigen empfangen. Die bedeutenden Persönlichkeiten hielten sich von den Habsburgern fern. Doch mit seinem guten Willen, seiner Großzügigkeit und seinem Charme konnte der junge Generalgouverneur Wohlwollen erringen. Er unterstützte seine Untertanen, die nach Überschwemmungen, Ernteausfällen und Fabrikschließungen in Not gerieten. Charlotte spendete große Summen aus ihrem Privatvermögen für Krankenhäuser und Schulen. Städte wurden verschönert, indem Plätze, öffentliche Gärten und Boulevards angelegt und Kulturdenkmäler und Gebäude restauriert wurden. Durch eine prachtvolle Hofhaltung sollte der italienische Adel gewonnen werden. Doch nicht nur kosmetische Erneuerungen wollte der junge Generalgouverneur. Er machte sich unverzüglich an verschiedene politische Reformwerke. Alle möglichen Bereiche sollten verbessert werden. Er ging mit Enthusiasmus an die neue Aufgabe heran. Große Pläne gingen ihm durch den Kopf. Als erfolgreicher Regent und Beschützer der Italiener in Lombardo-Venetien könnte er sich vielleicht als Oberhaupt eines größeren italienischen Staatenbundes empfehlen. Oder er könnte zumindest unabhängiger König dieser Pro-

vinzen werden. Mit diesen Ansprüchen und Ideen verärgerte er einmal mehr den Wiener Hof. Dafür hoffte er sich die Sympathien der Italiener mit einer eigenwilligen Politik zu gewinnen, deren Erfolg ihn bestätigen sollte. Franz Joseph war über die liberalen Tendenzen des brüderlichen Generalgouverneurs verärgert, nicht zuletzt, da er gegen die strenge Politik der Hauptstadt immer wieder offen Stellung bezog. Der Kaiser zögerte nicht und rief ihn zur Ordnung: »*Ich kann nicht von dir verlangen, dass du mit allem von mir Verfügten einverstanden seiest, allein ich muss darüber ruhig sein können, dass das, was ich einmal beschlossen habe, mit Eifer ausgeführt und die dagegen etwa entstehende Opposition nicht durch den Glauben ermutigt werde, als seiest du auch mit dem von mir vorgezeichneten Gange nicht einverstanden. Dies schließt natürlich nicht aus, dass du, gegen dir unzweckmäßig Erscheinendes, bei mir Vorstellung erhebst, nur sollte nicht immer schon in den auswärtigen Zeitungen, selbst in der Allgemeinen, jeder von dir ausgehende Schritt publiziert werden, wenn er kaum noch hier bekannt ist, wie es bei Gelegenheit deiner im Sommer gemachten Vorschläge und jetzt wieder bei deinen Anträgen wegen des Rekrutierungsgesetzes geschehen ist, wodurch dann das ganze Odium des Abschlagens auf mich fällt. Suche überhaupt die Gründe zur jetzigen üblen Stimmung nicht bloß in den von hier kommenden Maßregeln, sondern auch in dem angeborenen und anerzogenen schlechten Geiste eines Teiles der Bevölkerung.*«
Diese Maßregelungen, die Maximilians Autorität beeinträchtigten, verletzten diesen sehr. Der Kaiser wollte ihn offenbar nur als seinen Repräsentanten sehen und nahm ihn als Regenten nicht ernst. Seinem Urteil wurde wenig getraut. Franz Joseph übergab beispielsweise die Bittschrift eines Offiziers, den Maximilian aus der Armee entlassen hatte, an das Kriegsministerium zur Überprüfung. Maximilian fühlte sich übergangen, worauf er sogar ein Entlassungsgesuch an seinen Bruder richtete, dem nicht Folge geleistet wurde. Die Konkurrenzsituation der Brüder spiegelte sich in ihrer Zusammenarbeit wider. Franz Joseph zeigte weiterhin extreme Angst vor Antastung seiner Autorität – besonders wenn dies durch Familienmitglieder mit einer gewissen Möglichkeit zum Thronanspruch geschah. Maximilian, der

wirklich nach Regentenpositionen strebte, förderte diese Ängste des Kaisers. Politische und persönliche Feindseligkeiten der beiden Brüder vermischten sich unauflöslich. Bei Zurechtweisungen aus Wien fühlte sich Maximilian angegriffen und wurde so umso mehr angestachelt den Kaiser und seine Maßnahmen zu kritisieren. Gegner des Kaisers konnten von Maximilian immer Unterstützung erhoffen.
Ein Artikel in der »Presse« über Elisabeths Kuraufenthalt in Kissingen verursachte Aufregung. Es wurde als Hohn empfunden, dass auf Elisabeths einzigen Schönheitsfehler, ihre schlechten Zähne, angespielt wurde. Maximilian setzte sich daraufhin für die Begnadigung des Redakteurs der »Presse« August Zang ein. Sein Interesse dabei war, neben einem Denkzettel für den Kaiser, sich als liberaler Regent darzustellen und Punkte bei der Presse und der Bevölkerung zu sammeln. Da er keinen Erfolg dabei hatte, schrieb er an Zang, dass seine Interventionen nichts nutzten, *»weil eine verletzte Weiblichkeit im Wege sei«*. Kaiser Franz Joseph erfuhr davon und war erbost. Sein eigener Bruder konnte es nicht lassen, ihn und seine Gattin zu beleidigen. Maximilian wurde immer verdächtiger und deswegen von vielen Informationen nicht in Kenntnis gesetzt, selbst die aufkeimende Gefahr in Italien wurde vor ihm verharmlost bzw. geheim gehalten.
So saß Maximilian zwischen allen Stühlen: auf der einen Seite der erzürnte Kaiser und der konservative Wiener Hof, auf der anderen Seite die mit Österreich unversöhnlichen Italiener, die er dessen ungeachtet als Stütze gewinnen wollte. Doch als Gouverneur konnte er sich mit seinen liberalen Verordnungen nur oberflächliche Unterstützung sichern. Die österreichische Herrschaft in Lombardo-Venetien steuerte ihrem Ende zu. Der Ruf zur Einigung der italienischen Nation aus dem Süden, begleitet von großen Erfolgen Cavours und Guiseppe Garibaldis, fanden in diesen Provinzen immer größeren Widerhall. Das Volk wollte die Herrschaft der Habsburger abschütteln und frei in einen neuen italienischen Nationalstaat eintreten. Da halfen die bestgemeinten Maßnahmen nichts, ein Habsburger als Gouverneur konnte nichts mehr erreichen. Maximilian tat alles, um die Bevölkerung zu gewinnen und die Wirtschaft anzukurbeln. Doch

die antiösterreichischen Demonstrationen der Italiener nahmen weiter zu und wurden brutal unterdrückt. Maximilian protestierte gegen die Festnahmen und Hausdurchsuchungen. Schon nach einem Jahr an der Regierung wurde die Unmöglichkeit der Realisierbarkeit seiner Ideen sichtbar. Währenddessen arbeitete der geniale italienische Außenminister Cavour an bedeutenden Allianzen im Freiheitskampf gegen die Österreicher. Die charmante und hübsche Gräfin Virginia di Castiglione fungierte schon seit langem als italienische Gesandte am Pariser Hof und als Mätresse Napoleons III. Nach dem Bombenattentat unter Felice Orsini auf das französische Kaiserpaar am 15. Januar 1858 konnte Napoleon III. endgültig für die italienische Einigungsidee gewonnen werden. Große Truppenverstärkungen wurden an die Grenzen zu Italien geschickt. Nach diesem Schulterschluss war Italien für Österreich endgültig verloren. Maximilian hoffte zwar immer noch die Dinge bessern zu können. Denn er persönlich war in seinen Provinzen nicht unbeliebt. Es wurde weithin anerkannt, dass er mit guten Absichten regieren wollte. Sein freundliches Auftreten fand Anklang. Doch viele einflussreiche Familien drehten dem Herrscherpaar aus nationalistischen Gründen den Rücken zu und blieben dem Hof fern. Im ganzen Land fanden Demonstrationen statt, Zugeständnisse der Monarchie wurden ignoriert. Maximilian erkannte langsam, dass er auf verlorenem Posten stand: »*Wären nicht die religiösen Pflichten, ich wäre schon längst ferne von diesem Lande der Qual, wo man die Demütigung doppelt fühlt, eine tat- und gedankenlose Regierung, die der Verstand vergebens zu verteidigen sucht, repräsentieren zu müssen. Mit einem Gefühl tiefer Scham bin ich neulich nach Mailand hineingefahren, doppelt gedrückt und gedemütigt durch die freundliche wohlwollende Art, mit der man uns beide persönlich, sozusagen als respektable Privatpersonen, empfangen hat. Diese desavouierende Privatfreundlichkeit zeigt mir am besten die Lage der Dinge, zeigt meine Ohnmacht, zeigt aber auch, wie unverantwortlich die Regierung mit dem guten Willen der Masse umgeht ... Es ist nunmehr eine Stimme, die der Entrüstung und Missbilligung ... ich fürchte mich nicht, denn das ist nicht Sitte der Habsburger, aber ich schäme mich und schweige ... Wenn es so steigend fort-*

geht wie bis jetzt, werde ich bald daran denken, Charlotte zu ihrem Vater nach Brüssel zu schicken; denn sie gedenke ich der Schwäche und Ratlosigkeit nicht zu opfern, und wo Gefahr ist, haben junge Frauen ohne Erfahrung nichts zu suchen ... Wir leben jetzt in einem kompletten Chaos ... Eines hat man in Wien erreicht, wenn man das bezweckte, so hat man staatsmännischen Geist bewiesen, d.i. dass es keine Opposition mehr gibt ... um mich hat alles Kopf und Mut verloren, und mitunter fange ich schon selbst an, mir die Frage zu stellen, ob das Gewissen es erlaube, den Anordnungen der Wiener blind Folge zu leisten.«
Maximilian erkannte seine Machtlosigkeit, schob die Schuld aber Wien zu. »*Es ist nunmehr eine Stimme, die der Entrüstung und Missbilligung, die durch das ganze Land hinzieht und der vis-à-vis ich allein und machtlos stehe; ich fürchte mich nicht, denn das ist nicht Sitte der Habsburger, aber ich schäme mich und schweige ...*«
Er harrte aus und versuchte bis zuletzt zu retten, was zu retten war. Seine Gattin schickte er Ende 1858 zu ihrem Vater nach Brüssel, nachdem sie in Venedig ausgepfiffen worden war, ebenso ließ er seine Besitztümer aus den Provinzen schaffen. Für einen letzten Versuch, die Autonomie der Provinzen unter seiner Herrschaft durchzusetzen, reiste er noch einmal nach Wien. Sie wurde ihm aber nicht gestattet, ebenso wenig der Oberbefehl über die Truppen. Voll zorniger Resignation und Frustration schrieb er an seine Mutter: »*Ich sitze hier festgebannt und einsam wie ein Eremit im weiten Palast von Mailand ... Ich bin der verlachte Prophet, der nun Stück für Stück das auskosten muss, was er Wort für Wort den tauben Ohren vorausgesagt hat, und auf den man nun um die Ursachen vergessen zu machen lostrommeln möchte, als sei er es, der durch falsche Milde oder zuckersüße Güte das Unheil heraufbeschworen habe. Die Welt ist komisch, sie vergisst ganz, dass der arme Prophet um alles gebeten hat, was man jetzt in der Todesangst machen möchte: die Verlegung der Universität Pavia, die Befestigung von Mailand, die Entfernung von schwachen Beamten, die Deportation etc. etc. Nur hat er es in ruhigen Zeiten gewollt, wo es als aus einem System hervorgehende Maßregel gegolten hätte. Solche Kraftmaßregeln mit wohl tuenden Gesetzen gepaart*

waren meinem Charakter nie fremd. Trotz erwartetem Spott und aller Verleumdung harre ich ruhig auf meinem Posten aus. In der Gefahr kehre ich nicht um. Zwei Gründe halten mich zurück. Die Pflicht, in schweren Augenblicken den mir anvertrauten Posten nicht zu verlassen und die durch Angst und Nervosität hervorgerufenen Übergriffe so viel als möglich zurückzuhalten. Was ich tun werde, wenn gute und ungefährliche Zeiten wiederkommen, das steht bei mir; wo es brennt, da helfe ich bis zum letzten Augenblick, und sollte ich mitten in den Flammen stehen; wo es gilt, den Karren der Mittelmäßigkeit mit fortzuwälzen, da spanne man andere Gäule ein.«

Maximilians Stellungsnahmen gegen die Wiener Politik wurden immer offener. Seine Kritik nahm noch zu, als die Wiener Regierung seine liberale Versöhnungspolitik endgültig beendete, indem sie noch härtere Maßnahmen für die italienischen Provinzen vorsah und durchführen ließ. Die italienische Währung wurde durch den österreichischen Gulden ersetzt, im Süden stationierte man mehr Soldaten. Die Rekrutierung wurde auf einzige Söhne und junge Familienväter ausgedehnt. Niemand unter 23 Jahren durfte vor Ableistung der Wehrpflicht heiraten. Diese strengen Maßnahmen bedeuteten den politischen Selbstmord der Österreicher in den italienischen Provinzen. Zu dieser Zeit war der Krieg und die anschließende territoriale Aufteilung schon beschlossene Sache, die Hilfe Napoleons III. für Sardinien wurde festgelegt. Napoleon wollte die Österreicher nicht attackieren, sondern den angegriffenen Italienern zu Hilfe eilen. Die Österreicher wurden durch organisierte Unruhen, Demonstrationen und die offensichtliche Aufrüstung Sardiniens provoziert. Die Österreicher stellten ein Ultimatum an Sardinien: Wenn nicht binnen drei Tagen abgerüstet würde, würde die kaiserliche Armee angreifen. Nach dem Ablauf des Ultimatums trat der Kriegszustand ein.

In dieser brenzligen Situation schätzte der Kaiser den widerspenstigen Bruder als Gouverneur wenig und gab dem Grafen Gyulai auch die oberste Zivilgewalt in den italienischen Provinzen, dem Erzherzog blieb nach eigener Aussage nur noch das Kommando über *»vier bis fünf elende Schiffe«* in Venedig. Dabei wurde er dem Festungskommandanten unterstellt und

konnte sich kaum durchsetzen. Er bat seinen Bruder voller Frustration, wenigstens seinen guten Namen und das Dekorum eines Erzherzogs zu wahren. Er fühlte sich gedemütigt und verraten. Am 30. April 1859 verließ Maximilian Mailand und ging nach Istrien. Cavour war über die Entscheidungen aus Wien beruhigt, er sah in Maximilian seinen gefährlichsten Gegner. *»Endlich können wir aufatmen. Der Mann, der unser größter Feind in der Lombardei war, den wir mehr als jeden anderen fürchteten und dessen Erfolg wir täglich wachsen sahen, ist entlassen worden. Seine Beharrlichkeit, seine redliche liberale Gesinnung hatten ihm schon viele Anhänger gewonnen. Niemals zuvor erfreute sich die Lombardei solchen Wohlstandes, wurde sie so gut verwaltet. Dann greift, gottlob, die Wiener Regierung ein, stiftet auf ihre Art ein großes Durcheinander und verdirbt sich alles, indem sie den Bruder des Kaisers zurückruft, weil dessen kluge Reformen den alten Perücken in Wien missfallen hatten ... Nichts war verloren und die Lombardei fiel uns ganz umsonst zu.«*
Die Franzosen und Italiener konnten das Heer der österreichischen Monarchie schnell besiegen. Die Donaumonarchie stand ohne Alliierte da: Preußen strebte nach der Führung des Deutschen Bundes und wollte die Situation Österreichs geschwächt sehen. Der ehemalige Verbündete Russland vergaß die neutrale und abwartende Haltung Österreichs im Krimkrieg nicht und verweigerte jegliche Hilfe. Die österreichischen Truppen wurden hin und her bewegt, kein richtiger Angriff kam zu Stande. Die Franzosen und Piemontesen formierten sich effektiv und griffen ihrerseits an. Im Herzen der Lombardei – 15 Kilometer von Mailand – trafen sie auf die österreichischen Verbände und schlugen sie am 4. Juni 1859 bei Magenta. Franz Joseph eilte daraufhin nach Italien und übernahm den Oberbefehl seiner Truppen. Doch die österreichischen Kommandierenden waren noch gar nicht zur Stelle, als ihre Truppen in die Schlacht von Solferino verwickelt und in die Flucht getrieben wurden. Nach diesem vernichtenden Schlag wurde rasch Frieden geschlossen. Napoleon III. wollte seine Truppen an den Rhein bringen, wo die Preußen drohten. Er schlug eine Unabhängigkeit Venetiens unter Erzherzog Maximilian vor, die Franz Joseph entschieden

ablehnte. Venetien verblieb so bei Österreich. Frankreich erhielt die Lombardei und gab sie an Sardinien-Piemont weiter. Als Kriegsentschädigung erhielt Napoleon III. 1860 Savoyen und Nizza. Diese Niederlage der österreichischen Armee kratzte am Thron Franz Josephs. Rufe nach seiner Abdankung wurden laut, stellenweise wurde Maximilian als Kaiser gefordert, was diesem weitere Möglichkeiten im österreichischen Kaiserreich verbaute. Für ihn war das Ende seines italienischen Amtes schrecklich. Der Verleger seiner ersten Reisebeschreibung erzählte in der Vorrede: *»Er hat später in seiner Bibliothek eine Tafel aufgestellt mit der Inschrift ›Memento Verona‹ und soll gesagt haben: ›Dieses Memento lese ich, wenn ich mich trübe gestimmt fühle, denn unglücklicher als ich damals war, kann ich nicht werden.‹«*

Maximilian widmete sich dem Bau seines Schlosses Miramar bei Triest, das 1854 begonnen und nun fertig gestellt und verschönert wurde. Das weiße Märchenschloss aus Kalkstein glänzte direkt am Meer auf einer kleinen Halbinsel. Aus Marmor und eigens herangeschafftem Granit aus Tirol wurden die Prunktreppen gefertigt. Für den prächtigen Garten wurde fruchtbare Erde von weither angekarrt. An der Anlegestelle begrüßten ägyptische Sphinxe die Besucher. Bei der Hofhaltung des Erzherzogpaares wurde ebenso wenig gespart, obwohl Maximilian kein hohes Amt mehr innehatte. Bei Festen und Diners wurde eine große Zahl an Gästen geladen. Der Schlosspark wurde jeden Sonntag für das Volk geöffnet, eine Marinekapelle spielte. Am Heiligen Abend lud das Erzherzogpaar hundert Kinder armer Leute ein und beschenkte diese großzügig.

Doch mit Miramar allein begnügte sich Maximilian nicht. Charlotte erfüllte ihm einen Wunsch und kaufte die Insel Lacroma gegenüber Ragusa, dem heutigen Dubrovnik. Das Paar entdeckte im Herbst 1859 bei einer Fahrt entlang der dalmatinischen Küste diese Insel. Bei einem Picknick in einem Pinienwald verliebte sich der Erzherzog in die Idee, das dort befindliche verfallene Kloster zu einem Schloss auszubauen. All diese Unternehmungen überstiegen die finanziellen Möglichkeiten Maximilians bei weitem und er häufte Schulden an. Viele Ausgaben musste Charlotte aus ihrer Privatkasse begleichen.

Doch er war es gewöhnt, allen seinen Vorlieben und Ideen freien Lauf zu lassen. Seine Liebe zum Meer und zur Seefahrt fand selbst in der Architektur Eingang: Sein Schreibzimmer ließ er getreu seiner Kabine auf der »Novara« nachbilden – mit Bullaugen, Hängematte, Karten und Navigationsinstrumenten. Den Salon zierten blaue Tapeten mit goldenen Ankern. Seine reichhaltige Bibliothek umfasste Werke über ferne Länder, besonders den amerikanischen Doppelkontinent. Als erster männlicher Habsburger sollte er auch den Atlantik und den Äquator überqueren um nach Brasilien zu gelangen. Dem europäischen Winter wollte er ausweichen und die Tropen Südamerikas kennen lernen: *»Für mich, den ärgsten Feind der Kälte, ist der Eingang in die Tropen ein ganz besonderer Jubel, und namentlich im sonst so grausigen Dezember.«* Schon als Kind spielte er in einem tropischen Glashaus mit Indigenenhütten, das Fremde und Exotische zog ihn an. Charlotte blieb unterdessen auf der Azoreninsel Madeira zurück.
Brasilien übertraf die Erwartungen des jungen Erzherzogs. Schon am ersten Tag notierte er: *»Einer der glücklichsten Tage meines Lebens war abgelaufen, eine neue Welt hatte sich mir in ihrer reichsten Fülle erschlossen.«* Die spontane Begeisterung seiner ersten Tagebücher aus Griechenland kehrte wieder in seine Aufzeichnungen zurück. Die Freiheit der Siedler faszinierte ihn – die Macht des seit 20 Jahren regierenden Pedro II., des Sohnes der österreichischen Erzherzogin Leopoldine, reichte nicht weit. Die Landbesitzer lebten nach ihren eigenen Regeln. Die Organisation und Unterdrückung, die in Europa bis ins Wohnzimmer reichte, spürte in der neuen Welt niemand. Nicht einmal ein Ausflug in den Dschungel, dem sie nach nur einer Nacht voller Insektenstiche und Hunger entflohen, konnte seine Begeisterung für dieses Leben fernab der zivilisierten Höfe Europas mindern. Trotzdem vergaß er selbst während dieser Reise sein Interesse an einer Regentschaft nicht. Er wollte einen europäischen Monarchen auf dem brasilianischen Thron sehen und erdachte in seinem Tagebuch eine Verfassung: *»Artikel I in seiner Konstitution würde heißen: Alle Menschen in einem freien Reiche sind frei geboren; Artikel II: Der Thronfolger hat mehrere Jahre in der zivilisierten Welt herumzureisen, um durch ei-*

gene Anschauung und durch Vergleich mit anderen Ländern Staatsklugheit zu lernen.« Staatsklugheit und die Fähigkeit zu Regieren erlangte man nach der Meinung Maximilians nicht am Schreibtisch und auf dem Schlachtfeld zwischen seinen Beratern und Generälen, sondern auf Bildungsreisen. Demnach sah er sich als geeigneteren Regenten als seinen Bruder Franz Joseph. Doch die verflixten zwei Jahre Unterschied gaben ihm dazu kein Recht und degradierten ihn zum Bittsteller für interessante Posten innerhalb der österreichischen Monarchie. Er wollte seine Erfahrungen und Kenntnisse durch die Anschauung verschiedener monarchischer Systeme vor Ort in die Regierungsarbeit einbringen, doch man bot ihm keine Chance. Seine Erfahrungen in Italien bestärkten ihn in seiner Ansicht, er wäre der fähigere Regent und die Wiener Regierung hätte versagt: »*Es ist traurig, unsere schöne und ehemals kräftige Monarchie durch Ungeschicklichkeit, Missverständnisse und rätselhaftes Vorgehen immer mehr und mehr sinken zu sehen.«* Nach seiner Rückkehr 1860 kritisierte er sofort die Politik der österreichischen Monarchie: »*Die Zustände unseres armen Landes fand ich, wie erwartet, wirr und dunkel. Die Fäulnis einerseits, die Gärung andererseits treten immer stärker und beängstigender hervor. Es herrscht wie zu Zeiten Ludwigs XVI. Rat- und Tatlosigkeit; man begreift die Situation nicht und will sie nicht begreifen: Von allen Seiten wird gedrängt, gestürmt, und im Gegensatz hierzu schließen sich Augen und Ohren immer mehr ... Vielleicht sehe ich zu schwarz, aber ich treffe in meinem Privatleben alle Vorbereitungen zu einer Krise.«*

Maximilian warf sich trotzdem in die Aufgaben seines Amtes. Er war immer Oberkommandierender der österreichischen Marine geblieben, verfasste Schriften zu ihrer Verbesserung und Ausdehnung, kämpfte für das Budget der Marine und konnte weitere Reformen durchsetzen. Mehr Schiffe wurden fertig gestellt und umgebaut. Der Stand der Matrosenkorps wurde erhöht und die Berufsgruppe der Matrosenkorpsoffiziere geschaffen. Die antiquierte Ausbildung in der österreichischen Marine wurde umgestellt, die Marineakademie aufgelöst und die Besatzung viel effektiver auf See gehenden Schulschiffen ausgebildet. Am Hydrographischen Amt der Kriegsmarine wurde weiter in

Meereskunde unterrichtet. Am 20. November 1862 wurde sogar ein eigenes Marineministerium geschaffen, das aber nur kurz existierte. Maximilian hatte eine ernst zu nehmende Flotte geschaffen, mit der Admiral Tegetthoff später bei Helgoland die Dänen abwehren und bei Lissa die übermächtige italienische Flotte schlagen sollte. Diese Reformarbeit bot zwar genug Aufgaben für Maximilian, doch diese Stellung konnte weder ihn noch seine ehrgeizige Gattin befriedigen. Am Hof in Monza hatte er als Generalgouverneur noch den Nimbus eines Vizekönigs besessen. Die verschwenderische Hofhaltung hatte das Paar beibehalten, doch der Rang fehlte nun und das schmerzte. Charlotte war besonders unzufrieden: Sie als Königstocher lebte als Seemannsgattin, während die nieder geborene Elisabeth auf dem Kaiserthron in Wien saß. Voller Erwartung einer bedeutenden Zukunft schrieb sie ihrer Freundin, der Gräfin d'Hulst: »*Selbst wenn das Leben, das wir gegenwärtig führen, nicht so ist, wie ich es mir vorgestellt hatte, so kann ich Ihnen doch versichern, dass ich zuweilen Gott dafür danke, denn so, wie die Dinge jetzt stehen, ist es besser, abseits der Welt zu leben, da ja der, der weniger besitzt, weniger zu verlieren hat. Ich weiß nicht, was die Zukunft bringen wird, aber sollte die Situation wieder normal werden, dann glaube ich – und ich lasse mich dabei nicht vom Ehrgeiz blenden –, wird der Tag kommen, an dem der Erzherzog wieder eine führende Rolle in den Geschicken der Welt spielt, denn er ist zum Herrschen geschaffen, begnadet mit allen Eigenschaften, die Menschen glücklich zu machen. Es scheint mir unmöglich, dass all diese Gaben vergeudet sein sollen, nachdem sie sich in weniger als drei Jahren so glänzend bewährten.*«
Diese Gaben blieben in Österreich aber vergeudet. Charlotte erzürnte, als sie ihren Gatten von seinem kaiserlichen Bruder als Laufburschen herumkommandiert sah. Die Kaiserin Elisabeth fühlte sich nach einem Madeiraaufenthalt überraschenderweise wieder schlechter und Maximilian wurde gebeten sie nach Korfu zu begleiten. Charlotte war tief verletzt, in Miramar hatte gerade ein Schäferhund Elisabeths ihr Schoßhündchen, ein Geschenk der englischen Königin, totgebissen. Die Kaiserin gab dazu nur den Kommentar ab, Schoßhündchen könne sie nicht

ausstehen. So konnte es nicht weitergehen. Ihr Gatte sollte regieren, auch sie wollte ihre Kenntnisse in Aktivitäten umsetzen. In dieser Situation erhielt das Erzherzogpaar im September 1861 zum ersten Mal das Angebot Napoleons III., den mexikanischen Thron einzunehmen. Der Kaiser der Franzosen ließ vorerst Franz Joseph durch den Mexikaner Gutiérrez de Estrada und durch ein offizielles Schreiben seines Außenministers befragen. Es überraschte ihn, dass der Chef des bedeutenden Hauses Habsburg sich nicht dagegenstellte. Die Idee, seinen rebellischen und ehrgeizigen Bruder über den Ozean hinweg auf einen Kaiserthron entfernen zu können, gefiel Franz Joseph sogar. Zu dieser Zeit war es nicht unüblich, dass die Großmächte in verschiedenen Ländern Herrscher aus den bedeutendsten aristokratischen Familien einsetzten. Wenn das Konzept aufgehen sollte, hätte Österreich einen wertvollen Freund in Übersee, wenn nicht, käme sein Bruder nach einem Misserfolg heim, fände sich in einer ähnlichen Situation wie zu diesem Zeitpunkt und hätte noch weniger Anspruch auf Regierungsämter. Doch keinesfalls wollte er seinen Bruder zu dem risikoreichen Posten drängen. So wurde Außenminister Graf Johann Bernhard Rechberg von Rothenlöwen nach Miramar entsandt, um dem Erzherzog die Wahl Napoleons und das Einverständnis Franz Josephs mitzuteilen. Graf Rechberg selbst wie der österreichische Botschafter in Paris, Fürst Richard Metternich, waren von der Idee wenig begeistert. Sie überlegten, wie viele Kanonenschüsse wohl notwenig sein würden um Maximilian auf den Thron zu bringen und wie viele um ihn darauf zu halten.

Doch Maximilian faszinierte das Angebot, die Krone erfüllte seinen Traum vom Regieren. Ein eigenständiges Kaiserreich sollte ihn sogar auf die Stufe seines Bruders stellen. Seine Fantasie ging schnell mit ihm durch. Schon sah er sich als Nachfahre der spanischen Habsburger, deren Reich ganz Amerika umfasst hatte, und als Retter der Familienehre, während sein Bruder Teil um Teil seines Reiches verlor. In einem Memorandum hielt er einige seiner Gedanken fest: »*Man wird mich stets und in allen Gelegenheiten des Lebens bereit finden, für Österreich und die Machtstellung meines Hauses jedes wenn auch noch so schwere Opfer zu bringen. Im vorliegenden Falle wäre es ein doppeltes, sowohl für mich als für meine Frau, denn es hieße sich von Europa und seinen Verhältnissen auf immer loszureißen. Die Vorteile für Österreich, für den neu zu belebenden Ruhm meines Hauses verkenne ich keineswegs, es ist eine nützliche und seit Jahrhunderten von allen großen Dynastien geübte Gepflogenheit, nachgeborene, apanagierte Prinzen auf vorgeschobene Posten zu stellen und sie in Verwendungen zu bringen, wo sie in politischer und diplomatischer Beziehung dem Mutterland nützlich sein können.*

Unser Haus ist durch das Andrängen der jetzigen Zeitumstände in seinem ehemaligen Glanze verdunkelt; während die Coburg Thron um Thron erringen und ihre zunehmende Macht über den Erdball ausbreiten, hat unsere Familie gerade in den allerletzten Zeiten in Modena und Toskana zwei Souveränitäten verloren. Dass diese Scharte auszuwetzen Pflicht des Hauses ist, sieht niemand mehr ein als ich, auch kann mir der Eindruck nicht entgehen, den die Realisierung des gemachten Vorschlages brachte.«

Doch das Opfer für das Haus Habsburg war so groß nicht. Seine Zukunft in Österreich blieb ungewiss und trüb. In Amerika hingegen sah er den aufstrebenden Kontinent, er liebte das südliche Klima, die hispanische Kultur und das exotische Abenteuer. Nun sollte er all das in Form einer Kaiserkrone serviert bekommen. Die Chance seines Lebens stand vor ihm. Von Anfang an hörte er nicht auf warnende Stimmen, Befürworter der Idee hingegen fanden offene Ohren. Gutiérrez stellte sich als der Führer der mexikanischen Monarchisten vor, die er als eine mächtige Volksbewegung schilderte. Alle Mexikaner von Bedeutung wären Monarchisten und das Volk wünschte ebenso einen starken Kaiser, der Stabilität und wirtschaftlichen Erfolg sichern konnte. Der mexikanische Diplomat blendete den österreichischen Erzherzog, von der apathischen politischen Einstellung der Mehrheit der Bevölkerung war nie die Rede. An Beratern, die persönliche Vorteile aus dem Projekt eines mexikanischen Kaiserreiches schöpfen wollten, fehlte es Maximilian nicht. Selbst der Papst gab ihm gerne seinen Segen, da er sich von einem katholischen Habsburger eine Wahrung der Interessen der Kirche erhoffte, die unter der liberalen Regierung untergraben worden waren.

Auf der anderen Seite fehlte es zwar nicht an warnenden Stimmen, doch Maximilian wollte ihnen nicht viel Aufmerksamkeit schenken. Der spanische Ministerpräsident, selbst der konservative Expräsident Miguel Miramón und der Bischof Antonio Pelagio Labastida warnten vor den nahezu unüberwindbaren Schwierigkeiten in Mexiko, ein Regime zu etablieren. Die am besten informierten Kreise – Diplomaten und Journalisten – erhoben ihre Einwände: Der österreichische Gesandte in Washington warnte vor der Abhängigkeit des Kaiserreichs von französischen Truppen, wenn es inmitten republikanischer Systeme überleben wollte. Englische Gesandte waren skeptisch, der amerikanische Konsul in Triest sprach es klar aus: »*Wer immer den Thron von Mexiko anstrebt, wenn er ihn wirklich erlangt, muss außerordentlich froh sein, wenn er mit dem Leben davonkommt.*« Sogar Maximilians Mutter sprach ihr Misstrauen aus. Doch Franz Joseph stellte dem Plan nichts in den Weg, obwohl er vernünftigerweise seinem Bruder empfahl Bedingungen zu stellen: Zwei Seemächte sollten ihn unterstützen und die mexikanische Bevölkerung sollte Maximilian als Kaiser wünschen. Die Brüder trafen sich und besprachen schon Einzelheiten finanzieller und militärischer Natur, das Projekt konkretisierte sich schnell. Maximilian wurde ein österreichisches Freikorps zugesichert, die Überfahrt könnte er auf einem österreichischen Kriegsschiff vornehmen. Maximilian beschäftigte sich mit seinem möglichen Hofstaat im Detail. Neu zu stiftende mexikanische Orden wurden entworfen. Mit dem im römischen Exil befindlichen Bischof Labastida beriet Maximilian schon die Kirchenfrage, also die Rückgabe der Kirchengüter. Der faszinierte Maximilian richtete seinen Dank an Napoleon III., der großmütig antwortete: »*Niemals wird in meinen Augen ein Werk in seinen Ergebnissen großartiger sein. Es handelt sich darum, einen Kontinent der Anarchie und dem Elend zu entreißen, ganz Amerika das Beispiel einer guten Regierung zu geben, endlich die Fahne der Monarchie angesichts gefährlicher Utopien und blutiger Wirren zu erheben, gestützt auf eine weise gehandhabte Freiheit und eine aufrichtige Liebe zum Fortschritt. Ich werde zu gegebener Zeit alles, was von mir abhängt, tun, um die Verwirklichung der Ideen Eurer kaiserlichen Hoheit zu erleichtern.*

Ich glaube nicht, dass es in Mexiko ernsten Widerstand geben wird.«
Die beschlossene Sache schien aber ins Wanken zu kommen, nachdem die Dreierallianz der in Mexiko intervenierenden Staaten zerbrochen war. Die Bedingung, von zwei Seemächten unterstützt zu werden, konnte nun unmöglich erfüllt werden. Die außenpolitischen Kreise Österreichs freuten sich das riskante Projekt wohl begraben zu können. General Graf Crennville drückte aus, was wohl die gesamte Umgebung Franz Josephs dachte. Er hoffte, die Sache werde *»wegen der Garantien und sonstigen Komplikationen in Rauch aufgehen, obwohl es andererseits ein Glück wäre, diesen Herrn loszuwerden, der unserem armen Kaiser noch viel Verlegenheit und Verdruss bereiten wird«*.
Maximilian ließ aber nichts in Rauch aufgehen. Er wollte Kaiser werden, Kaiser von Mexiko. Nicht einmal die französische Niederlage bei Puebla konnte seine Einstellung ändern. Ebenso wenig erreichten Warnungen bedeutendster und ernst zu nehmender Stellen. US-Präsident Abraham Lincoln drohte im März 1862: *»Eine fremdstämmige Monarchie, in Anwesenheit europäischer See- und Landstreitkräfte auf mexikanischem Boden errichtet, wäre ein Affront gegen die republikanische Regierungsform, die auf dem amerikanischen Kontinent am weitesten verbreitet ist, und würde nicht das Ende, sondern den Beginn der Revolution in Mexiko bedeuten. Die Sympathien der Vereinigten Staaten wären auf Seiten ihrer Schwesterrepublik, denn die Befreiung des Kontinents von der europäischen Beherrschung war ein Hauptmerkmal der amerikanischen Geschichte in den letzten hundert Jahren.«* Maximilian wusste, falls der Süden im Bürgerkrieg unterlag, standen den Vereinigten Staaten nicht nur eine Million kriegsgeübter Soldaten zur Verfügung, sondern auch eine Flotte, mit der sie eine Mexiko komplett abschneidende Seeblockade errichten könnten.
Die Aussicht auf den Thron dieses riesigen Landes ließ Maximilian alle Warnungen in den Wind schlagen, auch wenn die Chancenlosigkeit des Unternehmens von allen Seiten kolportiert wurde. Der von der Intervention heimgekehrte spanische General Juan Prim y Prado stellte fest: *»Der französische Kaiser wird*

große Opfer an Menschen und Geld bringen müssen, um den Thron, auf den sich der Erzherzog von Österreich setzen will, zu stützen ... glauben Sie, dass eine stabile Monarchie errichtet werden kann? Unmöglich, dreifach, zehnfach, ja hundertfach unmöglich. Die große Mehrheit des Landes ist liberal eingestellt, es ist dies die Bevölkerung in den Städten; die Millionen Indianer zählen nicht. Eine Regierung gegen die öffentliche Meinung zu etablieren ist ein Traum, eine Chimäre.«

Doch der junge Erzherzog blieb unbeirrt, obwohl ihm Risiken und die Interessen hinter dem Projekt bewusst waren. 1862 schrieb er an Graf Rechberg: »*Meiner Ansicht nach will Kaiser Napoleon in Mexiko dominieren, ohne vor Europa den Anschein zu haben, dass er dies direkt tue. Zu diesem Ende brachte er einen Prinzen in Vorschlag, auf dessen volle Ergebenheit er bauen zu können glaubt und den er jedenfalls dadurch, dass derselbe in Frankreich die einzige Stütze seines Thrones sehen wird, unter einer ständigen Presse halten kann.*« Trotz alledem traute er sich zu diese unmöglich scheinende Aufgabe zu bewältigen. Er suchte gerade eine solche, um es seinen Bruder wirklich zeigen zu können, dass er der fähigere Mann auf dem Thron wäre. So wurde ein englisches Angebot, den Thron Griechenlands zu besteigen, abgelehnt. Maximilian hatte sich schon auf Mexiko festgelegt. Er erträumte sich sein neues Reich wie einst Iturbide als Anziehungspunkt für die mittelamerikanischen Staaten, die sich freiwillig anschließen sollten. In seinen fantastischen Plänen sah er ganz Lateinamerika zu einem monarchistischen Block verschmelzen. Sein jüngerer Bruder Erzherzog Ludwig Viktor sollte sich mit Isabelle vermählen, der Tochter des brasilianischen Kaisers Pedro II., der keine männlichen Nachkommen besaß. Die zwei riesigen Kaiserreiche unter Habsburgs Führung sollten erfolgreich zusammenarbeiten, für ganz Südamerika Vorbildwirkung haben und die dazwischenliegenden Länder für die Integration in ein gewaltiges Reich gewinnen. Sein Bruder Ludwig Viktor könnte die beiden Kaiserreiche später in Personalunion regieren, falls er keinen Nachwuchs bekam. Er sollte in die Annalen der Geschichte als genialer Staatsmann und Begründer der lateinamerikanischen Weltmacht eingehen. Im neuen Kontinent sollte die Zukunft der Welt liegen –

und Maximilian wollte sie mitbestimmen. Der Kaiser von Österreich würde wie alle europäischen Herrscher mit Neid auf sein endloses Reich blicken. Sein großes Interesse an Mexiko hatte aber auch viel mit Franz Joseph zu tun, am 20. November 1863 schrieb er in Lacroma nieder: »*Meine Individualität, wie sie mir Gott und die Natur gegeben, wie sie die Erziehung meiner Eltern und die Wechselfälle des Lebens ausgebildet haben, kann ich nicht ändern, auch ist eine solche Änderung von keinem Ehrenmanne festen Charakters zu fordern; man kann Fehler Gott zuliebe ablegen, aber das eigene, klar ausgeprägte ›Ich‹ wandelt niemand. Diese meine Individualität, dieses selbsteigene Etwas entspricht nun nicht den Ansichten meines älteren Bruders, dies hat er mich bei jeder Gelegenheit auf die unzweideutigste, schonungsloseste, ja oft kränkendste Weise fühlen lassen. Mein Freimut, mein burschikoses, offenes Wesen genieren, meine liberalen Ansichten schockieren ihn; meine ungebundene Zunge fürchtet er, mein aufbrausendes Temperament erschreckt ihn, meine auf Reisen gesammelten Weltanschauungen erregen seine Eifersucht: Er ist der Herr, ihm ist die Macht, die mein strenges Rechtsgefühl jederzeit anerkennt; was bleibt mir also unter solchen Verhältnissen vom Standpunkte der Klugheit und des religiösen Gefühls übrig als auszuweichen, ohne Kränkung und Ostentation mich zurückzuziehen. Dies habe ich seit dem unglücklichen Jahre 1859 redlich im friedlichen Miramar und im stillen Lacroma getan. Ich habe mich stets effaciert und hätte nur gewünscht, dass man auch mich immer in Frieden gelassen und meine Handlungsweise geehrt hätte. Nun tritt plötzlich der mexikanische Kronantrag an mich heran und mit ihm eine Gelegenheit, auf ehrenhafte und gesetzliche Weise die schweren Bande einer tatenlosen Existenz, eines vergessenen Vegetierens auf immer zu lösen. Wer hätte da in meiner Lage, mit dem Herzen auf dem rechten Fleck und in der Vollkraft des Mannesalters, an seiner Seite eine strebsame und tugendreiche Gattin, wer hätte da, sage ich, nicht mit beiden Händen zugegriffen!*«
Der österreichische Kaiser distanzierte sich hingegen zunehmend von dem Projekt – nicht weil er die zukünftige Vormacht Maximilians und Mexikos fürchtete, sondern weil die Schwie-

Empfang der mit der Überreichung der mexikanischen Kaiserkrone betrauten Deputation im Schloss Miramar

rigkeiten des Unternehmens nach dem Zusammenbruch der Dreierallianz immer deutlicher hervortraten. Er empfahl dem Bruder auf den Bedingungen weiterhin vehement zu beharren und bei Nichterfüllung auf den Thron zu verzichten. Das österreichische Reich zog sich offiziell von der Unternehmung zurück. Als Maximilian für die erwartete mexikanische Deputation eine Rede ausarbeitete und sie zur Überprüfung nach Paris und Wien schickte, wünschte Kaiser Franz Joseph seinen Namen weggelassen und die erneute Betonung der Bedingungen. Österreich war beim Empfang der mexikanischen Delegation am 2. Oktober 1863 in Miramar nicht offiziell vertreten. Diese Abordnung legte mit Maximilian die letzten Details bis hin zur Stellung der Kaiserinwitwe im Falle seines Todes fest.
Die Bereitwilligkeit des Erzherzogs wurde in Paris erfreut zur Kenntnis genommen, dementsprechend wandelte sich der fran-

zösische Kaiser vom Vorschlagenden und nahezu Bittstellenden zum edlen Gönner. Die Bedingungen Maximilians interessierten ihn nicht mehr. Er drängte auf einen endgültigen Entscheid des Erzherzogs und auf seine Abfahrt. Die Zeit drängte, die Warnungen und Kritiken des riskanten Unternehmens nahmen zu. Der abberufene Marschall Forey schilderte in Paris drastisch die Probleme und widerlegte die Ansichten der emigrierten konservativen Mexikaner. Es wäre nicht einfach, in Mexiko ein Kaiserreich durchzusetzen. Das Land wäre nur entlang einer Straße besetzt, die republikanischen Streitkräfte wehrten sich standhaft und könnten nicht besiegt werden.
Zwischen dem französischen General Bazaine und dem mexikanischen Erzbischof Labastida brach ein Streit aus. Der Erzbischof wollte französische Truppen exkommunizieren und die Kirchen sonntags schließen, Bazaine drohte er würde sie mit Kanonen aufschießen lassen. Die Allianz zwischen den Franzosen, die die Enteignung der Kirche nicht zurücknahmen, und den mexikanischen Konservativen begann zu bröckeln. Doch Napoleon III. sah in diesem Unternehmen, in das er schon tausende französische Soldaten gehetzt hatte, nur die Flucht nach vorne als Lösung. Er wollte den Plan schnell unter Dach und Fach bringen, bevor Maximilian es sich anders überlegte.
Die beste Verbündete hatte Napoleon III. dabei in der ehrgeizigen Charlotte, auch wenn es in ihrer Verwandtschaft genauso warnende Stimmen gab. Doch Charlotte beruhigte diese, wie ihre Großmutter, Exkönigin Marie Amélie von Frankreich: »*So wie die österreichische Verfassung aussieht, hätte er noch neunzig Jahre leben können, ohne etwas Besseres zu tun zu haben, als nur wieder ein neues Haus zu bauen, abermals einen Park zu entwerfen und hin und wieder eine große Reise zu unternehmen. Dass dies so ist, kann es Sie überraschen, wenn ein junger und tatenlustiger Mann von einunddreißig Jahren sich verlockt fühlt eine Aufgabe zu übernehmen, die so gewaltige Möglichkeiten bietet? Was mich betrifft, so gestehe ich, dass ich, ohne zu viel auf das Äußere der Macht zu geben, bis jetzt zu wenig vom Leben gehabt habe, um mich nicht nach etwas außerhalb meines häuslichen Kreises zu sehnen, das ich lieben kann, das mir ein Ziel gibt. Viele klagen mich an, ich sei ehrgeizig, aber*

sie beurteilen die andern nach ihren eigenen Maßstäben, die gewiss nicht die meinigen sind. Ich wünsche nicht mehr als etwas Gutes in der Welt zu leisten, und ich brauche einen weiteren Horizont, als ich ihn derzeit habe.«
Um zumindest einer Forderung Maximilians nachzukommen, wurde in allen eroberten Städten in Gemeinderäten unter französischem Druck der Beschluss der Notablenversammlung bestätigt, die Monarchie als Staatsform einzuführen und den Thron Maximilian anzubieten. Dies wurde in Akten und Listen festgelegt, die Maximilian als Volksentscheid präsentiert wurden. Kühne Rechnungen führten ihm vor, 6445564 von 8620982 Einwohnern hätten sich für eine Monarchie ausgesprochen. Die enorme Zahl der Aufgelisteten überzeugte den zukünftigen Kaiser und er akzeptierte die Erfüllung der Bedingung.
In Paris wurde Maximilian am 5. März 1864 schon mit kaiserlichen Ehren empfangen. Er wollte nur einen privaten Besuch machen, doch jeglicher Rückzug sollte ihm verbaut werden. Auf den Tuilerien wehte die mexikanische Flagge. Galavorstellungen in der Oper und im Schauspielhaus, Bankette, Soireen und Bälle umrandeten den »Staatsbesuch«. Die Vormittage hingegen wurden für Verhandlungen genutzt. Maximilian begnügte sich mit der alleinigen Unterstützung durch Napoleon III., die an öffentliche und geheime Bedingungen gebunden wurde. Festgelegt wurden sie im Vertrag von Miramar, der für die Regierung Maximilians in Mexiko schwer wiegende Konsequenzen haben sollte. Im geheimen Teil der Übereinkünfte unterstrich man, *»was immer für Vorfälle sich auch in Europa ereignen mögen, die Hilfe Frankreichs werde dem neuen Reiche niemals fehlen«*. Wieder wurde Maximilian die militärische Macht vorenthalten. Er musste alle vom französischen Oberkommando und der französischen Regentschaft getroffenen Verfügungen anerkennen. Veröffentlicht wurden die Übereinkünfte über die französischen Truppenkontingente in Mexiko, die von 38000 bis zum Jahr 1866 auf 25000 Mann und bis 1867 auf 20000 Mann reduziert werden sollten. Der weitere Rückzug war entsprechend dem Verhältnis der neu aufzubauenden mexikanischen Armee Maximilians geplant. 8000 Mann der französischen Fremdenlegion sollten auf jeden Fall für sechs Jahre in Mexiko bleiben,

außer der mexikanische Kaiser wollte eine Verkürzung dieser Zeit.
In wirtschaftlicher Hinsicht wurden Maximilian für Mexiko unmöglich zu erfüllende Konditionen aufgezwungen. Die ganzen Kosten der französischen Unternehmung in Mexiko bis zum 1. Juli 1864 von 260 Millionen Franc sollte das Kaiserreich im Nachhinein bezahlen, danach wären für jeden Soldaten Frankreichs jährlich 1000 Franc zu vergüten und die übertriebenen Forderungen der Franzosen, mit denen der Einmarsch gerechtfertigt wurde, sollten ebenso beglichen werden. Dafür wurden Maximilian Anleihen von 200 Millionen Franc gewährt, von denen ein Drittel direkt in die französische Staatskasse zurückfloss. Abwehren konnte Maximilian lediglich die Forderung Frankreichs nach den Schürfrechten in der Provinz Sonora.
Mit diesem Abkommen besiegelte Maximilian sein Schicksal, diese Bedingungen konnten nie erfüllt werden. In Wien, das ihn ebenso mit kaiserlichen Ehren empfing, erwartete ihn noch eine Überraschung. Der österreichische Kaiser forderte eine Unterschrift unter ein bedeutendes Dokument: Wenn Maximilian den Kaiserthron in Mexiko antreten wollte, musste er vertraglich festlegen, dass er in seinem Namen sowie in dem seiner Nachkommen auf die Nachfolge des österreichischen Throns verzichtete, wenn noch irgendein männliches Mitglied – egal welches und wie weit entfernt – des Kaiserhauses existierte. Seine finanziellen Rechte verfielen ebenso. Dieser Familienpakt stieß Maximilian vor den Kopf. Er hatte das Interesse Franz Josephs 1861 falsch aufgefasst und meinte, sein Bruder stünde genauso hinter dem Plan wie Napoleon. Er wollte nicht auf die Sicherheit verzichten, die seine Rechte als Erzherzog bei einer Rückkehr gewährleisten würden. In einem Promemoria vom 10. Februar 1864 beklagte sich Maximilian bitter über dieses Vorhaben: »*Warum also will man mich aus dem von unseren Vorvätern ererbten und von ihnen stets hoch gehaltenen Rechte der Legitimität ohne allen Grund hinausdrängen? Warum will man meine noch nicht existierenden Erben, welche zu erhalten ich ohnehin wenig Hoffnung habe, jetzt schon im Prinzipe der Rechte ihrer Ahnen verlustig erklären? Im Begriffe eine gefahrvolle Stellung, denn eine solche ist die des Souveräns Mexikos, für viele Jahre*

einzunehmen, hoffe ich doch, dass die Hilfe der Vorsehung mein Streben, sie in eine glänzende, ruhmreiche zu wandeln, mit Erfolg lohnen wird.« Die Sache war beiden Brüdern sehr ernst. Der österreichische Kaiser hatte mittlerweile den Historiker Alfred Ritter von Arneth beauftragt ein Memoire über die Verzichtfrage zu verfassen, das Maximilian kurz vor seiner Abreise nach Paris Anfang März übergeben wurde. Die geschichtlichen Beispiele darin zeigten, dass ein Erbrecht nur dann bestehen könnte, wenn man die beiden Thronländer vereinigen könnte. Doch bei der Entfernung Mexikos war dies völlig unmöglich. Maximilian konnte auch nicht einfach auf den Thron Mexikos verzichten und heimkehren, falls der österreichische Thron frei werden würde.
Franz Joseph berief noch dazu am 17. März 1864 einen Familienrat ein, der sich für die absolute Notwendigkeit des Verzichts Maximilians auf die Thronfolgerechte aussprach. Den Habsburgern war es klar, dass das nicht mehr so stabile Reich endgültig zerfiele, falls die Regentschaft von Mexiko aus übernommen würde. Das österreichische Kaiserreich akzeptierte auch keinen gescheiterten Kaiser von Mexiko auf seinem Thron. Doch Maximilian kehrte nach Miramar zurück ohne den Pakt zu unterzeichnen. Diese Unterschrift würde also den endgültigen Entscheid für Amerika bedeuten. Eine Rückkehr würde er sich vollkommen verbauen. So ganz hatte er dem Gelingen des mexikanischen Kaiserreichs also doch nicht vertraut und die Möglichkeit, nach Hause zu kommen, wollte er sich offen halten. Vielleicht sollte Mexiko von vornherein nur als Sprungbrett für die Regentschaft Österreichs dienen. Rechnete er mit dem Fall des konservativen Kaisers Franz Joseph und dem Ruf des österreichischen Volkes, der ihn nach Verdiensten in Mexiko auf den Wiener Thron holen würde? War ihm das große Risiko des Unternehmens bewusst und wollte er es nur auf sich nehmen, um es seinem Bruder und dem österreichischen Volk zu zeigen, dass er der bessere Regent wäre und letztendlich beide Kronen vereinen könnte?
Mit dieser Urkunde vor Augen wären alle diese Ideen abgewürgt worden. Die Unterschrift und die Annahme der mexikanischen Krone würde ihm den Weg nach Europa für immer ver-

bauen. Diese klare Entscheidung erschien ihm zu viel. Er überlegte auf den mexikanischen Thron zu verzichten. Die Sache schien ihm über den Kopf zu wachsen. Doch Franz Joseph machte klar, dass Maximilian ohne eine Unterschrift auf die Verzichtsurkunde nicht die Zustimmung Österreichs für sein mexikanisches Projekt erhalten würde. Maximilian beteuerte, er hätte nichts von dieser Bedingung gewusst und den Mexikanern wie Napoleon schon sein Wort gegeben. Er könnte das Volk wie den französischen Kaiser nun nicht mehr im Stich lassen. Eine mexikanische Abordnung wartete schockiert in Triest, weil der Empfang beim Erzherzog aufgeschoben wurde. Doch Franz Joseph beharrte auf der Unterschrift. Charlotte schlug sogar vor, sich heimlich davonzumachen und das Dokument ununterschrieben zurückzulassen. Zwischen Paris und Wien liefen die diplomatischen Drähte heiß. Der französische Kaiser wäre gegenüber seinem Land unmöglich dagestanden, wenn der österreichische Erzherzog nun von seinem Projekt abspränge. Verträge wie Anleihen waren schon unterzeichnet, ein Weg zurück wäre eine unüberwindliche Niederlage. Es würde wohl kein halb so bedeutender Name für den Habsburger einspringen. Das Kaiserpaar setzte den österreichischen Botschafter Metternich unter Druck. Ein Brief der Kaiserin weckte diesen spät in der Nacht: »*Mein lieber Fürst, ich erhalte soeben Hidalgos Antwort. Der Erzherzog ist entschlossen Dienstag der mexikanischen Deputation zu danken und sodann nach Rom abzureisen, um Österreich unter Verzicht auf seine Träume zu verlassen. Ich spreche Ihnen nicht von dem schauderhaften Skandal, den dies für das Haus Österreich ergeben wird, aber uns gegenüber müssen Sie zugestehen, dass es keine Entschuldigung gibt, welche immer die Hindernisse seien, die sich von da und dort ergeben. Tatsache ist, dass Sie Zeit hatten, alles zu erwägen und gut zu überdenken, und man kommt dann nicht im Augenblick, wo die Anleihe abgeschlossen ist und die Abmachungen unterschrieben sind, mit einer Familiensache ohne Wichtigkeit im Verhältnis zu der Verwirrung, in die Sie alle Welt stürzen. Legen Sie uns Ihr Ultimatum vor, die Sache ist sehr ernst. Wollen Sie Ihre Regierung noch heute Abend verständigen. Glauben Sie an meine wohl begründete schlechte Laune – Eugénie.*«

Fürst Metternich beschwichtigte die Lage, erklärte aber genauso, der Kaiser würde nicht nachgeben. Die Thronannahme Maximilians wäre ohne Verzicht auf das heimische Erbfolgerecht nun einmal nicht möglich.
Napoleon setzte Maximilian unter Druck: »*Ich schreibe an Eure kaiserliche Hoheit unter dem Einfluss der lebhaften Erregung, die die gestern Abend von Wien und Triest eingelaufene Nachricht in mir hervorgerufen hat. Es ist nicht meine Sache, die Familienfragen zu erörtern, die zwischen Ihnen und Ihrem erhabenen Bruder verhandelt werden, aber ich muss Ihnen vor Augen stellen, wie ernst sich die gegenwärtige Lage für Sie, ebenso wie für mich, darstellt. Durch den Vertrag, den wir abgeschlossen haben und der uns gegenseitig verpflichtet, durch die Mexiko gegebenen Versprechen und die mit den Unterzeichnern der Anleihe getroffenen Vereinbarungen haben Eure kaiserliche Hoheit Pflichten übernommen, die einfach zu verleugnen Sie nicht mehr freie Hand haben. Was würden Sie tatsächlich von mir denken, wollte ich, wenn Euer kaiserliche Hoheit schon in Mexiko sind, auf einmal sagen, dass ich die Bedingungen nicht mehr erfüllen kann, die ich mit meiner Unterschrift bekräftigt habe?*
Nein, es ist unmöglich, dass Sie darauf verzichten, nach Mexiko zu gehen, und dass Sie vor der Welt sagen, dass Familieninteressen Sie zwingen, alle Hoffnungen, die Frankreich und Mexiko in Sie gesetzt haben, zu enttäuschen. Im Interesse Ihrer Familie und in Ihrem eigenen müssen sich die Dinge regeln lassen, denn es handelt sich um die Ehre des Hauses Habsburg. Ich bitte um Verzeihung für diese ein wenig strenge Sprache, aber die Umstände sind zu ernst, als dass ich Ihnen nicht die ganze Wahrheit sagen sollte.«
Mit dem Plädoyer an seine Ehre erwischte Napoleon III. Maximilian an einer schwachen Stelle. Paris wie die Mexikaner in Triest drängten den Erzherzog zur Thronannahme. Dieser bat Franz Joseph um den Fortbezug der finanziellen Zuwendungen für den Erzherzog, die Erfüllung der bereits verhandelten Zusicherungen Freiwillige anzuwerben und einen Korps aufzustellen, und um einen geheimen Zusatzartikel, in dem festgelegt werden sollte, dass er bei dem Verlust des mexikanischen

Throns oder bei freiwilligem Abdanken in seinen alten Rechten wieder eingesetzt werden würde. Seinem inständigen Bitten kam Kaiser Franz Joseph in drei handschriftlichen Zusagen entgegen: Für den Fall der Rückkehr Maximilians wurde ihm finanzielles Entgegenkommen versichert. Er sollte dann wieder die Apanage von jährlich 150 000 Gulden beziehen, wobei 100 000 ausgezahlt und 50 000 zur Tilgung der Schulden für Miramar und Mexiko verwendet werden sollten. Für das Freiwilligenkorps in Mexiko sollten in Österreich 6000 Mann zuzüglich 3000 Marinesoldaten angeworben werden. Im Falle der Rückkehr sollte die Stellung Maximilians, eventuell genauso jene seiner Witwe und Kinder geregelt werden, wie es der Kaiser *»mit den Interessen des Reiches vereinbaren könnte«* – eine reichlich vage Formulierung. Das Erzherzogspaar bat darum, den Verzicht erst bestätigen zu müssen, wenn der mexikanische Thron konsolidiert wäre. Charlotte fuhr eigens nach Wien, ihr Vater versuchte von Belgien aus bei Franz Joseph in ihrem Interesse zu intervenieren. Doch Graf Rechberg machte es dem Paar klar, dass der Kaiser entschieden hatte und die letzten Zusagen zu akzeptieren und nicht mehr zu feilschen wäre.

Dem Erzherzog war die Eindeutigkeit der zu treffenden Entscheidung zu groß. Die Thronannahme würde also wirklich jegliche Chance zur Rückkehr verschließen. Maximilian verfiel in Depressionen und schob die Entscheidung auf. Napoleon pochte weiter auf eine rasche Thronannahme. Die Mexikaner waren schon spürbar verärgert, der Wert der mexikanischen Anleihen spürte ebenso das Zögern: Maximilian könnte jetzt nicht mehr wegen Familienfragen das Land Mexiko und sein Volk so kläglich im Stich lassen.

Der Weg zurück in die Beschaulichkeit Miramars war verbaut, er hatte die Herausforderung gewollt. Nun bekam er sie – leider ohne offenes Hintertürchen. Die Entscheidung für den amerikanischen Kontinent war gefallen, Europa sollte ihn nie wieder sehen.

Franz Joseph kam am 9. April 1864 nach Miramar mit großem Gefolge – darunter sieben Erzherzöge, drei Minister, Kanzler, Gouverneure und Generäle mitsamt ihren Sekretären und Adjutanten. Nach einem stundenlangen Gespräch unter vier Augen unterschrieb Maximilian die Verzichtserklärung vor Zeugen. Die beiden Brüder verabschiedeten sich unter Tränen, einander in den Armen liegend. Beide wussten, sie sollten sich nie wieder sehen.

Am darauf folgenden Tag, dem 10. April 1864, legte der Vertrag von Miramar die feierliche Übereinkunft des neuen Kaiserpaares mit Mexiko und der französischen Intervention fest. In seiner Admiralsgalauniform empfing Maximilian die mexikanische Delegation unter Gutiérrez und Hidalgo. Wie wenig dieser Vertrag mit dem Wunsch der Bevölkerung Mexikos zu tun hatte, zeigte, dass er in französischer Sprache festgelegt wurde. Obwohl Maximilian versichert wurde, das ganze Land stünde hinter ihm, hatten die meisten anwesenden Diplomaten es seit über zwanzig Jahren nicht mehr gesehen. Der frisch gebackene Kaiser sprach in spanischer Sprache: »*Ich kann mich dank dem Ausspruch der Notabeln von Mexiko nun mit Berechtigung als den Erwählten des mexikanischen Volkes betrachten. So ist die erste Bedingung erfüllt. Auch die Bürgschaften, von denen ich zur Zeit der ersten Anwesenheit der Deputation gesprochen, sind dank des Großmuts des Kaisers der Franzosen nunmehr gegeben. Darum darf ich nun die Krone annehmen und werde mich bestreben, sie in unermüdlicher Arbeit für die Freiheit, die Ordnung, die Größe und Unabhängigkeit Mexikos zu tragen.*«

Die Versammlung nahm die Ansprache begeistert auf: »*Es lebe Kaiser Maximilian! Es lebe Kaiserin Charlotte!*« Die neue mexikanische Kaiserstandarte wurde auf Miramar gehisst und von den Kriegsschiffen im Triester Hafen mit Geschützsalven begrüßt. Die Entscheidung war getroffen, wie schwer sie auch fiel. Maximilian erlitt am 10. April einen Nervenzusammenbruch. Charlotte blieb standhaft und vertrat ihren Gatten bei mehreren Anlässen. Die auf den 11. April festgelegte Abreise musste verschoben werden.

Überfahrt und Ankunft

»Hinaus ins weite blaue Meer,
Hinaus, wo Himmel mir und Welle,
Wo nie das Herz mir bang und schwer,
Zu Schiff, zu Schiff ist meine Stelle.«

Ferdinand Maximilian von Habsburg

Am 14. April 1864 verließ Maximilian unter Tränen Europa. Ganz Triest winkte seinem Liebling zum Abschied, der in den neuen Kontinent Amerika aufbrach. Von seinen Eltern kam noch ein Telegramm zum Abschied: »*Lebewohl, unser Segen – von Papa und mir –, zum letzten Mal Lebewohl auf heimatlicher Erde, wo wir dich leider nicht mehr sehen sollten!*« Maximilian kehrte der heimatlichen Erde für immer den Rücken zu. Die Fregatte »Novara« stand in vollem Flaggenschmuck bereit, die mexikanische Kaiserstandarte wehte am Mast. Erst am Schiff war das Schlimmste vorbei, nun ging es nur noch Richtung Mexiko. Am nächsten Tag erschien Maximilian gefasst an Bord. Am 18. April 1864 lief die »Novara« in Civitavecchia, dem Hafen des Kirchenstaates, ein, wo sie von den Kriegsschiffen mit Kanonensalven und von der Bevölkerung mit Blumensträußen begrüßt wurde. Die Reise sollte zuallererst zum Papst nach Rom gehen. Pius IX. empfing den Besuch mit allen Ehren. Die französischen Truppen, die im Kirchenstaat zu dieser Zeit standen, feierten das Kaiserpaar von Pariser Gnaden ebenso wie die päpstlichen Truppen. Das Kirchenoberhaupt erhoffte sich von dem neuen Regime in Mexiko, dass die katholische Kirche wieder in den Genuss ihrer alter Privilegien kommen würde.

Erzherzog Maximilian schifft sich vor Miramar am 14. April 1864 auf der Fregatte »Novara« zur Fahrt nach Mexiko ein

Doch die Wünsche wurden nicht direkt angesprochen, die Rückgabe der Kirchengüter wurde noch nicht erörtert. Maximilian verabsäumte es, mit der mächtigen Kirche diese Angelegenheiten zu regeln. Er glaubte, mit einem vernünftigen Nuntius könnte man die Probleme immer noch bereinigen. Er erhielt den erbetenen Segen, wurde in den Straßen bejubelt und wohnte im prächtigen Palast von Gutiérrez. Bei der Weiterfahrt wurden von der spanischen Küste und in Gibraltar Kanonensalven abgefeuert. Maximilian wollte darin mehr als die freundliche Geste sehen, die die englische Königin ihrer Nichte und deren Gatten erweisen wollte, und erträumte sich Kooperation und Garantien der weiteren Großmächte. Er könnte sie brauchen, da die Vereinigten Staaten von Amerika schon angekündigt hatten, sie würden kein mexikanisches Kaiserreich anerkennen und ihr Gesandter würde Mexiko verlassen. Die Bedeutung dieser Drohung wurde mit jedem weiteren Sieg der Unionstruppen unter dem erfolgreichen General Grant gegen die Südstaaten größer. Die See steigerte Maximilians Selbstbewusstsein. Unter Charlottes Einfluss wollte er den Familienpakt für ungültig erklären. Sie setzte ein Memorandum auf und beteuerte darin, dass der mexikanische Kaiser die unterzeichnete Verzichtsurkunde niemals gelesen hätte und unter Zwang unterschrieben hätte. Dieses Dokument gegen den Familienpakt war ein Aufruf an die *»treuen unter Habsburg-Lothringens Kaiserkrone vereinten Völker, deren Provinziallandtage einzig und allein im Einvernehmen mit uns Änderungen an den Grundgesetzen der Pragmatischen Sanktion vornehmen können«*. Eine Ausfertigung blieb in Mexiko, zwei wurden später versiegelt bei der mexikanischen Gesandtschaft in Wien hinterlegt. Nur im Ernstfall sollten diese Papiere den Landtagen der Kronländer vorgelegt werden. Doch durch Indiskretionen erfuhr der Wiener Hof davon, Franz Joseph war zutiefst empört über diese Handlungsweise seines Bruders.

Die sechs Wochen der Seereise wurden für mannigfaltige Vorbereitungen genutzt. Maximilian kannte zwar noch keine Mexikaner, begann aber schon das Kabinett zu besetzen. König Leopold I. hatte seinem Schwiegersohn Félix Eloin empfohlen. Der Zivilingenieur und Freimaurer sollte dem Kabinett vorstehen. Für Sebastian Schertzenlechner, ehemaliger Leibkammerdiener in Wien und nun einer der engsten Vertrauten Maximilians, war diese Entscheidung eine Enttäuschung, denn auf diesen Posten hatte er sich selber schon große Hoffnungen gemacht. Dementsprechend intrigierte er in Zukunft gegen Eloin. Maximilian hatte wenig Talent, die richtigen Berater und Vertrauensmänner zu finden.

Mit dem neuen Hofstaat an Bord wurden schon die ersten Dekrete ausgefertigt. Besondere Aufmerksamkeit widmete Maximilian der Ausarbeitung des Hofzeremoniells. Trotz seiner oft geäußerten Abneigung der steifen Etikette am Wiener Hof wollte er seine Hofhaltung an der in Wien geltenden spanischen Etikette anlehnen. Er führte die Distanz zum Kaiser, die ihn bei seinem Bruder so gestört hatte, nun für Mexiko ein. Festgelegt wurde das Verhalten bei einer Audienz, die Uniformierung der Palastgarde, die Sitzordnung beim Hofdiner, Rang und Aufgabenbereiche der Hofchargen sowie die Verleihung von Orden und Ehrenzeichen. In Mexiko wurde das Hofzeremoniell fertig gestellt und sollte 600 Druckseiten mit Plänen und Zeichnungen umfassen. Noch an Bord ernannte er einen Zeremonienmeister und einen Großkämmerer. Diese Anwandlungen überraschten bei dem liberalen Erzherzog, der ständig in Opposition zu seinem konservativen Bruder stand. Der Gedanke drängt sich auf, dass seine Kritik an der Etikette ein Teil seines Bestrebens war, sich von seinem älteren Bruder, dem Kaiser, abzugrenzen. Nun schlüpfte er genau in seine Fußstapfen. Wollte er wie sein älterer Bruder leben und regieren? Wie viel bedeutete dieser ältere Bruder für ihn, wenn er sich bei jeder Entscheidung und Handlung mit dem österreichischen Kaiser verglich? Mexiko musste mit der Donaumonarchie gleichziehen und sie übertreffen. Das war die Idee des Projekts. Nicht einmal die Etikette durfte derjenigen Wiens um eine Kleinigkeit nachstehen.

Die Karibikinseln der Antillen, Martinique und Jamaika begeisterten Maximilian: tropisches Klima, fürstliche Empfänge und noch keine Regierungsverantwortung. Die Ankunft in Mexiko am 28. Mai 1864 hingegen ernüchterte. Die Bevölkerung der liberalen Stadt Veracruz schenkte dem Kaiserpaar kaum Aufmerksamkeit. Kanonen wurden zwar pflichtgemäß zur Begrüßung der »Novara« abgefeuert, doch der Jubel der Bevölkerung fehlte. Die schlechte Stimmung ließ sogar Charlotte ihre Entscheidung überdenken. Wollten die Mexikaner wirklich ihren Gatten als Herrscher? Wie verlief die Organisation in diesem Land? Nicht einmal sein Stellvertreter General Almonte war anwesend. Doch den Weg zurück gab es nicht mehr. Eines der ersten Flugblätter, das Maximilian noch am Tag seiner Ankunft in Veracruz drucken ließ, verlautbarte:

»Mexikaner: Ihr habt nach mir verlangt; eure edle Nation hat mich durch eine selbstständige Majorität dazu bestimmt, von heute an über die Zukunft eurer Geschicke zu wachen. Wie schmerzlich es mir auch gewesen sein mag, für immer meinem Geburtslande und den Meinigen Lebewohl zu sagen, so habe

ich es doch getan, überzeugt, dass der Allmächtige mich durch euere Vermittlung zu der edlen Mission berufen hat, meine ganze Energie und mein Herz einem Volke zu widmen, das, durch unglückselige Kämpfe und Streitigkeiten ermüdet, aufrichtig den Frieden und das Wohlergehen herbeiwünscht; einem Volke, das, nachdem es seine Unabhängigkeit auf glorreiche Weise gesichert hat, heute wünscht, die Früchte der Zivilisation und des wahren Fortschritts zu kosten. Das Vertrauen, von dem wir, ihr und ich, beseelt sind, wird von einem glänzenden Erfolge gekrönt werden, wenn wir immer vereint bleiben, um die großen Prinzipien, die einzigen wahren und dauerhaften Grundlagen der modernen Staaten mutig zu verteidigen, die Prinzipien unverletzlicher und unveränderlicher Gerechtigkeit, die Gleichheit vor dem Gesetze, den allen für jede Laufbahn und jede soziale Stellung geöffneten Weg, die vollständige und wohlverstandene persönliche Freiheit, welche die Protektion des Individuums und des Eigentums in sich schließt, die Entwicklung des nationalen Reichtums, die Verbesserung des Ackerbaues, der Minen und der Industrie, die Errichtung von Verbindungsmitteln für einen ausgedehnten Handel und endlich der freie Aufschwung der Intelligenz in allen ihren Beziehungen zum öffentlichen Interesse. Die Segnungen des Himmels und mit ihnen der Fortschritt und die Freiheit werden uns sicherlich nicht abgehen, wenn alle Parteien, sich von einer starken und loyalen Regierung leiten lassend, sich vereinigen um das von mir angedeutete Ziel zu erreichen und wenn wir fortfahren, von dem religiösen Gefühle, dieser charakteristischen Auszeichnung unsers schönen Vaterlandes, selbst in den unglücklichsten Zeiten, beseelt zu sein. Die von seinem edlen Kaiser so hoch getragene zivilisierende Fahne Frankreichs, der wir die Wiederauferstehung der Ordnung und des Friedens verdanken, repräsentiert die nämlichen Prinzipien. Dieses sagte euch vor wenigen Monaten in einer aufrichtigen und uninteressierten Sprache der Chef der französischen Truppen, sozusagen der Verkünder einer neuen, glücklichen Zeit. Jedes Land, welches eine Zukunft haben will, wird durch Verfolgung dieses Weges groß und stark werden. Vereint, loyal und fest wird Gott uns die Kraft geben, den von uns gewünschten Grad von Wohlergehen zu erreichen.

Mexikaner. Die Zukunft eures schönen Landes liegt in euern Händen. Was mich betrifft, so biete ich euch einen aufrichtigen Willen, Loyalität und die feste Absicht, eure Gesetze zu achten und ihnen mit unbeugsamer Autorität Achtung zu verschaffen. Gott und euer Vertrauen sind meine Kraft; die Fahne der Unabhängigkeit ist mein Symbol, meine Devise, ihr kennt sie, sei Unparteilichkeit in der Gerechtigkeit. Ich werde mir mein ganzes Leben lang getreu bleiben. An mir ist es, den Zepter mit Gewissenhaftigkeit und Festigkeit zu führen. Der Kaiserin ist die beneidenswerte Aufgabe zugefallen, dem Lande alle edlen Gefühle einer eifrigen Christin und die ganze Zärtlichkeit einer aufopferungsfähigen Mutter zu weihen. Vereinigen wir uns um den gemeinschaftlichen Zweck zu erreichen. Vergessen wir eine düstere Vergangenheit. Begraben wir den Parteihass und die Morgenröte des Friedens und eine wohlverdiente Glückseligkeit werden sich glänzend über dem neuen Kaiserreiche erheben. Maximilian«

Für immer hatte er von Österreich und seiner Familie Abschied genommen. Sein Leben und sein Erfolg mussten nun in der Neuen Welt liegen. Kraftvoll und enthusiastisch ging er ans Werk. Als erste Bestimmung setzte Maximilian den konservativen Almonte, seinen bisherigen Stellvertreter, auf ein Nebengleis – als Großmarschall und Minister des kaiserlichen Hauses. Ein Posten mit großem Namen, doch ohne jegliche Machtbefugnisse. Wie die gesamte konservative Partei Mexikos war Almonte ultrareaktionär. Doch Maximilian wollte ohne Partei regieren, auch wenn die Konservativen ihm zur Macht verholfen hatten. Er wollte neutral über einer Regierung verwalten, in der alle Parteien die Interessen aller Bevölkerungsschichten vertreten sollten. Dieser Traum ließ sich in Zeiten des Bürgerkriegs nur schwer verwirklichen.

Das Kaiserpaar fuhr in seine Hauptstadt. Der Komfort der Reise war für verwöhnte Europäer sehr beschwerlich. Die Eisenbahn führte nur bis La Soledad, dann ging es in Postkutschen, die noch immer die unmonarchistische Aufschrift *»Deligencia de la República«* zierte, auf schlechten Straßen weiter. Der Konvoi musste in zwei Gruppen getrennt werden, da die Poststationen am Weg nicht genug Quartiere offerieren konnten. Ein Wa-

gen fiel um. Selbst ein Rad der Kutsche, in der das Kaiserpaar reiste, brach. Immerhin lebten im Landesinneren mehr Konservative und der Kaiser wurde immer wohlwollender empfangen. Die weiße Oberschicht sowie die religiösen Indigenen grüßten den neuen Herrscher freundlich. Im kleinsten Dorf am Weg stand ein Triumphbogen aus Blumen für die Ankommenden bereit. In Orizaba wartete der von Almonte aus kreolischem Adel zusammengestellte Hofadel auf seine Herrscher. Die französische Garnison in Puebla übertraf alle Empfänge, der 23. Geburtstag der Kaiserin wurde mit einem Ball gefeiert. Feuerwerke malten sogar das Schloss Miramar auf den mexikanischen Himmel.
In der Hauptstadt sollten die Feiern ihre Fortsetzung finden, doch vorher wurde noch der Wallfahrtsort der Nationalheiligen, der Virgen de Guadalupe, besucht. Dieses Bild der Mutter Gottes ging auf die Marienerscheinung eines indigenen Jungen zurück. Es waren betont katholische Monarchen, denen am Weg in die Hauptstadt schon viele reiche Mexikaner sowie französische Kommandierende und Besatzungsfunktionäre entgegenkamen um sie in die Hauptstadt zu begleiten. Vor allem bezahlte Jubler empfingen am 12. Juni 1864 das Paar in großer Zahl, Musik schallte an vielen Stellen. Mexikanerinnen warfen dem Paar von den Terrassen Blumen in die Kutsche. An allen Ecken ertönten »*Viva!*«-Schreie und Knallfrösche. Die Stadt lag ganze zwei Wochen im Festtaumel. Stierkämpfe, Galavorstellungen in Oper und Schauspielhaus sowie Bälle samt Feuerwerke erfreuten das Publikum. Diese Volksbegeisterung baute Charlotte und Maximilian auf und sie nahmen sogar den unerfreulichen Komfort im kasernenähnlichen Regierungspalast gelassen hin. Maximilian musste der Legende zufolge während seiner ersten Nacht in seiner neuen Residenz vor der Hitze und den Insekten aus seinem Bett flüchten und schlief auf einem Billardtisch. Die Situation in Mexiko entsprach nicht den europäischen Träumen, die in Paris und Miramar ersonnen wurden. Charlotte kann trotz aller Freundlichkeiten und trotz allem Optimismus in einem Brief an die Kaiserin Eugénie ihre tiefe Unzufriedenheit nicht ganz verbergen: »*In der Hauptstadt Mexikos fühlt man sich fast wie in Europa. Auf einer halben Stunde ent-*

fernt kann man aber in einen Hinterhalt fallen und von Dieben angegriffen werden. Nach allem, was ich gesehen habe, ist eine Monarchie in diesem Lande zu machen und entspricht den allgemeinen Bedürfnissen der Bevölkerung, indes bleibt dies nicht weniger ein gigantischer Versuch, da man mit dem kompletten Chaos zu kämpfen hat … Alles in diesem Lande ist neu aufzubauen, man findet nur das, was Natur ist, physisch und moralisch. Man muss erst alle erziehen. Geistlichkeit, Bevölkerung, alle. Seit vierzig Jahren sind hier nur den Leuten aufgezwungene Minderheitsregierungen aufeinander gefolgt, die niemals ihre Wurzeln in der indianischen Bevölkerung hatten, die arbeitet und den Staat erhält …
Die Dinge werden hier gehen, wenn Eure Majestäten uns beistehen, weil sie gehen müssen und wir wollen, dass sie gehen, aber es ist eine ungeheure Arbeit. Wenn ein Land vierzig Jahre seiner Existenz damit verbracht hat, alles zu zerstören, kann man das nicht in einem Tage wieder zurechtsetzen. Das erschreckt uns übrigens gar nicht, ich stelle nur die Tatsache fest. Wir haben uns diesem Werk in voller Kenntnis der Sache gewidmet, für meinen Teil, wiederhole ich, war ich nur über die Straßen überrascht. Alles Übrige habe ich eher besser als schlechter gefunden.«

Maximilian, der Kaiser von Mexiko

»Zum Staatsmanne braucht man zwei Dinge: Instinkt und Takt; Ersteren zum Erkennen, Letzteren zum Ausführen. Regieren können ist ein Talent, das angeboren, nicht anerzogen wird. Die natürlichen Anlagen können nur ausgebildet werden.«

»Das Glück gebiert das Unglück.«

Ferdinand Maximilian von Habsburg

Es war also Wirklichkeit geworden. Der zweitgeborene Maximilian saß auf dem Kaiserthron – zwar nicht in Wien, dafür im viel größeren Mexiko. Er musste sich nun beweisen – allein zwischen französischen Militärs und feindseligen Mexikanern. Die Ratschläge der europäischen Herrscher waren nun in den Stunden der Wahrheit weit entfernt. Man konnte sowieso nicht auf diese bauen. Des Öfteren widersprachen sie sich. Während Napoleon III. meinte, das Kaiserreich sollte nur nicht zu viel mit Mexikanern arbeiten, empfahl König Leopold I. von Belgien vor allem Einheimische im Staatsdienst zu akzeptieren. Der Schwiegervater riet, noch keine Verfassung einzuführen, sondern vorerst autoritär zu regieren. Maximilian dachte auch noch gar nicht daran, Macht abzugeben. Dementsprechend antwortete er seinem Schwiegervater: »*Es geht uns Gott sei Dank gut und wir leben uns mehr und mehr in die hiesigen Verhältnisse hinein; Arbeit ist zwar ungemein viel, aber man tut sie gerne, weil man einen Zweck und dankbares Entgegenkommen sieht. Von konstitutionellen Versuchen darf und kann für den Augenblick noch nicht die Rede sein; die Vollkraft der Autorität muss so lange in den Händen der Regierung bleiben, bis das Land wirklich befriedet ist. Die guten Leute müssen zuerst gehorchen lernen, bevor sie mitreden dürfen. Ich suche in allem mit Ruhe vorwärts zu gehen und jede Überstürzung zu meiden; denn gerade das Überstürzen war ja der Grundfehler der früheren Regierungen. Kalte, mit großer Höflichkeit und unerschütterlicher Festigkeit gepaarte Ruhe imponiert den Leuten am meisten, und sie wundern sich ungemein, dass Charlotte und ich die Sache so natürlich nehmen und hier leben, als ob wir schon seit zehn Jahren hier wären.*«

Bei seinen europäischen Freunden und Verwandten wollte sich Maximilian nicht beschweren. Die Situation und deren Probleme sachlich darzulegen wäre einem Eingeständnis eines Fehlers gleichgekommen. Die europäische Presse berichtete mehr als genug Negatives über das monarchistische Projekt in Mexiko. Das wollte der frisch gebackene Kaiser nicht auch noch in Briefen bekräftigen. Aus seiner Feder gelangten nur sehr positive Lageberichte nach Europa. Viele frühere Kritiker sollten sich nun mit Entschuldigungen gemeldet und ihm zu dem herrlichen Thron gratuliert haben. Maximilian konnte sich keinen Pessimismus leisten. Die Schönfärbung seiner Briefe sollte niemals widerlegt werden, denn das Kaiserreich musste triumphieren. Niemand würde dann nach Details fragen. Es gab keinen Weg mehr zurück. Dieser Thron und dieser Kontinent musste seine Zukunft bedeuten. Diesem Land mit seiner turbulenten Geschichte wollte er seinen Frieden geben und es zu einer Macht heranführen, die sich mit den Vereinigten Staaten messen konnte und diese bald übertreffen sollte. Dieser Plan konnte nur aufgehen, wenn Maximilian nicht der Kaiser der Konservativen, der französischen Besatzung und der Kirche wäre. Das Land musste aus dem Bürgerkrieg herauskommen. Einen beständigen Frieden konnte man nicht auf einer Partei aufbauen. Das hatte die mexikanische Geschichte zur Genüge bewiesen. So wollte der Kaiser eine Koalitionsregierung unter sich. Liberale sollten genauso zum Zug kommen, Maximilian bevorzugte die Gemäßigten zwischen den beiden extremen Parteien. Weder Konservative noch Liberale sollten sich aus dem Entscheidungsapparat der Monarchie ausgegrenzt fühlen. Alle Bevölkerungsteile sollten in der Regierung vertreten werden.

In seiner ersten Zeit auf dem Thron kümmerte sich Maximilian so um seine »natürlichen Gegner« – die Liberalen. Ihnen wollte er beweisen kein Feind zu sein. Gegen politische Gefangene erließ er eine Amnestie. Den Präfekten empfahl er eine versöhnliche Haltung gegen politische Gegner um endlich den Teufelskreis von Rache und Gewalt zu durchbrechen. Er ließ keine offizielle Zensur über die Medien legen. Doch für die liberalen Mexikaner blieb er ein Ausländer, der ohne Legitimation die Macht in Mexiko ergriffen hatte. Sein Entgegenkommen wurde sogar als Schwäche und Angst vor der Macht der Liberalen mit ihren Guerillaarmeen im ganzen Land ausgelegt. Die Mexikaner waren starke Männer gewohnt. Versöhnliche Charaktere auf dem Thron machten sie misstrauisch. Doch das Kaiserpaar distanzierte sich bewusst von allen kurzfristigen Herrschern, meistens Generäle, die mit großen Versprechen und Paraden an die Macht kamen. Sie wollten nicht wie diese Heeresführer auftreten, sondern sie blieben dezent in zivil. Dies verwirrte die Mexikaner ebenso, besonders die Indigenen. Ein Kaiser im Sommeranzug wurde nicht ernst genommen.

Maximilian ließ nichts unversucht um die Sympathien der Mexikaner zu gewinnen. Nachdem die Stadt Brüssel ein Denkmal für Charlotte errichten wollte, bat das Paar für ein Monument der mexikanischen Unabhängigkeit.

Den Mexikanern blieb der neue Kaiser aber fremd. Das Wohlwollen der Liberalen konnte er nicht erringen. Dafür vergraulte er sich seine alten Verbündeten. Die Konservativen fürchteten, die Franzosen hätten einen liberalen Herrscher ins Land geholt, der ihre Feinde ins Kabinett geholt und ihre Anführer wie Almonte von der politischen Macht entfernt hatte. Die Idee, das Land zum Frieden zu führen, konnte so auf keinem Fall verwirklicht werden. Der Kaiser wollte über den beiden Parteien stehen und ausgleichend regieren, aber er fand sich oft alleine zwischen den beiden Parteien. Das Land versank weiterhin im Bürgerkrieg. Die französische Armee stand nur unangefochten in dem schmalen Landstrich zwischen dem Hafen Veracruz und

Mexiko-Stadt. Im ganzen ausgedehnten Land wurde weitergekämpft. Von einer Befriedung Mexikos konnte keine Rede sein. Noch trostloser zeigte sich die finanzielle Situation, die Steuern konnten nicht regelmäßig eingehoben werden. Die Franzosen brauchten die wenigen Einnahmen für ihre militärischen Einsätze auf und forderten mehr. Der Plan, ein eigenes kaiserliches Heer aufzubauen, kam nicht voran. Wer hätte auch den Sold bezahlen sollen? Für militärische Zwecke bauten die Franzosen Eisenbahnlinien entlang der Küste und eine Telegrafenverbindung zwischen Querétaro und Veracruz. Doch niemand dachte daran, die Infrastruktur im ganzen Land erheblich zu verbessern, Straßennetze blieben vernachlässigt. Die Menschen taten sich schwer, einen großen Unterschied zwischen der Monarchie und den alten funktionslosen Regierungen zu erkennen. Es war ihnen auch nicht neu, als Maximilian auf das Chaos mit der Schaffung neuer Kommissionen reagierte. Die Regelung der Finanzen sowie die Organisierung des Heeres und die Besetzung des gesamten Staatsgebietes sollten so erledigt werden. Für Justiz, Unterricht und Kultus richtete der Kaiser ebenso Kommissionen ein. Der Kaiser hoffte die politische Arbeit koordinieren zu können und kümmerte sich selbst um seine Residenzen. Der Regierungspalast mit seinen 1100 Zimmern wurde restauriert und umgebaut. Das Kaiserpaar bezog acht Tage nach seiner Ankunft das auf einer Anhöhe im Grünen gelegene Schloss Chapultepec – ehemaliges Schloss der Vizekönige und zuletzt Militärakademie im mexikanisch-amerikanischen Krieg und Sommerresidenz der Präsidenten. Auch in Chapultepec wurden verschiedene Verbesserungen vorgenommen. Obwohl der Kaiser mit seinem Gehalt von einer und einer halben Millionen Pesos nicht nur eine exorbitante Summe, sondern fast ein Zehntel der Staatseinnahmen verdiente, kritisierte Maximilians eigener Schatzmeister Kuhacsevich solche Verschwendungen. *»Im Palast von Mexiko und in Chapultepec wird gebaut, dass es einem graut. Die bekannte Passion des Kaisers! Ich hätte noch gewartet, bis die Flitterwochen vorüber wären, denn man kann noch gar nichts von dieser Ehe sagen.«*

Das kaiserliche Paar war sich der Probleme bewusst. Nach Österreich sollte aber kein einziges Wort darüber gelangen.

Doch Paris hatte mit seiner Armee und Gesandtschaft eine Vielzahl von Informationsquellen, hier nutzte die Wahrheit mehr als jegliche Schönfärberei. An Eugénie schrieb Charlotte weiter nüchtern: »*In diesem Land muss alles noch einmal von vorne begonnen werden. Man findet nichts als Natur, im physischen wie im moralischen Sinne, die Erziehung des Volkes muss bis ins kleinste Detail in Angriff genommen werden. Außerhalb der Städte trifft man keinen einzigen Weißen, aber kaum kommt man in einen wichtigen Ort, dann erscheinen wie von Zauberhand Präfekten in bestickter Uniform und dreifarbener Schärpe, beinahe wie in Frankreich, nur dass die Stickerei aus Gold ist. Es ist ein ganz unglaublicher Kontrast zum übrigen Land. Die meisten Indios können lesen und schreiben. Sie sind im höchsten Maße intelligent und wären, wenn die Geistlichen sie entsprechend unterrichteten, ein sehr aufgeklärtes Volk. Aber die Priester lehren nicht einmal den Katechismus in den Schulen – und das in Puebla, der klerikalen Stadt par excellence ... Die kurzlebigen Regierungen, die in den vergangenen vierzig Jahren aufeinander gefolgt sind, waren nur Minderheitsregime, die wieder ein anderes Minderheitsregime ablöste. Sie waren niemals in der indianischen Bevölkerung verwurzelt, die einzige, die arbeitet und den Staat am Leben erhält.*« Den österreichischen Verwandten servierte Maximilian ein völlig anderes Mexikobild. An Erzherzog Karl Ludwig schrieb er begeistert im Juli 1864: »*Dass ich mit Arbeiten aller und jeder Art überhäuft bin, kannst du dir, lieber Bruder, denken; aber man arbeitet gern, wenn man Zweck und Dank sieht und die Hoffnung hat seinem Nebenmenschen nützlich zu werden. Ich fand das Land viel besser, als ich es mir erwartete, die Verleumdungen der europäischen Presse unwahr und das Volk viel weiter fortgeschritten, als man es daheim glaubt. Unser Empfang war überall ein ungemein herzlicher und offener, bar jeder Komödie und jenes ekelhaften, offiziellen Servilismus, den man bei solchen Gelegenheiten sehr oft in Europa findet.*«
Die heruntergespielten politischen Probleme sollten aber gar nicht so viel Platz einnehmen, leichter fiel es Maximilian, das Klima und die Landschaft Mexikos hochzujubeln, an der er sich wahrhaftig jeden Tag erfreute. »*Wir sind jetzt immer abwech-*

selnd in der Stadt und auf dem Lande. In Chapultepec sind wir ganz allein und sehr zurückgezogen und leben noch stiller und einfacher als in Miramar. Übrigens geben wir auch in der Stadt sehr selten Diners, speisen fast immer allein und sehen abends nie jemanden, dies fordert Gott sei Dank der ernste Charakter der Mexikaner, eine Eigenschaft, die mir sehr behagt und mir viel Zeit zu wahrer Arbeit lässt. Diese so genannten europäischen Unterhaltungen, wie Soireen, Theatergeklatsch und so weiter, grässlichen Angedenkens, kennt man hier gar nicht und wir werden uns hüten sie einzuführen. Die einzige Unterhaltung des Mexikaners ist, auf seinem vortrefflichen Pferd in seinem schönen Lande herumzureiten und manchmal die Theater zu besuchen. Bälle sind auch selten, aber dann sehr schön und animiert, und mit wahrer Leidenschaft tanzt die hiesige elegante und sehr reiche Gesellschaft einen reizenden Nationaltanz, den Gräfin Melanie Zichy in Wien einführen will. Charlotte hat vierzehn unbesoldete Palastdamen, die alle Wochen im Dienste wechseln. Auch besitzen wir einen europäischen Stall für Stadt und Zeremonie und einen echt nationalen für das Land.

Es würde dich amüsieren uns in unserer mexikanischen Equipage zu sehen, ein federleichter kleiner, offener Wagen, auf dem Bock der berühmte Leibkutscher mit seinem riesigen weißen Hut, dem grünen Samtpenzer und den weiten, weißen Leinwandhosen, um die Schultern den dreifarbigen Poncho. Neben ihm ein kupferfarbener Indianerbub, als Gespann sechs isabelfarbene Maultiere mit Zebrafüßen, zwei an der Deichsel, vier in einer Reihe vorgespannt; ein Vorreiter auf isabelfarbenem Pferde, mit dem reichen, silberbesetzten mexikanischen Zaumzeug, und die ganze Equipage im wilden, pfeilschnellen Tempo dahinfliegend. Wir finden uns schon beide recht gut in unsere neue Lage, haben Gottvertrauen und sind sehr zufrieden. Von allen Seiten hilft man uns in rührender Liebe, zurück sehnt sich weder Charlotte noch ich.«

Doch während jeder amüsanten Reitstunde nahmen die Probleme des Kaiserreichs zu, dessen Macht rein auf die französische Armee gestützt blieb. In keiner mexikanischen Bevölkerungsschicht konnte Maximilian sich wirklichen Rückhalt sichern. Die Konservativen – und als deren Speerspitze die Geistlichkeit

– nahmen mittlerweile sogar öffentlich Stellung gegen die liberale Gesetzgebung Maximilians. Konservative Zeitungen mussten sogar verboten werden, da sie den Kaiser allzu direkt angriffen. Der Vatikan hatte noch nicht einmal einen Nuntius entsandt, der Klerus wartete erst auf die Aufhebung der Enteignungsgesetze Juárez'.

Die Staatsfinanzen blieben im Argen. Die bedeutenden Golfhäfen Matamoros und Tampico, über die der Handel mit Nordamerika abgewickelt wurde, waren in republikanischer Hand. Viele Zolleinnahmen gingen der kaiserlichen Regierung durch die Finger. Maximilian merkte, der Enthusiasmus der mexikanischen Beamten ließ oft zu wünschen übrig. Sie arbeiteten für ihren persönlichen Vorteil und keineswegs für die Glorie des Kaiserreichs. Über seine Schwierigkeiten berichtete Maximilian an Napoleon III.: »*Die Unordnung ist groß, dass alles noch zu tun blieb. Kommissionen, die den Auftrag haben, Pläne für die Armee, die Finanzen und das Rechtswesen zu entwerfen, sind ernannt und bereits am Werk. Aber ich muss zugeben, dass es beinahe unmöglich ist, unter den Mexikanern fähige Leute zu finden.*« Die Kommissionen scheiterten denn auch. Die Mitglieder der Finanzkommission sahen keine Lösung der ausufernden Probleme und traten zurück. Mitten in diesem Chaos entschied sich der Kaiser eine Rundfahrt anzutreten und betraute seine Gattin mit der Regentschaft. Gerade in schwierigen Situationen bezeugte Maximilian keine Herrschernatur zu sein. Im Norden besuchte er Städte und Landstriche, die sicher in französischer Hand waren, und kämpfte mutig gegen die Unannehmlichkeiten des Reisens während der Regenzeit – statt gegen die Probleme seiner Regierung in der Hauptstadt. In den besichtigten Städten ließ er sich von den Honoratioren umwerben, denen er Auszeichnungen und Orden zurückließ, und besuchte Spitäler, Schulen und Gefängnisse, denen er wohltätigerweise Geld spendete. Aber nicht immer war sein Verhalten so staatsmännisch, Fürst Carl Khevenhüller erlebte es: »*Dem Kaiser macht es den größten Spaß, seiner Umgebung während dieser Reise zu entwischen, was diese dann in gewaltigen Schrecken versetzt. Da findet man ihn in irgend einer Pulquería in Konversation mit den Bewohnern oder im Walde allein spazieren.*« Die eigene Anschauung der Provinz seines Reiches öffnete dem Kaiser weiter die Augen über die Verkommenheit der Beamten und der Geistlichkeit: Der Bischof von Querétaro machte sich in der Hauptstadt ein nettes Leben anstatt in seiner Diözese zu wirken. Dort fehlte seine Organisation, viele der Dörfer hatten nicht einmal einen Priester. Die Beamten, Armee und Polizei waren korrupt, sogar Gefangene entkamen ständig. Entlassungen führten zur weiteren Distanz zu den Konservativen, die im Kaiserreich die hohen Beamten und Geistlichen stellten.

Nach Österreich schrieb er nichts von diesen Entdeckungen seiner Reise, sondern von den triumphalen Empfängen, die es in der Heimat nie geben würde. Er würdigte die Schönheit der mexikanischen Frauen. Alle seine Kommentare richteten sich letztendlich gegen Europa und Österreich: »*Überall ist das Land politisch sehr fortgeschritten, viel mehr als zahlreiche Länder in Europa, die sich hochweise dünken. Den so genannten europäischen Zopf mit all seinen Lächerlichkeiten und Traurigkeiten kennt man hier gar nicht; all das Zugeknöpfte, all den Plunder, an dem man noch in Europa umsonst würgt und noch jahrelang würgen wird, hat man hier schon längst überstanden.*« Inwieweit er hier für seinen Bruder und seine Familie bewusst ein schmeichelndes Bild malte, wird auffallend klar, wenn man die gegensätzlichen Briefe liest, die Maximilian zur gleichen Zeit seinen alten mexikanischen Ratgebern wie Gutiérrez schickte: »*Das Schlimmste, was ich bis jetzt in diesem Lande fand, bilden drei Klassen: die Justizbeamten, die Offiziere der Armee und der größte Teil des Klerus. Alle diese kennen ihre Pflichten nicht und leben einzig und allein des Goldes wegen. Die Richter sind bestechlich. Die Offiziere kennen kein Ehrgefühl und dem Klerus fehlt die christliche Liebe und die Moralität. Alles dies lässt mich jedoch die Hoffnungen für die Zukunft nicht aufgeben.*«

Die Hoffnung verlor der Kaiser nicht, zu bedeutend war diese Krone. Sie war sein einziger Halt für die Zukunft. Dennoch erkrankte er während der Reise an Bronchitis und Charlotte blieb als Regentin zwei Monate allein in der Hauptstadt. Die Minister brachten sie zur Verzweiflung, da ihre Befehle nicht effektiv ausgeführt wurden. Sie wurde immer nervöser und ihre Umgebung bemerkte, dass sie die Ecken ihrer Taschentücher richtiggehend zerbiss. Die Arbeit der Regierung konnte sie nicht befriedigen. Sachen, die schleunigst passieren sollten, wurden lange diskutiert. An Ideen fehlte es dem Kaiserpaar nicht und eine Unzahl von liberalen und wohl gemeinten Gesetzen wurde erlassen. Doch kaum etwas wurde durchgeführt. Viele waren von vornherein nicht sehr praxisnahe – wie das Marinegesetz in einem Land ohne Marine.

Bei kurzfristigen praktischen Entscheidungen tat sich der Kaiser besonders schwer, ihm lagen langfristige theoretische Arbeiten. Viel Wert legte er auf die Bildung. Er kümmerte sich um die Erziehung und forcierte die Wissenschaften. Er gründete die mexikanische Akademie der Wissenschaften und führte an Schulen und Universitäten neue Lehrpläne ein. Ebenso widmete er sich den indigenen Kulturen, legte eine zentrale Sammlung prehispanischer Fundstücke an und versuchte, Stücke aus dem Wiener Hofmuseum nach Mexiko zu bekommen, die Cortés dem Kaiser Karl V. vermacht hatte. Das Schild Moctezumas und der Originalbericht Cortés' über die Eroberung gelangte so nach Mexiko. Von allen Herrschern Mexikos seit Moctezuma wurde eine Gemäldegalerie zusammengestellt. In der Stadt ließ der Kaiser den Hauptplatz mit Bäumen bepflanzen, den Stadtpark Alameda verbreitern und legte die bis heute zentrale Verkehrsader von Mexiko-Stadt, den Boulevard Calzado del Emperador – heute der Paseo de Reforma – an. Er wäre wohl ein guter Herrscher eines wohlhabenden Reiches in Friedenszeiten gewesen. Doch in Mexiko tobte weiter der Bürgerkrieg und der französische Befehlshabende Bazaine schmeichelte Paris, indem er vorschlug, einige Truppenabteilungen in Juni 1864 heimzuschicken. Dieses Manöver sollte nur Napoleon III. gefällig sein. Militärisch war es ein Wahnsinn, doch Paris belohnte den Zug und Bazaine wurde zum Marschall ernannt. Der französische Kaiser wollte sich langsam aus Mexiko zurückziehen und nichts mehr hineinstecken. In Frankreich gab es schon genug Kritik über dieses militärische Unternehmen, das nur Geld kostete und Söhne des Landes in den Tod schickte. Die Opposition in Paris gewann mit jedem Misserfolg in Mexiko Unterstützung. Von Anfang an verwertete Napoleon III. den mexikanischen Kaiser in seiner Innenpolitik – eine Rechnung, die nicht lange aufging. Nun wollte er seine Soldaten heimbekommen – die Bedrohung an den eigenen Grenzen durch Preußen wurde immer größer. Wenn man sich beim mexikanischen Kaiserreich entsprechende Handelsvorteile sichern konnte, wäre das Projekt noch als großer Erfolg zu verkaufen. Das Kaiserreich musste dazu bestehen bleiben und Maximilian sollte sein eigenes Nationalheer organisieren. Dieser Aufgabe nachzukommen interessierte Bazaine wenig. Ein richtiges Heer auf der kaiserlichen Seite hätte seine Macht geschmälert. Der Befehlshaber der Franzosen fühlte sich zu Recht als Herr in Mexiko. Er war die einzige Stütze des Kaiserthrons und schränkte die Befugnisse des Kaisers stark ein, der in militärischen Angelegenheiten nichts bestimmen durfte. Der – nunmehr – Marschall holte sich lieber Verdienste mit Schlachten im Landesinneren statt durch den Aufbau einer mexikanischen Armee. Präsident Juárez musste weiter in den Norden flüchten. Die Republikaner verloren ihre Häfen und somit Zollstätten. Doch sie wurden nie endgültig besiegt, sammelten sich immer wieder und verwickelten die Franzosen in unerwartete Gefechte. Neben den ständigen Einsätzen mussten diese regelmäßig übermenschlich anmutende Strecken marschieren, um die an verschiedenen Stellen auftauchenden Republikaner zurückzuschlagen. Die Franzosen traten in ihrem Benehmen als eine Besatzungsmacht auf. Gerechterweise entschied der Kaiser bei Streitigkeiten zwischen mexikanischen und französischen Soldaten oft gegen die Franzosen. Der Kaiser erkannte die Nachteile dieser Armee. Er benötigte sie bitter, doch sie stellte eine schwere Last dar. Nicht nur wegen Macht- und Entscheidungsfragen, sondern vor allem wegen der Unsumme Geldes, die in ihre Ausrüstung, ihre Expeditionen und Solde gesteckt wurde. Diese Diener Frankreichs kümmerten sich wenig um Mexiko und arbeiteten in die eigene Tasche oder die ihres Landes. Mexiko gingen diese Einnahmen ab. Den von Maximilian vereinbarten Regelungen zur Rückzahlung aller verlangten Zahlungen und zum Erhalt der französischen Interventionsarmee konnte nicht nachgekommen werden. Die in London und Paris aufgelegte Anleihe war ein Misserfolg gewesen, nur 34 von den 200 veranschlagten Millionen Franc erreichten Mexiko. Eine

zweite Staatsanleihe wurde nur noch in Paris aufgelegt. Sie konnte die finanzielle Situation ebenso wenig retten.
Die Beziehungen zu Frankreich gestalteten sich problematisch. Umso mehr hoffte Maximilian auf ein besseres Einverständnis mit anderen europäischen Mächten und freute sich über die Ankunft eines jeden Diplomaten. Bei dem Vertreter des Vatikans aber sollte sich das schnell ändern. Der Nuntius wurde zwar lange herbeigesehnt, Maximilian erhoffte sich von diesem eine Reform der verkommenen Geistlichkeit Mexikos und eine konstruktive Zusammenarbeit. Doch der stockkonservative Monsignore Meglia war als Kontrahent gekommen. Der mexikanische Klerus hatte sich schon lange über den neuen Kaiser beschwert. Die enteigneten Besitztümer der Kirche waren ja noch nicht zurückgegeben worden. Der Nuntius sollte diese Kirchenfrage mit klaren Forderungen nach der Aufhebung der kirchenfeindlichen Reformgesetze lösen. Eine vom Staat unabhängige Kirche sollte ihren Besitz wiedererlangen und der katholische Glauben sollte als Einziger anerkannt und erlaubt sein. Selbst der Unterricht sollte ein Privileg der katholischen Kirche sein. Diese Forderungen waren für Maximilian unerfüllbar. Mit Napoleon wurde schon vereinbart, die Besitztümer der Kirche sollten nicht rückerstattet werden. Viele Ausländer hatten diese ja aufgekauft. Die katholische Konfession hatte er zur Staatsreligion erklärt, doch er war von der freien Religionsausübung überzeugt. Er bat die Kurie, auf die Rücknahme der Nationalisierung der Kirchengüter zu verzichten. Er wollte die Reformgesetze des Juárez nicht zurücknehmen, aber dafür die Geistlichen durch den Staat angemessen besolden. Dagegen wehrte sich der Nuntius und blieb unerbittlich, eine Besoldung dieser Art würde eine Abhängigkeit bedeuten. Der Kaiser verzichtete so auf das Einverständnis Roms und ein Dekret vom 27. Dezember 1864 bestätigte die Nationalisierung der Güter und die freie Ausübung aller Religionen. Am 7. Januar 1865 setzte sich der Habsburger mit einem weiteren Dekret über den Vatikan hinweg. Päpstliche Bullen durften ohne kaiserliche Genehmigung weder veröffentlicht noch durchgeführt werden. Dies bedeutete den endgültigen Bruch mit Rom.
Die Konservativen Mexikos wandten sich nun vermehrt vom

Die Generäle des mexikanischen Herrscherpaares:
Mejía, Mendez und Miramón

neuen Machthaber in Mexiko ab. Zwei bedeutende Generäle aus deren Reihen sandte der Kaiser zu angeblichen Missionen und Studien nach Europa. Das eigentliche Ziel war aber diese aus dem Verkehr zu ziehen und deren politischem Einfluss ein Ende zu bereiten. Leonardo Márquez wurde als Botschafter nach Konstantinopel entsandt und bereiste als Pilger Palästina. Miguel Miramón studierte in Berlin die preußische Kriegstaktik und sollte deren Errungenschaften nach Mexiko bringen. Im Bürgerkrieg wären die zwei erfahrenen Generäle von großem Nutzen gewesen. In Europa konnten sie zumindest demonstrieren, dass das Kaiserreich konsolidiert wäre, denn es schickte seine besten militärischen Führer zu Studien in die Welt.
Maximilian wollte die Kirche nicht weiter provozieren, als Kompromissvorschlag sollte jeder einzelne Fall der Verkäufe der Kirchengüter untersucht werden, ob sie in Ordnung und dem Gesetz gemäß abgelaufen waren. Mit diesem Kompromiss schaffte es der Kaiser, alle Beteiligten vor den Kopf zu stoßen.
Als Stützen in der mexikanischen Bevölkerung erhoffte Maximilian sich nun den niederen Klerus und die Indigenen. Diese stellten noch dazu drei Viertel der Bevölkerung dar. Er zeigte sich deren Problemen sehr aufgeschlossen und empfing am Hofe ihre Führer. Als einzige mexikanische Regierung bis heute erließ er seine Dekrete ebenso in Nahuatl, der Sprache der Azteken. Maximilian wollte den Indigenen zu ihren traditionellen und legitimen Rechten verhelfen und ihnen Grund und Boden rückerstatten – Kommissionen zur Landumverteilung wurden ins Leben gerufen. Am 16. September 1866, dem Unabhängigkeitstag Mexikos, war denn an vielen Orten in Nahuatl ein Aushang zu lesen: »*Maximiliano Huei Tlatoani Mexico, ti tlanahuatia: Wir, Maximilian, Kaiser von Mexiko, verfügen: Dorfgemeinschaften, denen es an Grund und Boden sowie Ejido-Land* [Gemeinschaftsland] *mangelt, haben das Recht, solche nach Maßgabe der im Folgenden bezeichneten Bedingungen zu beantragen und zu erlangen.*« Viele Umverteilungen fanden aber nicht statt.
Mit einem Gesetz wollte der Kaiser auch der Sklaverei auf den Leib rücken, die in vielen Haziendas praktisch noch vorhanden war. Die Landarbeiter tappten nämlich in eine Schuldenfalle

und Abhängigkeit, wenn sie auf Kredit in den Läden der Haziendas einkauften. Maximilian regelte nun einen gesicherten Lohn für Landarbeiter, schuf Züchtigungen ab und erließ Bestimmungen für Kredite in Hazienda-Läden. Den Kindern sollten die Schulden der Eltern nicht mehr angelastet werden können. Die Schuldknechtschaft sollte mit den Gesetzen ein Ende finden, doch es blieb wirkungslos. Wenn die Tagelöhner auf ihr Recht bestanden, wurden sie entlassen. Rechtlichen Schutz fanden sie nirgends.
Den völlig fehlenden Zugang des Kaisers zur mexikanischen Realität veranschaulicht eine Anekdote seines Privatsekretärs José Luis Blasio. Nachdem Maximilian Gerüchte um eine unmenschliche Behandlung der Bäckereiarbeiter zu Ohren gekommen waren, wollte er sich ein eigenes Bild verschaffen. »*Wir klopften bei einigen Türen, und als wir sagten, der Kaiser wünsche die Bäckerei zu besichtigen, antwortete man uns schlecht gelaunt. ›Der Kaiser? Dass ich nicht lache! Macht euch über wen anders lustig, sonst holen wir die Polizei, dann könnt ihr mit eurem Kaiser im Gefängnis übernachten!*‹« Die Durchsetzungskraft, den Betrieb trotzdem einem Lokalaugenschein zu unterziehen, fehlte dem Kaiser. Es brauchte noch viele vergebliche Versuche, bis eine Bäckerei Einlass gewährte. Dort fand Maximilian die Bestätigung, die Arbeiter wären aus freien Stücken bei ihrer Arbeit, und »*war sehr zufrieden, als er sich von der Grundlosigkeit der Anschuldigungen überzeugen konnte*«.
Die Herzen der Unterdrückten konnte er so nicht gewinnen, die Hilfe der Indigenen hatte auch kaum politisches Gewicht. Die Zukunft Mexikos sah das Kaiserpaar selbst weniger in den Händen der Indigenen, sondern vor allem in frischem europäischen Siedlerblut. Charlotte schrieb im Frühling 1865 nieder: »*Es ist unsere Aufgabe, mit sanfter, doch entschlossener Hand nach Mexiko einen ständigen Bevölkerungsstrom zu lenken, der die alte Einwohnerschaft absorbiert. Denn mit den vorhandenen Elementen ist nichts anzufangen. Ich würde dies ganz offen sagen, müsste ich nicht befürchten, dass es hier wiederholt wird ... Wären wir nicht von einer erheblichen Zahl von Einwanderern überzeugt, so müsste ich Euer Majestät gestehen, dass alles, was wir hier tun, keinen Sinn hat.*« In verschiedenen Sied-

lungsprojekten sollten Polen, Südslawen, später Bewohner der im nordamerikanischen Bürgerkrieg unterlegenen Südstaaten und aus dem Dienst ausgeschiedene europäische Soldaten in Mexiko eine neue Heimat finden.
Ob die Versuche, Ausländer anzusiedeln oder den Indigenen mehr Rechte zu garantieren – all dies rief die Opposition der einflussreichen Großgrundbesitzer und Wohlhabenden auf den Plan. Einmal mehr verlor der Kaiser Sympathisanten. Die Mächtigen des Landes waren verspielt, die der Stadt versuchte das Kaiserpaar wie seinerzeit die Italiener durch Hofhaltung zu gewinnen, wöchentlich wurde ein Ball für die Oberschicht und das diplomatische Korps veranstaltet. Nach Österreich schrieb der Kaiser: »*Alle Montage sind Bälle bei Charlotte, die immer sehr gut ausfallen und animiert sind und auf denen ein Flor der schönsten Frauen sich im Tanze wiegt. Ein Diplomat nach dem anderen rückt ein, was uns langweilige Empfänge und Diners gibt. Küche und Hofkeller sind dank schwerer Bemühungen außerordentlich. Die Diplomaten fressen und saufen sich an, dass sie gewöhnlich nach Tisch nur noch unartikulierte Töne lallen. Unser Hofreglement ist endlich auch fertig, ich darf mir schmeicheln, wohl das Vollkommenste erreicht zu haben, was bisher in dieser Art gemacht worden ist.*«
Maximilian schmeichelte nicht nur sich, sondern der ganzen Situation in Mexiko: »*Ich sehne mich wohl nach dem Lorbeer Lacromas, dem Oleander Miramars und dem tiefen Blau der Adria, doch bereue ich nicht die Gegenwart, sie gehört der Tat, dem Streben, dem Schaffen. Ist auch die friedliche Wonne des Lebens dahin, so wird einem große Genugtuung in dem Gedanken, dass ich der Menschheit diene und nun auch einige Tropfen Öl in das große Licht der Aufklärung schütten kann ... Habe ich hier nicht mehr die Brise der Adria, den Duft Lacromas, so lebe ich hier in einem freien Lande unter einem freien Volke, in welchem Prinzipien herrschen, die man daheim in Österreich nicht einmal in der Nacht träumen darf. Keine Schranken beengen mich mehr, und hier darf ich offen sagen, dass ich das Gute will. Ist Mexiko auch in vielem zurück, mangelt ihm materieller Wohlstand und Entwicklung, so sind wir doch in den sozialen Fragen, in den wichtigsten meiner Meinung nach, Europa und*

zumal Österreich weit vor. Hier bei uns herrscht ein gesunder Demokratismus, ohne kränkliche Fantasterei nach europäischer Art, sondern mit jener Kraft und Überzeugung, wie sie vielleicht einstens bei Ihnen nach fünfzigjährigem schweren Ringen sich entwickeln wird. Die europäischen Urteile über dieses Land sind fast durchwegs falsch, man kann und will die hiesigen Verhältnisse nicht verstehen, man ist zu stolz einzugestehen, dass wir Amerikaner in den Hauptpunkten um ein gutes Stück vorwärts sind. Alles, was man von der Klerisei und ihrem überwältigenden Einfluss gesagt hat, ist grundfalsch, die Schwarzen sind schlecht und schwach. Die große, große Majorität ist liberal und verlangt nach Fortschritt im vollsten Sinne des Wortes.«

Ein Loblied auf den Fortschritt und die gesunde Demokratie – in Wirklichkeit konnte das Kaiserreich nur wenig bewegen und das Volk wurde von französischen Truppen beherrscht. Nicht einmal mit seinen französischen Gönnern stand Maximilian auf gutem Fuß. Napoleon III. wurde zunehmend unzufriedener mit seinem mexikanischen Projekt und seiner Wahl des Österreichers. Das von Maximilian verliehene Großkreuz des neu gegründeten Adlerordens mit Kette nebst anderen Geschenken konnten die negativen Berichte des französischen Gesandten Montholon über die mexikanische Regierung nicht vergessen machen. Maximilian nahm dem Diplomaten seine unvorteilhafte Berichterstattung übel. Dieser musste abberufen werden und wurde nach Washington versetzt. Maximilian dachte nicht, dass Montholon ihm dort noch viel mehr Schaden anrichten werden würde. Der überzeugte Gegner des mexikanischen Kaisers als französischer Botschafter im Land der eingefleischten Republikaner bedeutete nichts Gutes. Die Nordstaaten gewannen im Sezessionskrieg immer mehr die Oberhand, ihr Sieg war abzusehen. Für das mexikanische Kaiserreich war dieser wieder erstarkte Nachbar eine enorme Bedrohung. Die Vereinigten Staaten waren stets entschlossen gegen europäische Truppen in Mexiko sowie gegen die Monarchie aufgetreten.

Eine Intervention der kriegsgeübten nordamerikanischen Truppen lag in der Luft. Bazaine kam trotzdem seinem Kaiser in Paris und der öffentlichen Meinung Frankreichs entgegen und schickte Soldaten heim, der Protest Maximilians nutzte nichts.

Der Marschall nutzte diese Marschbefehle in die Heimat um seine Kritiker loszuwerden. Dafür erhielt das Kaiserpaar neue Unterstützung durch österreichische und belgische Freiwilligenkorps. Die belgische Garde der Kaiserin zählte 2000 Soldaten. Die Österreicher, die direkt Maximilians Befehl unterstellt sein sollten, zählten über 7000 Mann, obwohl in den Verträgen mit dem österreichischen Kaiser vom 19. Oktober 1864 ihre Stärke auf 6300 Mann festgelegt wurde.
Die drei Infanteriebataillons, das Ulanenregiment und das ungarische Husarenregiment mit Artillerie- und Ingenieurtruppen und Militärkapelle sollten die Elitetruppen und den Kern einer kaiserlichen Armee darstellen. Die Soldaten mussten ihren Militärdienst in Österreich abgeleistet haben, waren so zumindest 32 Jahre alt. Nicht so die Offiziere, die beim Eintritt in das Freiwilligenkorps um eine Rangstufe höher gestellt wurden und deren Wiedereingliederung in die österreichische Armee mit ihrem alten Rang zugesagt wurde. Grundsätzlich wurden Junggesellen bevorzugt. Sie sollten sich in Mexiko vermählen und dort ansässig werden. Allesamt verpflichteten sie sich auf sechs Jahre, danach sollten sie eine freie Überfahrt bekommen. Die Freikorps selbst waren in Kultur und Sprache nicht einheitlich. Aus allen Teilen der Monarchie kamen die Soldaten. Mit den Franzosen und Belgiern gab es viele Probleme, mit den indigenen Hilfstruppen kaum Kontakt.
Die Freiwilligenkorps lagen auch der mexikanischen Staatskasse auf der Tasche. Selbst für die Kosten der Aushebung in Österreich musste Mexiko aufkommen. Das Kaiserreich stand vor dem Bankrott und konnte selber seine Schulden nicht weiter bezahlen. Daraufhin verlangte Paris, dass französische Beamte die mexikanischen Zollstätten und Finanzeinnahmen verwalteten. Dafür erhielt Mexiko eine neue Anleihe aus Paris, nur ein geringer Teil der Nominale gelangte nach Mexiko. Mit dem Verlust der Kontrolle der Staatsfinanzen verlor Maximilian seine Unabhängigkeit endgültig. Nicht einmal seine Freiwilligenkorps konnte er besolden. Die französische Armee beglich dies, die Korps wurden aber ins französische Kommando eingegliedert.
Die Gesundheit und die Nerven des Kaisers waren schwer angeschlagen. Durchfallerkrankungen, Grippeinfektionen und ein

Leberleiden setzten ihm zu. Er wirkte nervös, magerte ab und seine Stimmung unterlag extremen Schwankungen.
Im Frühjahr 1865 bewahrheitete sich eine seiner Befürchtungen: Die Vereinigten Staaten gingen aus dem Sezessionskrieg siegreich hervor. Trotz der Versuche Maximilians interessierte sich Washington nicht dafür, diplomatische Verbindungen mit dem kaiserlichen Mexiko zu etablieren. Die Vereinigten Staaten pflegten seit jeher Beziehungen zu Juárez. Mit der künstlichen Monarchie, die auf der Seite der Südstaaten gestanden war, wollten sie nichts zu tun haben. Maximilian gab große Summen für Propaganda und Bestechung der nordamerikanischen Journalisten aus, doch er konnte die Stimmung nicht beeinflussen. Republikanische Klubs wetterten gegen ihn. Kriegsgerät und Munition wurden zur Unterstützung der Republikaner über den Rio Grande geschmuggelt. Nordamerikanische Veteranen gliederten sich in Juárez' Armee ein. Maximilians Gesandter wurde in Washington nicht einmal empfangen. Präsident Andrew Johnson verweigerte sogar die Annahme des Kondolats Maximilians nach Lincolns Ermordung. Gegenüber Frankreich, Österreich und Belgien forderten die nordamerikanischen Diplomaten ein Ende der militärischen Aktivitäten.
Die republikanische Armee spürte den Aufwind. Vor allen Dingen zogen sich die Franzosen aus dem Norden zurück um die Vereinigten Staaten nicht zu provozieren. Die geräumten Gebiete wurden sofort von republikanischer Seite besetzt. An den »Verrätern« – den kaiserlichen Behörden und deren Anhängern – statuierten die Liberalen Exempel und rächten sich grausam. Die Taktik ging auf und die Bevölkerung wurde gegenüber den Kaiserlichen immer zurückhaltender. Der Präsident verlegte innerhalb Chihuahuas sein Hauptquartier wieder näher an die Hauptstadt und verkündete, der Triumph wäre nahe. Mexikanische Soldaten und Offiziere gingen mit Truppen und Ausrüstung zu den Liberalen. Die liberale Armee wuchs, nicht einmal der Weg von der Hauptstadt zum Meer blieb für die Kaiserlichen sicher. Überall tauchten Guerillatruppen auf, Belgier sowie Franzosen erlitten schwere Niederlagen. Bazaine wollte diesem Druck mit Strenge und Härte begegnen. In dem irrigen Glauben, Juárez wäre über die Grenze geflohen und die übrig

gebliebenen Gegner wären allesamt Banditen, unterschrieb Maximilian am 3. Oktober 1865 ein Dekret, das jedem, der sich mit der Waffe dem Kaiserreich entgegenstellt, dem Standgericht überantwortete und so dem Tod auslieferte. Von nun an bedurften Todesurteile nicht mehr der Gegenzeichnung des Kaisers, die kriegsgerichtlichen Aburteilungen nahmen in erschreckendem Ausmaß zu. Bazaine gab den inoffiziellen Befehl, keine Schonung walten zu lassen und keine Gefangenen zu machen. Die Hinrichtungen ließen die Monarchie endgültig als Tyrannei erscheinen und Juárez gewann nicht nur Leute, sondern auch Sympathien im ganzen Land.

Bazaine hatte aber seine Gedanken anderswo. Der 45-jährige Marschall heiratete die 17-jährige Mexikanerin Doña Josefa de la Peña y Azcárate und vergnügte sich mit ihr im Palast Buenavista, einem Hochzeitsgeschenk des großzügigen Kaisers. In Paris wurde Maximilian mittlerweile auch Verschwendungssucht und Sorglosigkeit vorgeworfen. Die Opposition gegen das Unternehmen in Mexiko wuchs. Napoleon III. drängte auf den Aufbau einer mexikanischen Nationalarmee, damit sich die Franzosen zurückziehen könnten. Belgien sprach sich gegen die Entsendung weiterer Truppen aus. Der Vater Charlottes, König Leopold I., war gestorben, eine wertvolle Stütze in Europa war verloren.

Auf die unangenehmen Probleme, über die im Militär- und im Zivilkabinett gestritten wurde, reagierte Maximilian, indem er die Türen der beiden Kabinette zu seinen Privaträumen zumauern ließ. Er führte den Briefverkehr mit seinen Ministern und Kabinettchefs ein.

Anstatt der militärischen Situation regelte der Kaiser seine Nachfolge. Charlotte blieb ja kinderlos, obwohl sie schon nach siebenjähriger Ehe nach Mexiko gekommen war. Gerüchte kamen schon früh auf – Charlotte hätte einen organischen Schaden, Maximilian wäre homosexuell, er versagte im Bett neben seiner selbstbewussten Frau oder er hätte sich während seiner Zeit als Seemann in italienischen Hafenorten oder auf Reisen eine Krankheit geholt und seine Frau angesteckt. Wir wissen es nicht. Um die Nachfolge zu sichern wurde der fünfjährige Agustín de Iturbide y Green, Enkel des mexikanischen Kaisers Iturbi-

de, an den Hof geholt. Eigentlich hatte Maximilian »*in der berechtigten Hoffnung, die Früchte des Riesenwerkes eines Erzherzogs von Österreich für das Haus Habsburg nicht verloren gehen zu sehen*«, an einen der drei Söhne seines jüngeren Bruders Karl Ludwig gedacht. Doch dieser hatte den Plan zurückgewiesen. In Österreich kannte man also die Probleme. Mit der Landung der österreichischen Freiwilligenkorps erfuhr die Heimat die Lage Mexikos, die Schwierigkeiten konnten nicht unbekannt bleiben. Dieser Umstand störte Maximilian, den Soldaten wurde untersagt, in ihren Briefen die schlimme Lage anzusprechen. Er selbst frohlockte in seinen Briefen an Franz Joseph noch immer über sein Schicksal: »*Ich kann nur sagen, dass, wenn ich mich jetzt wieder nach Miramar denken könnte und die mexikanische Deputation abermals käme, ich gar nicht mehr zaudern, gar keine Bedingungen stellen, sondern mit einem frischen, fröhlichen ›Ja‹ annehmen würde. Ich gebe mich deswegen keinen Illusionen hin, das neue Gebäude, an dem wir arbeiten, kann unter Stürmen zusammenbrechen, ich kann dabei zu Grunde gehen, aber das Bewusstsein kann mir niemand nehmen, mit gutem Willen für eine erhabene Idee mitgearbeitet zu haben, und dies ist immer besser und tröstlicher, als im alten Europa im Nichtstun zu verfaulen. Es gibt Leute, die das Leben meiner jüngeren Brüder philosophisch finden, mir wäre solch eine Existenz der Tod bei lebendigem Leibe, und was noch ärger ist, ich finde sie lächerlich. Es gibt nichts Erbärmlicheres als einen apanagierten Prinzen, der eine so genannte sorgenlose Existenz führt.*«
Der junge Kaiser musste sich durchsetzen, er konnte keine Probleme breittreten. Seine Heimat wollte ihm nichts mehr bieten, er musste sich in der Ferne beweisen. Am Unabhängigkeitstag am 16. September 1865 hielt er in seiner Rede fest: »*Mein Herz, meine Seele, meine Arbeit, alle meine loyalen Anstrengungen gehören euch und unserem lieben Vaterland. Keine Macht der Welt wird mich in der Vollendung meiner Aufgabe irre machen; jeder Tropfen meines Blutes ist nunmehr mexikanisch, und wenn Gott es zuließe, dass neue Gefahren unser teures Vaterland bedrohen, werdet ihr mich in euren Reihen mitkämpfen sehen für eure Unabhängigkeit und Integrität. Ich kann sterben,*

aber ich werde zu Füßen unserer glorreichen Fahne fallen, weil keine menschliche Gewalt im Stande wäre, mich zu zwingen den Platz zu verlassen, an den mich euer Vertrauen berufen hat.«

Diesmal verließ er seinen Platz als Regent ausnahmsweise nicht und die Kaiserin Charlotte reiste im November 1865 alleine nach Yucatán, deren konservative Bewohner ihr einen triumphalen Empfang boten. Der Halbinsel Yucatán sollte in Zukunft eine bedeutende Rolle als *»Gravitationszentrum für die übrigen Staaten Zentralamerikas«* zukommen. Maximilian hoffte noch immer, die mittelamerikanischen Staaten würden sich seinem Kaiserreich anschließen. Yucatán sollte ihr Tor zum Imperium darstellen, das Richtung Süden schauen sollte, da der Norden von den Vereinigten Staaten dominiert wurde.

Die beschwerliche Reise während der Regenzeit setzte Charlotte zu. Die Anstrengungen in der neuen Heimat wurden ihr zu viel, in der Hauptstadt musste sie schon oft alleine regieren. Ihr Eheleben war wohl nicht sehr glücklich. Der Kaiser schlief selbst auf Reisen auf seinem Feldbett und nicht neben seiner Frau. Ihrer Großmutter schrieb Charlotte, sie wäre mit ihrem Gatten in der Politik vereint, nicht aber in allen anderen Dingen. Maximilian verlor nie sein Interesse an den Frauen seiner Umgebung. Sein Sekretär José Luis Blasio berichtete, wie der Kaiser den Schönheiten des Hofes sehnsüchtig nachsah und sie kommentierte. Der Hofdiener Anton Grill erzählte von verschiedenen Geliebten des Kaisers – eleganten Hofdamen in der Hauptstadt sowie der Tochter des Gärtners in Cuernavaca. Maximilian verführte sogar inkognito in Soldatenuniform hübsche Mädchen – so Guadalupe Martínez, die als *»Paloma«* ins Gerede kam und daraufhin als Nonne ins Kloster de la Caridad ging.

Charlottes Nerven wurden stark in Mitleidenschaft gezogen. Ihr Vater hatte ihr stets viel bedeutet, nun war er nicht mehr. In ihren Briefen manifestierten sich langsam immer mehr seelische Störungen und ihr Leiden. Sie wäre *»melancholisch und deprimiert, als hätte das Leben nichts Tröstendes mehr für mich«*. *»Die Hauptstadt ist ein Tummelplatz der niedrigsten Leidenschaften, was zusammen mit der Fremdenfeindschaft und dem verletzlichen Nationalstolz, dem Dreck und der Korruption von*

Jahrhunderten das Leben in dieser Stadt für Regierung wie Bewohner wirklich gefährlich macht.« Während das Gefolge die seelische Instabilität der Kaiserin schon lange bemerkte, dachte sich Maximilian nichts. Anormales Verhalten und Depressionen waren in seiner Familie wohl nichts Aufsehen Erregendes. Er widmete sich seinen Naturbetrachtungen. Während seine Regentschaft wackelte, vergnügte er sich mit seinem Schmetterlingsnetz in der Sonne. Im März 1866 informierte Charlotte in einem Brief über die Ernennung eines Ministers, glitt dann aber in zusammenhanglose Gedanken ab: »*Ich habe Alexandra* [der Prinzessin von Wales] *ein paar Fotografien von Chapultepec geschickt. Ich finde, du solltest Victoria eine Auszeichnung senden, damit du den Hosenbandorden bekommst. Gott sei unsern Seelen im Fegefeuer gnädig. Ich denke, es wird bald schneien. Wenn es dort nur kühl für dich ist. Prinzessin Josefa hatte eine Erkältung und war gestern hier. Sie findet es auch nicht sehr lustig.«*

Die Kaiserin zerbrach an der schwierigen Situation in Mexiko. Zur gleichen Zeit schrieb Maximilian weiter Lobenshymnen auf Mexiko und sein Amt nach Österreich, wobei er an Seitenhieben auf den alten Kontinent nicht sparte – wie an seinen Freund Graf Hadik: »*Ich kann es wahrlich sagen, ich habe mir ein gut Teil gewählt, und um nichts in der Welt möchte ich meinen Beruf aufgeben und zum Alten zurückkehren. Ich kämpfe mit Schwierigkeiten, aber der Kampf ist mein Element und das Leben Mexikos ist dieser Mühe wert. Wenigstens erntet man auf diesem Kontinent etwas, was ich in meinem früheren Leben umsonst suchte: Dankbarkeit und Anerkennung. Dazu ist das Leben hier viel angenehmer, es ist frei und ungebunden. Da kennt man nicht all den Quark und Tand des alten, schwachen Europas; hier ist jeder Schmied seines eigenen Glückes, wer arbeitet, genießt, wer nicht arbeitet, geht unter. Land und Volk sind viel besser als ihr Ruf, und Sie würden sich wundern, wie die Kaiserin und ich, schon ganz Mexikaner, unter diesem Volke gemütlich leben. Dass die europäischen Zeitungen es nicht begreifen, finde ich ganz natürlich, denn es fehlt ihnen der Maßstab, wir Kinder der Neuen Welt kümmern uns hierum blutwenig, wir rufen vorwärts und blicken das arme, engherzige, alt gewordene Europa über die Schulter an. Dass es auf unserem Kontinente besser, kräftiger und angenehmer ist als auf dem alten, das können die Europäer nicht verschmerzen, und darum die Missgunst und der Neid.*« Seinen Freund Carl von Bombelles entsandte Maximilian nach Wien um über neue Freiwillige zu verhandeln. Dabei gab Maximilian ihm den Auftrag, nur Günstiges über Mexiko zu berichten und den europäischen Zeitungen zu widersprechen. Sein Bruder dürfte in diesem Projekt nicht triumphieren, indem er als entkrönter Bittsteller nach Österreich zurückkäme. Die Heimat dürfte nicht erfahren, dass er ständig dem Versagen nahe war und dass sein Kaiserreich keineswegs konsolidiert war. Dabei kämpfte er gegen Windmühlen, Europa wusste von den Problemen. Nachdem Charlottes Bruder als Leopold II. den belgischen Königsthron bestiegen hatte, schickte er eine Delegation zur Bekanntmachung nach Mexiko. Sie wurde überfallen und ein guter Freund des Königs getötet, mehrere Belgier verletzt. Ein Aufschrei ging durch Europa, in Maximilians Reich war nicht einmal die Straße zwischen Hauptstadt und Hafen sicher.

Das Scheitern des Imperiums

»Wer den Instinkt der Völker erkennt und anerkennt, wird von denselben getragen, ja gestützt; wer den Instinkt nicht einsieht oder ihm starr die Türe schließt, der ist rettungslos verloren; man lese die Geschichte.«

»Eine Regierung, die nicht die Stimme der Regierten hören will und kann, ist faul und geht ihrem raschen Untergang entgegen.«

Ferdinand Maximilian von Habsburg

Napoleon III. musste seine Soldaten aus diesem Hexenkessel herausholen, Europa rüstete sich zum Krieg. Die Preußen standen den Österreichern gegenüber, die Folgen für den ganzen Kontinent waren nicht abzusehen. Das mexikanische Kaiserpaar versuchte Napoleon III. unter Druck zu setzen und erinnerte ihn an seine Versprechungen. Sie wussten, mit dem einheimischen Teil ihrer Armee konnten sie die Opposition nicht niederhalten. Charlotte schrieb realistisch nach Belgien: *»Keiner von euch in Belgien kann sich einen Begriff machen, wie die mexikanische Armee aussieht – fünf- oder sechstausend Banditen, ehemalige Maultiertreiber oder Bäckerjungen, die über Nacht Obristen geworden sind. Selbst Mendez, einer der Besten, war noch vor zwölf Jahren Gehilfe eines Tuchhändlers in Mexiko-Stadt und im Kittchen, weil er Taschentücher gestohlen hatte. Rekruten werden zwangsweise ausgehoben und zwischen zwei Bajonettreichen in die Kaserne geführt, so dass es nicht*

Wunder nimmt, dass die armen Teufel en masse desertieren, sobald sie in ein Zuckerrohrfeld kommen, wo sie sich verstecken können. Es besteht kein Zweifel, dass die mexikanische Armee am gleichen Tag auseinander fallen wird, an dem die Franzosen sich einschiffen.«

Am 15. Januar 1866 schrieb Napoleon III. an Maximilian einen Brief, in dem er ihm seinen Entschluss, die Truppen endgültig zurückzuziehen, mitteilte: »*Ich schreibe Euer Majestät nicht ohne peinliches Gefühl, denn ich bin gezwungen Ihnen den Entschluss bekannt zu geben, den ich angesichts all der Schwierigkeiten, die mir die mexikanische Frage bereitet, fassen musste. Die Unmöglichkeit, vom corps législatif neue Hilfsgelder für den Unterhalt des Armeecorps in Mexiko zu erlangen, und die Erklärung Eurer Majestät, außer Stande zu sein, selbst noch dazu beizutragen, zwingt mich endgültig einen Schlusstermin für die französische Besetzung zu bestimmen. In meinen Augen muss dieser Termin so nahe wie möglich gesteckt sein. Ich schicke Ihnen indessen den Baron Saillard, damit er sich nach Einholen der Ansicht des Marschalls Bazaine mit Eurer Majestät verständige, um die Zeitspanne für die allmähliche Rückberufung meiner Truppen derart zu bestimmen, dass sie nicht überstürzt geschehe, dass die öffentliche Ruhe nicht gestört werde und die Interessen, deren Schutz uns am Herzen liegt, nicht gefährdet werden ... Der Abgang unserer Truppen wird zwar eine momentane Schwächung darstellen können, aber den Vorteil haben, den Vereinigten Staaten jeden Vorwand für eine Intervention zu nehmen.«* Maximilian erkannte nun den Ernst der Situation. Bis Anfang 1867 sollten alle französischen Kontingente eingeschifft sein. Bis dann wollte Napoleon III. noch so viel Vermögen aus Mexiko herausholen wie möglich, die Zollstätten mussten dazu gehalten werden. Der entrüstete und empörte Maximilian forderte den französischen Kaiser vorschnell zum sofortigen Rückzug auf: »*Ich schlage deshalb vor, Ihre Truppen ohne Verzug vom amerikanischen Kontinent zurückzuziehen. Ich meinerseits werde, von meiner Ehre geleitet, versuchen, mich mit meinen Landsleuten loyal und in einer eines Habsburgers würdigen Weise zu einigen und widme mich mit Leib und Seele der Unabhängigkeit meines neuen Vaterlandes.«*

Maximilian kämpfte ungeschickt um sein Überleben. Glücklos überlegte man ausländische Söldnertruppen zusammenzustellen. Doch Frankreich wie Belgien entzogen ihre Hilfe. Maximilian schickte Almonte als seinen Gesandten nach Frankreich und schlug Paris ein irrwitziges Geheimabkommen vor: Die französischen Truppen sollten auf unbestimmte Zeit bleiben und verstärkt werden, der Oberbefehl an Maximilian gehen und Frankreich sollte Mexiko weitere Vorschüsse gewähren. Alle Schulden sollten später bezahlt werden. Almonte sollte sonst den sofortigen Abzug der französischen Truppen verlangen. Dem realitätsfernen Vorschlag wurde nicht nachgekommen und Frankreich bot nur den Verbleib der Fremdenlegion für weitere drei Jahre, Vorschüsse für die Ausrüstung der neuen mexikanischen Armee und den Abzug der Truppen schrittweise durchzuführen an. Dafür wollte Frankreich weiterhin die Kontrolle über die Zollstätten und die Hälfte der Erträge. Der enttäuschte Maximilian ging nicht darauf ein und bekräftigte, er würde in Mexiko ausharren, auch wenn ihm die Franzosen eine Abreise nahe legten, sein Verbleib könnte ja gefährlich werden.

Die Verschönerungs- und Verschleierungstaktik vor seinem Bruder Franz Joseph wurde selbst in dieser Situation aufrechterhalten: »*Unsere Angelegenheiten gehen langsam, aber gut vorwärts, und es gereicht mir zum besonderen Troste, dass unsere einheimischen Truppen sich sehr gut formieren und sich mit wahrem Löwenmut schlagen. Das Verhältnis mit unseren Nachbarn beginnt sich auch zu klären; durch Festigkeit und Konsequenz wird man manches mit ihnen erreichen.*« Der mexikanische Kaiser musste nun ein eigenes Heer zusammenstellen. In Briefen an Österreich prahlte er damit, da Franz Joseph gemeint hatte, er wäre Marineoffizier und könnte keine Landarmee aufbauen. Er sandte seine Arbeit über die Neuorganisation der mexikanischen Armee nach Wien mit der Feststellung, so eine Arbeit könnte niemand in Europa machen. In Wirklichkeit schritt der Aufbau des Heeres nicht voran. Bazaine machte dafür kein Geld locker.

In Österreich interessierte sich aber niemand für Mexiko. Die Preußen standen der Donaumonarchie säbelrasselnd gegenüber. Wien hatte zwar schon weitere bedeutende Kontingente an Freiwilligenkräften zugesagt. Doch die Vereinigten Staaten intervenierten energisch gegen diesen Plan und drohten mit einem Abbruch der Beziehungen und einer Kriegserklärung. Wien zog daraufhin zurück und die schon in Triest eingeschifften Soldaten wurden in ihre Kasernen zurückbeordert. Obwohl diese Truppenentsendung vielleicht die Intervention der Vereinigten Staaten in Mexiko bedeutet hätte, war Maximilian von dieser Entscheidung Wiens schwer getroffen und enttäuscht.

In dieser schweren Zeit erinnerte sich Maximilian an seine Ausgangsposition. Die Konservativen hatten ihn auf den Thron gehoben. Sie waren seine letzte Hoffnung. Der Kaiser entließ sechs liberale Kabinettsmitglieder und holte nur noch Konservative, der Jesuitenpater Fischer wurde Kabinettsekretär. Er sollte immer mehr Einfluss auf den Kaiser und somit immer mehr Macht bekommen. Gegen Oppositionelle ging Maximilian nun hart vor, er ließ sie verhaften und nach Yucatán deportieren. Um einen Umschwung in der Haltung Napoleons III. herbeizuführen, versuchte er Frankreich gefällig zu sein. Der französische Generalintendant Graf Jean François von Friant wurde Finanzminister, der französische General Osmont Kriegsminister. Beide mussten aber auf Geheiß Napoleons und Bazaines zurücktreten, obwohl sie ausgezeichnete Arbeit leisteten.

Über Telegramme erhoffte niemand mehr, die Franzosen zu weiterem Engagement zu bewegen. Darum wollte Kaiserin Charlotte in Paris direkt vorsprechen. Sie meinte, den Papst ebenso zur Kooperation in Mexiko bewegen zu können. Eine Abdankung konnte sie sich nicht vorstellen, obwohl ihre Abreise, die von Fonds für wohltätige Zwecke bezahlt wurde, so interpretiert wurde: Die Kaiserin suchte schon Sicherheit in Europa, ihr Gatte werde bald nachfolgen. Da sie wirklich fürchtete, dass ihr schwächlicher Gatte umfallen würde und während ihrer Abwesenheit abtreten könnte, warnte sie ihn vor ihrer Abreise, nicht auf den Ratschlag der Franzosen zu hören, die mittlerweile alles verloren glaubten und den Kaiser zur Heimfahrt überreden wollten: »*Sei auf der Hut vor den Fran*[zosen]. *Selbst der netteste von ihnen, Pierron, soll gesagt haben, dass ich nie zurückkommen werde. Höre nicht auf ihn. Es würde mir, wo ich auch sei, das Herz brechen, wenn ich jemals hörte, du hättest dich*

überreden lassen den Thron aufzugeben, für den wir so viele Opfer gebracht und der noch immer eine glorreiche Zukunft haben kann ... Es gibt viele Treugesinnte hier, die dich nie verraten würden und es nicht verdienen, dass sie durch die Verräterei anderer verraten werden.«
Schon vor der Abreise verfasste die ehrgeizige Kaiserin ein Memorandum gegen das Abdanken: »*Karl X. von Frankreich und mein Großvater* [Louis Philippe] *haben sich selbst zu Grunde gerichtet, weil sie abdankten. Deshalb darf man dies nicht wiederholen.*
Abdanken heißt, sich verurteilen, sich selbst ein Unfähigkeitszeugnis auszustellen, und das ist nur annehmbar bei Greisen und Blödsinnigen, das ist nicht Sache eines Fürsten von vierunddreißig Jahren voller Leben und Zukunftshoffnung. Die Souveränität ist das heiligste Besitztum, das es unter den Menschen gibt, man verlässt den Thron nicht, wie man aus einer Versammlung fliehen will, die ein Polizeikorps umschlossen hält. Im Augenblick, da man die Geschicke einer Nation übernimmt, tut man dies auf eigene Gefahr, und es steht einem nicht frei, sie zu verlassen. Ich kenne keine Lage, wo Abdankung etwas anderes wäre als ein Fehler oder eine Feigheit.
Ludwig der Große sagte in einer Schlacht zu einem Engländer, der ihn gefangen nehmen wollte: ›Mein Freund, bei Niederlagen dürfen sich Könige nicht gefangen geben.‹ Nun denn, ich sage, Kaiser dürfen dies auch nicht. Solange es hier einen solchen geben wird, wird ein Kaisertum sein, selbst wenn nur mehr sechs Fuß Erde ihm gehören. Dass er ohne Geld ist, ist kein genügender Einwand, man wird es sich mit Kredit beschaffen, diesen aber mit Erfolg, und den Erfolg – erringt man.
Und wenn man keins von beiden hätte, so könnte man sich's verschaffen, weil man atmet und nicht an sich selbst verzweifeln darf. Von einer Sache, die man unternommen und für möglich gehalten, zu sagen, dass man sie schließlich nachträglich für unmöglich befunden hat, wird einem von niemandem geglaubt werden. Hinzuzufügen, dass man sich zurückzieht, weil man annahm, dass man das Glück einer Nation begründen wollte und sich des Gegenteils bewusst wurde, bedeutet, sich selbst einen Schlag ins Gesicht geben; überdies ist es eine Lüge, wenn

man tatsächlich für diese Nation auf ewig der einzige Rettungsanker ist.
Schlussfolgerung: Das Kaisertum ist das einzige Mittel zum Heile Mexikos, alles muss getan werden um es zu retten, da man sich dazu durch Eid und Wort verpflichtet hat und keine Unmöglichkeit einen davon entbindet. Da die Sache nach wie vor durchführbar ist, muss das Kaisertum beibehalten werden, aufrecht bleiben und ist, wenn notwendig, gegen jedermann zu verteidigen, der es angreift. Man verlässt seinen Posten vor dem Feinde nicht, warum würde man eine Krone verlassen? Die Könige des Mittelalters warteten wenigstens, dass man käme um ihnen ihre Staaten zu nehmen, bevor sie sie auslieferten, und die Abdankung ist erst erfunden worden, seit die Souveräne verlernt haben, in Tagen der Gefahr zu Pferde zu steigen. Der Bürgerkrieg existiert nicht mehr, da er ja nicht einmal mehr einen Vorwand hat, denn des Juárez Amtszeit ist abgelaufen. Man überlässt seinen Platz nicht einem Gegner solcher Art, man sagt auch nicht wie in einem Spielhause, dass die Bank gesprengt ist oder das Satyrspiel zu Ende ist und man die Lichter auslöscht. Das ist alles weder eines Fürsten aus dem Hause Habsburg noch Frankreichs und seiner Armee würdig, die berufen wäre, dies Schauspiel mit anzusehen und es zuzulassen. Mit wem bliebe denn der Marschall Bazaine bis zum nächsten Jahre? Das wäre wohl Grund, auf das Wort Jules Favres vom Don Quichotte zurückzukommen, wenn wir eine solche Rolle gespielt hätten, und vom Erhabenen zum Lächerlichen wäre nur ein Schritt. Als Kulturbringer, als Retter und Regenerator auszuziehen und unter dem Vorgeben zurückzukehren, dass es nichts zu zivilisieren, nichts zu retten, nichts zu regenerieren gibt, und das alles im innigen Einvernehmen mit Frankreich, das immer als ein Land geistiger Kräfte galt – da werden Sie doch zugeben, dass dies sowohl für die einen wie für die anderen die größte Absurdität wäre, die es gibt. Ich hoffe jenseits der Meere diese Sprache führen zu können. Wenn man schon mit einzelnen Individuen spielen kann, so darf man doch nicht mit Nationen spielen, weil Gott dies rächt.«
Charlotte wusste, warum sie so verbissen Stellung bezog. Der Kaiser spielte mit der Idee abzudanken. Der Kommandant der

österreichischen Korvette »Dandolo«, die in Veracruz vor Anker lag, wurde beauftragt, er sollte Reisevorbereitungen treffen und Kohlen an Bord bringen. Der Privatbesitz des Kaisers wurde schon in den Hafenort gebracht. Der Kaiser brach seine Zelte ab. Von Bazaine erbat er, er sollte Milde walten lassen und alle Standgerichte und politischen Verfolgungen einstellen. Den kleinen Kronprinz Agustín Iturbide schickte er zu seiner Mutter, die dies schon lange gefordert hatte. Maximilian hatte die Herausgabe des Kindes verweigert. Sie wäre ein Eingeständnis gewesen in Mexiko keine Zukunft zu haben. Dagegen hatte Maximilian gekämpft. Die Mutter war nordamerikanische Staatsbürgerin und wandte sich an den Staatssekretär, der über Paris zu intervenieren versuchte. Die Affäre wurde von der Presse breit getreten, Maximilian als zur Gänze unnobler Kindesentführer dargestellt. Nun willigte er in die symbolträchtige Handlung ein.

War er wirklich entschlossen Mexiko den Rücken zu kehren? Alle unparteiischen Freunde legten dem Kaiser nahe abzudanken, solange es noch möglich wäre. Sogar der Belgier Eloin, der in Europa in mexikanischen Angelegenheiten unterwegs war, machte ihm eine Rückkehr schmackhaft. Er wusste, was sein Herr gerne las. Nach der österreichischen Niederlage am 3. Juli 1866 bei Königgrätz gegen die Preußen hätten die österreichischen Erzherzöge in ihren Palais die mexikanische Flagge gehisst, aus Angst, die Gegner marschierten nach der Einnahme Prags und Brünns ebenso in Wien ein. Die Bevölkerung wäre mit der Regierung unzufrieden und kritisierte sie offen, sie forderte Maximilian als Regent.

Dieses Schreiben Eloins wurde an Zeitungen in aller Welt weitergespielt und publiziert. Die kritischen Bemerkungen des mexikanischen Kaisers kamen ebenso an die Öffentlichkeit und gelangten nach Wien. Franz Joseph zürnte aufs Neue, gerade weil die Berichte ein Körnchen Wahrheit in sich hatten. Er hörte selbst auf einer Fahrt nach Schönbrunn aus der Menge ein *»Es lebe Maximilian!«* schallen. Der österreichische Kaiser hatte somit einen Grund mehr seinen Bruder nicht in Österreich zu fördern.

In Mexiko bekamen es die Konservativen mit der Angst zu tun.

Falls der Kaiser ginge, könnte kein Präsident seine integrierende Wirkung fortführen. Der Bürgerkrieg wäre ein zweites Mal verloren, die liberale Sache endgültig an der Macht. Die konservativen Kreise um Pater Fischer erinnerten den Kaiser an seine Anhänger, denen er noch am Unabhängigkeitstag versprochen hatte, sie nicht zu verraten und in Mexiko zu bleiben. Die Konservativen hatten leichtes Spiel, denn der Habsburger wollte Mexiko gar nicht verlassen. Auch sein Argument, dass seine Gattin in Europa krank sei und ihn brauche, wurde schnell entkräftet. Gutiérrez schrieb aus Paris: »*Welcher General verlässt in der Stunde der Schlacht seine Befehlshaberstelle über das Heer aus einem privaten Grunde, welcher Natur er auch immer wäre? Die Kaiserin hat ihre Gesundheit dargebracht, wie sie auch gerne ihr Leben geopfert hätte, alle Welt ist sich in der Bewunderung darüber einig und würde Eurer Majestät Beifall klatschen, wenn Sie den gleichen Opfermut zeigten. Dann würde es einen glorreichen Sieg geben und die Kaiserin vielleicht gesund wieder an Eurer Majestät Seite zurückkehren können. Wenn aber trotzdem alles misslingt, dann haben Sie, Sire, das Bewusstsein, alle menschlichen Mittel angewandt und Ihre Ehre ebenso wie die Euer Majestät erhabenen Stammes gewahrt zu haben.*« Die Argumente der Ehre beeinflussten die Überlegungen Maximilians.

Der Kaiser ging vorerst nach Orizaba, wo die Konservativen einen beeindruckenden Empfang organisierten. Die Stadt repräsentierte die Unentschlossenheit Maximilians – sie lag zwischen dem Hafenort Veracruz und der Hauptstadt. Ein Kongress in Orizaba sollte über die zukünftige Staatsform und den Verbleib des Kaisers bestimmen. Der Kaiser dürfte die Möglichkeit eines ehrenvollen Abgangs durch den Entschluss der Nationalversammlung ins Auge gefasst haben. »*Spricht die Nation für das Kaiserreich, so gehen wir mit legitimer freier Kraft in die Hauptstadt zurück und weihen und opfern uns für immer dem Lande; will die Nation eine andere Regierungsform, so ziehen wir uns würdevoll zurück mit dem reinen, erhebenden Bewusstsein, unsere Pflicht redlich getan zu haben.*« Eloin bestärkte ihn in dieser Sichtweise – auf seine Art: »*Befragen Euer Majestät das von der französischen Pression befreite mexikanische Volk, ob es Ihr Verbleiben wünscht. Wenn nicht, so können Euer Majestät mit Ehren nach Europa zurückkehren und dann bei den dort eintretenden Ereignissen die Rolle spielen, die Ihnen, Sire, gebührt. Denn Kaiser Franz Joseph ist entmutigt, das Volk verlangt öffentlich seine Abdankung, alle Sympathien sind Euer Majestät zugewandt und auch Venetien gedenkt seines einstigen Generalgouverneurs.«* Dieser Brief wurde genauso abgefangen und amerikanische Zeitungen druckten ihn voller Schadenfreude. Der *»österreichische Abenteurer«* in Mexiko wollte nun gar seinen Bruder vom Thron stoßen. Maximilian wurde einmal mehr klar, unter Franz Joseph hatte er in Österreich nichts zu erwarten. Er war zu weit gegangen, indem er noch von Mexiko aus Interesse am Wiener Thron zeigte und seine Gesandten ihn dementsprechend benachrichtigten. Franz Joseph sah in seinem Bruder zu Recht den Hauch eines Hochverräters, der auf seine Chance wartete. Die Feindseligkeit ging so weit, dass sogar ihre Mutter, die Erzherzogin Sophie, ihrem Sohn in der größten Stunde der Gefahr davon abriet, nach Österreich heimzukehren. Sie schrieb ihm zärtlich: *»Am Sonntag darauf* [nach Weihnachten], *als alle Kinder und Enkel bis auf Otto bei uns während und nach dem Frühstück versammelt waren, spielte dein Uhrwerk aus Olmütz und das schien mir ein Gruß von dir, dem Fernen, in den Familienkreis hineintönend. Mir kamen die Tränen in die Augen. Der Kaiser bemerkte sie, glaube ich, und erriet den Grund, denn er wandte sich rasch ab. Und doch muss ich jetzt wünschen, dass du in Mexiko so lange ausharrst, als möglich ist und mit Ehren geschehen kann.«* Die Briefe seiner Mutter beeinflussten ihn bei seiner Entscheidung sehr, wie sich sein Privatsekretär Blasio erinnerte: *»Ein anderer starker Beweggrund für sein Verbleiben in Mexiko war ein Brief seiner Mutter Erzherzogin Sophie aus Wien, den er in den Tagen der Beratungen von Orizaba erhielt. In diesem Schreiben betonte sie, die Ehre der Habsburger erlaube es Maximilian nicht, nach dem Abzug der Franzosen ebenfalls das Land zu verlassen, und er müsse in Mexiko bleiben, wie zweifelhaft der Ausgang auch sein mochte.«*

Die Beziehung der beiden Brüder und Staaten blieb belastet. Als neuer Vertreter Österreichs wurde nur ein zweitrangiger Diplomat entsandt. Dieser Baron Eduardo von Lago ließ durchsickern, dass Maximilian in Wien »persona non grata« wäre. Es setzte sich sogar ein Gerücht in Umlauf, Maximilian dürfte nicht einmal nach Österreich einreisen, solange er nicht ausdrücklich auf die österreichische Thronfolge verzichte. Vielleicht könnte er also nicht einmal sein Schloss Miramar wieder sehen. Er schien in Mexiko zu bleiben, doch die Probleme packte er auf seine Weise an – der Privatsekretär verwundert: »*Während der langen, heißen Debatten der von Fischer beeinflussten Räte, Debatten, die in erster Linie das Schicksal jenes hochsinnigen Menschen behandelten und entschieden, war Maximilian mit dem Naturforscher Bilimek und Dr. Basch unterwegs und sammelte Schmetterlinge und andere Insekten.*« Maximilian erkundete mit der Botanisierbüchse die Umgebung Orizabas und legte die Entscheidung seiner Zukunft in die Hand der Nationalversammlung, aus der freilich nur eine Konferenz der konservativen Minister und Staatsräte wurde. Trotzdem fiel die Entscheidung für den Verbleib des Kaisers mit zwölf von 23 Stimmen äußerst knapp aus. Danach stellte er Bedingungen, die niemand erfüllen konnte: Geld musste ihm zur Verfügung gestellt werden. Die Armee musste unter seiner Befehlsgewalt stehen. Kein Blut sollte mehr vergossen werden. Wer sollte diese Forderungen erfüllen? Kein einziger Konservativer konnte dies ernsthaft garantieren. Die Konservativen versprachen zumindest die finanzielle Unterstützung, von der sie gerade ein Zehntel, 200 000 Pesos, aufbrachten. Maximilian sollte so am 6. Januar 1867 in die Hauptstadt zurückkehren.

Seine Gattin war inzwischen am Pariser Hof angekommen, wo das Thema Mexiko aber auf sehr wenig Gegenliebe stieß. Napoleon kämpfte mit innen- und außenpolitischen Schwierigkeiten. Die Opposition unter Thiers erstarkte im Land und Bismarck drohte entschlossen mit Krieg, wenn Frankreich nicht auf seine territorialen Forderungen – Saarbrücken, Saarlouis und die bayerische Pfalz – verzichtete.

Doch Charlotte ließ sich nicht abbringen, obwohl ihr Weg beschwerlich genug war. Auf dem französischen Schiff zur Überfahrt verlangte sie die mexikanische Flagge am Mast. Die

Mannschaft beeilte sich den Willen der Frau zu erfüllen. Die lange Reise setzte ihr gesundheitlich zu, in Frankreich angekommen wurde sie weder am Hafen noch in Paris würdig empfangen. Trotzdem überschätzte sie ihren Einfluss und ihre Geltung maßlos und stellte überzogene Forderungen, Frankreich sollte internationale Truppen bezahlen und mit dem Abzug seiner Truppen warten, bis eine Nationalarmee aufgestellt sei. Die mexikanische Kaiserin beteuerte die Notwendigkeit der Hilfe Frankreichs und erinnerte dessen Kaiser an seine gemachten Versprechen, die er nun brechen wollte. Napoleon III. lag müde und krank im Bett. Er war erschüttert, doch an dem Entschluss des französischen Ministerrates aus Mexiko abzuziehen war nicht mehr zu rütteln. Die Drohungen der Vereinigten Staaten, die öffentliche Meinung, der Druck der Opposition in Frankreich sowie die Notwendigkeit aller Truppen an der deutschen Grenze ließen wenig Handlungsspielraum. Charlotte erreichte nicht mehr als die Bezahlung des fälligen Soldes der mexikanischen Gesandtschaften in Europa und ein Entgegenkommen in der Anleihenfrage.

Folgenreich war der angebotene Orangensaft während einer Besprechung mit dem Kaiser der Franzosen. Charlotte trank nur von Eugénies Glas. In ihrer nervlichen Zerrüttung nach den Niederlagen bei den Verhandlungen bildete sie sich ein, Napoleon III. wollte sie vergiften. In ihrer Vorstellung wurde die Person, die den mexikanischen Thron offeriert hatte und nun jegliche Hilfe entzog, zum leibhaftigen Teufel. Aus ihrer Kindheit bekannte Stiche Albrecht Dürers zur Offenbarung Johannis drängten sich in ihr Gedächtnis und sie schrieb verwirrt an Maximilian: *»Ich reise morgen früh von hier ab nach Miramar über Mailand, dies beweist dir, dass ich nichts erreicht habe ... Die Genugtuung habe ich, alle Argumente umgestoßen zu haben, alle falsche Pretexte zunichte gemacht und dir dadurch ein moralisches Triumph gegeben, aber Er will nicht kurzwegs, und da hilft keine Gewalt, weil er die Hölle bei sich hat und ich nicht. Die Opposition ist es nicht, Er selbst wählt die legislativen Körper, Angst vor den Vereinigten Staaten noch weniger, Er will eine lang vorbereitete schlechte Handlung begehen; nicht aus Feigheit, Entmutigung oder was immer für einen Grund, aber weil er auf der Welt das böse Prinzip ist und das Gute ab-*

schaffen will, nur dass die Menschheit nicht merkt, dass seine Werke schlecht sind und ihn adoriere. Ich erlaubte ihm nicht, ausführlich zu sagen, dass er nichts tue bis gestern, um alles Erdenkliche während der Zeit ins Werk zu setzen und Euch zu beweisen, dass er allein das Hindernis ist, denn wäre der letzte seiner eigenen Minister Kaiser gewesen, so hätte er nachgegeben. So kannst du wenigstens darüber im Reinen sein, für mich ist er der Teufel selbst und bei unserer letzten Unterredung gestern hatte er einen Ausdruck um die Haare in die Höhe stehen zu machen, er war hidos und dies war der Ausdruck seiner Seele, die anderen sind Oberfläche. Also von Anfang bis zu Ende hat er dich nie geliebt, weil er nicht liebt noch lieben kann, er hat dich fasziniert wie die Schlange, seine Tränen waren falsch wie seine Worte, alle seine Handlungen Betrug. Ich finde, du musst womöglich bald aus seinen Klauen gehen. Seit seinem letzten Nein, wo er glaubt, dass du ruiniert bist, ist er entzückt, ganz aimabler Mephistopheles hat er mir sogar beim Abschied heute die Hand geküsst, aber es ist Komödie, denn ich habe ihn ein paar Mal durchschaut, dass mir noch schaudert, denn so etwas hat die Welt nicht erlebt, noch wird sie es – aber son règne touche à sa fin – und dann wird man wieder atmen.
Du wirst mich vielleicht für übertrieben halten, aber es mahnt mich ganz an die Apokalypse und dieses Babylonien passt ganz dazu: Es konnte manchen nicht Glaubenden Gott glauben machen, den Teufel so nahe zu sehen. Bazaine und Fould sind die Nebensatelliten, die wieder andere haben.« Alle Argumente gegen die Pläne des Kaiserpaares waren nichtig. Ihr Versagen lag am Teufel, der sich in Napoleon III. offenbarte. Charlotte sah darin einen Grund mehr, in einem anderen Kontinent auszuharren. Man dürfte sich nicht in die Klauen des Teufels begeben, Maximilian warnte sie: »*Im selben Weltteil wie Er kannst du nicht sein, er würde dich verbrennen zu Aschen ... Auch die Finanzagenten musst du abschaffen oder dominieren und die militärischen Sachen von den Franzosen trennen, sonst bist du verloren.«*
Diese Ratschläge waren nicht notwendig. Die Franzosen trennten sich auf alle Fälle von der mexikanischen Monarchie. Sie konzentrierten sich weiter zum Abzug in der Nähe der Haupt-

stadt und räumten sogar die wichtigen Zollhäfen, eine Kooperation mit Maximilian und seiner mexikanischen Armee interessierte sie dabei nicht mehr. Die kaiserlichen Truppen und Anhänger fielen den Republikanern nach dem Abmarsch der Franzosen zum Opfer. Der Kaiser musste Bazaine bitten ihn wenigstens über die Räumung von Gebieten zu informieren, damit sich die Kaiserlichen in Sicherheit bringen oder eine Verteidigung aufbauen könnten. Die Nachricht des französischen Abzuges trieb den Republikanern immer mehr Soldaten zu, auf kaiserlicher Seite desertierten die Massen. Sogar Belgier meuterten und die treuen Österreicher zeigten ihre Unzufriedenheit. Das Geld für den Sold fehlte, nicht einmal eine ordentliche Verköstigung konnte das Kaiserreich seinen Soldaten noch bieten. So verwunderte es wenig, dass von den Österreichern 3600 Mann das Angebot der Franzosen nutzten, mit ihnen kostenlos heimzufahren. Nur 800 traten in die mexikanische Armee ein. Mit ihnen stellte Graf Khevenhüller auf eigene Kosten ein Husarenregiment zusammen, obwohl er selbst nicht an die Zukunft glaubte: »*Es ist eine Misere: Und gehen die Franzosen aus dem Lande, so bricht die Revolution in allen Ecken aus und wir wenigen Österreicher werden sie nicht dämpfen. Denn Sympathien hat der Kaiser gar [unterstrichen] keine. Die Minister, die den Kaiser umgeben, sind lauter Verräter oder unfähig. Die Franzosen bleiben nur so lange im Lande, bis sie es ausgesaugt haben, was nächstens geschehen wird, worauf sie lachend abfahren werden.*« Ihn ärgerte die verlogene Berichterstattung Maximilians und er schrieb einen Brief in die Heimat, in dem er die wahren Zustände schilderte: »*Denn jeder glaubt sonst, es ist alles außerordentlich und dass der Kaiser in einem Meer von Wonne schwimmt. Dem ist aber nicht so, und ich bedaure den armen Herrn, sich so eine Aufgabe gegeben zu haben, wo er doch jetzt das schlechte Ende einsehen muss. Wenn du die Stimmung im Korps kennen würdest, so würdest du dich entsetzen. Diese Gespräche, die da geführt werden, über Franzosen, Regierung, Kaiser etc. Alles wird in den Kot gezogen und jeder hat das Wort im Munde: ›Es dauert ja so keine sechs Monate‹ bei jeder Gelegenheit. Glaube mir liebe Mama, ich übertreibe nicht, und alles, was ich schreibe, ist leider die pure nackte Wahrheit.*«

Mittlerweile gab es zwischen Amerika und Europa eine Telegrafenleitung, die Informationen kamen immer schneller. Europa hatte längst erfahren, dass Maximilian in Mexiko versagt hatte. Der Habsburger litt unter Depressionen, die nervliche Belastung wurde ihm zu viel und es war ihm kaum mehr möglich, Entschlüsse zu fassen. Ihm war aber bewusst, dass ihn in Österreich von höchster Stelle nur Feindseligkeit erwartete. Seine Ehre musste er in Mexiko verteidigen. Angehörige der Freiwilligenkorps redeten ihm zu, sich an die Spitze der Armee zu setzen, um mit Siegen einen Mythos zu schaffen, der die Anhänger der Monarchie wieder vermehren sollte. Der Befehlshabende der belgischen Legion Oberstleutnant Baron Alfred van der Smissen empfahl: »*Setzen Sie sich an die Spitze einer auserlesenen Division, Majestät, und ziehen Sie selbst gegen sie* [die Republikaner] *zu Felde. Ein so erfochtener großer Sieg wird die Nation elektrisieren und Tausende und Abertausende um ihren Thron scharen. Ich bitte Eure Majestät, mich mit der belgisch-österreichischen Brigade den Hauptangriff führen zu lassen, und verpfände mein Edelmannswort, dass der Tag einen glänzenden Sieg bedeuten und der Feind seine gesamte Artillerie und wenigstens dreitausend Gefangene verlieren wird. Aus ihnen werden wir dann gleich neue Truppen bilden, dann wird sich im ganzen Kaiserreich ein einziger, nicht enden wollender Schrei der Begeisterung erheben und Eure Majestät werden dann ganz anders in die Zukunft blicken können.*« Bald darauf unterlagen die Belgier aber in einem Gefecht. Die Mexikaner an ihrer Seite liefen zum Feind über, nicht umgekehrt, wie der Plan van der Smissens vorsah. Die republikanischen Verbände tauchten ständig vor der Hauptstadt im Tal von Mexiko auf. Ihr General Mariano Escobedo verkündigte, dass das Kaiserreich bald fiele. Auch Napoleon III. kam zu demselben Schluss: »*Es ist mir sehr peinlich, aber die Zeit der halben Maßregeln ist vorüber, nunmehr kann ich Mexiko unmöglich auch nur noch einen Taler oder einen Mann geben. Wenn Euer Majestät meinen, sich mit eigenen Kräften halten zu können, werden die Truppen vereinbarungsgemäß bis 1. Januar 1867 bleiben, bei Abdankung rate ich zu einem Manifest mit der Erklärung der unüberwindlichen Hindernisse, die zur Entsagung zwingen, dann soll noch in Anwe-*

senheit der französischen Truppen eine Nationalversammlung irgendeine Regierung wählen, die einigermaßen Gewähr für Bestand bietet. Wir dürfen uns nicht in Illusionen wiegen.«

Die Misserfolge in Paris und ihre nervlichen Probleme hielten Charlotte nicht von weiterer Tätigkeit ab. Dabei sah sie sich von der ganzen Welt angefeindet, selbst ihre Brüder sah sie innerhalb der Achse des Bösen. Sie vergaß, dass sie selbst ihre Verwandten beleidigte, als sie gleich nach ihrer Ankunft in Europa nach Brüssel und Wien telegrafiert hatte, sie würde diese Länder auf Grund der Haltung ihrer Regierungen nicht besuchen. In Miramar konnten sich ihre Nerven in den wunderschönen Gärten nur kurz beruhigen. Sie dachte selbst an diesem wunderbaren Ort keinen Augenblick daran, in Europa zu bleiben: *»Denke dir, Max, die Efeulaube beim Gartenhause ist ›ein Wunder der Welt‹ geworden und die Fächerpalmen, Trauerweiden und der Pinienwald ebenso wie die Zedern sind jetzt ›wundergroß‹. Alle Welt staunt vor diesen zwei Werken des abwesenden Fürsten, die Schlacht bei Lissa* [Der Sieg auf See durch Admiral Tegetthoff über die italienische Flotte wurde auf Maximilians Reformarbeit für die österreichische Flotte zurückgeführt.] *und Schloss Miramar. Diese Ideen vermählen sich in den Gesprächen eines jeden sowie in den Augen selbst, denn heute wird die siegreiche Escadre in Schlachtordnung, Tegetthoff à la tête auf dem Panzer ›Erzherzog Ferdinand Max‹, vor Miramar defilieren.*
Morituri te salutant. Es ist der letzte Gruß der Marine, dann verlässt sie Triest und vielleicht die Geschichte. Sie hat den ersten Strahl auf deine werdende Macht geworfen, auf deine schwer erkaufte Selbstständigkeit, sie hat die Küste gerettet, die du so lieb hattest, jetzt wird auch sie Österreich und deinen Bruder ihrem Schicksal überlassen. Ihre Mission ist vollendet. Die Deinige auch. Die Ehre des Hauses Österreich ist mit dem Namen eines ihrer letzten Siege über das Atlantische hinaus. Sie geht hier unter mit der Sonne um dort aufzuerstehen. Plus ultra lautet der Ruf deiner Ahnen. Karl V. zeigte den Weg, du bist ihm gefolgt. Bereue es nicht. Gott stand hinter ihm.«
Die Zukunft des Hauses Habsburg musste in Mexiko liegen. In

Österreich erwartete Maximilian nur Schimpf und Schande. Das wusste das Kaiserpaar selbst. Maximilian beauftragte sogar seinen Gesandten in Wien alle mit Österreich geschlossenen Verträge inklusive dem Familienpakt aufzukündigen. Doch immer wieder dachten Freunde an Maximilian, so wie im Falle Venetiens, das vorübergehend unabhängig wurde. Eine Möglichkeit für den mexikanischen Kaiser, einen anderen Thron zu besteigen, wurde überlegt. Charlotte in ihrem Wahn: »*Innig geliebter Schatz! Die Sachen gehen sehr gut, wie es scheint. Die vortrefflichen Nachrichten von Mexiko, wo du dich, und es wird allgemein anerkannt, so viel ausgezeichnet hast, nützen der Sache unendlich ... Mit diesem französischen Dampfer geht, wie es heißt, General Castelnau samt einem Brief von ihm* [Napoleon] *an dich. Wie ich vermute, ist dieses Schreiben der jetzigen Lage Venetiens nicht fremd ... Die aber beide Ozeane beherrschende Lage* [Mexikos] *könnte man schwerlich für eine versumpfte Stadt* [Venedig] *und eine steuerausgesaugte Bevölkerung austauschen, die sich kaum zu zwei Millionen aufschwingt, ein Bild des Elends im reichen Italien und im gesunkenen Europa.*
Was wird es denn sein, wenn unter amerikanischen Mächten auch neue entspringen, dann können wir ja zu unserem Willen Staaten ändern und Könige ernennen! Wir stehen jetzt mit unserem Kontinent in solcher Fülle der Jugend und Zukunft da, dass wir von hier nur mehr die Zivilisation brauchen und die Menschen, und wir stehen auf einer der Welt unbekannten Höhe. Alles in Europa sieht wie ein Spielzeug dagegen aus. Man versteht erst die Kleinheit und Schwäche davon, wenn man drüben war ...«
Als letzte Hoffnung für ihre hochtrabenden Pläne blieb Charlotte der Papst, der in Frankreich im Interesse Maximilians intervenieren sollte. In Rom wurde sie warm begrüßt und gefeiert. Doch ihre Angst, Napoleons Häscher warteten selbst in Rom mit ihrem Gift auf die Kaiserin aus Übersee, verlor sie nicht. Beim Papst und seinen Ministern erreichte sie ebenso wenig. Sie fühlten sich nicht in der Lage, sich in militärische Angelegenheiten Frankreichs einzumischen. Das katholische Land war die einzige Stütze des Kirchenstaates gegen die aggressive Einigung Italiens. Charlottes Konkordatprojekt wollte der Papst erst mit

der mexikanischen Geistlichkeit besprechen und lehnte es später ab. Die Kaiserin Mexikos musste es einsehen, ihre Mission in Europa war ein Misserfolg. Sie flüchtete in den Wahnsinn und flehte nur noch um Hilfe, da sie sich einbildete, die Leute Napoleons lauerten an allen Ecken und wollten sie vergiften. Sie weigerte sich den Vatikan zu verlassen und nächtigte dort. Mit List musste sie ins Hotel gelockt werden. Sie trank nur noch aus Brunnen und aß nur Speisen, die vor ihr zubereitet wurden. Die einzige Hofdame, der sie noch Vertrauen schenkte, musste so Hühner im Hotelzimmer töten und kochen. Die arme Bedienstete und eine Katze mussten die Speise vor Charlotte verkosten. Ihr Äußeres interessierte sie nicht mehr, Kämme wurden in ihrer Nähe nicht mehr geduldet. Der Wahnsinn sah aus den Augen der ehemals schönen jungen Kaiserin von Mexiko. Ihr Bruder, der Graf von Flandern, holte sie in Rom ab, um sie nach Miramar und schließlich nach Belgien zu bringen. Niemand der Habsburger suchte sie jemals auf, sie wurde gemieden. Gerüchte, sie wäre schwanger und das Schuldbewusstsein triebe sie in den Wahnsinn, mehrten sich. Maximilian beglückte sie ja nicht in allen Bereichen. In Mexiko hatte sie sehr vertrauten Umgang mit ihrem Landsmann Alfred van der Smissen, mit dem sie Spaziergänge, Ausritte wie Bootsfahrten unternahm. Daraufhin wurde die belgische Legion in den Norden nach San Luis Potosí verlegt – eine Maßnahme, die nicht wie üblich von Bazaine ausging, sondern von Maximilian persönlich. Nun plagte sie nicht nur auf See und in der Kutsche Übelkeit. Die Legende erzählt, dass ihr in aller Stille des Schlosses Miramars geborener Sohn im belgischen Heer Karriere machte.

Im Februar rückten die französischen Truppen mitsamt der Fremdenlegion endgültig ab, gekämpft hatten sie schon lange nicht mehr. Der Bruch mit dem Kaiserreich war so weit fortgeschritten, dass sie ihre Waffen und Munition vernichteten anstatt sie zu übergeben. Die österreichischen und belgischen Heimkehrwilligen nahmen sie mit. Die Mexikaner kümmerten sich reichlich wenig um diese Vorgänge, die den Untergang des Imperiums bedeuteten. Dr. Ernst Schmit von Tavera, Sekretär der österreichischen Gesandtschaft, berichtete erschüttert: *»Der*

Zutritt zum Lager [der abmarschierenden Franzosen] *war jedermann freigegeben; Mexikaner und Mexikanerinnen hatten von dieser Erlaubnis in ausgedehntem Maße Gebrauch gemacht und sie fuhren und ritten zwischen den verschiedenen Regionen des ausgedehnten Lagers in der heitersten Laune umher, als handle es sich um nichts anderes als um die Betrachtung irgendeines interessanten militärischen Schauspieles, welches im Übrigen sie nicht weiter berührte. Die schmucken Damen in den eleganten Equipagen begrüßten mit freundlichem Lächeln den auf flinkem Pferde vorbeisprengenden Novio, geradeso wie sie es in der guten Zeit der letzten Jahre auf dem Paseo der Hauptstadt zu tun gewohnt gewesen waren. Die Gegenwart nach Möglichkeit genießen und sich um die Zukunft weiter nicht bekümmern, das scheint das Lebensprinzip der Kreolen zu sein. Meinem europäischen Blute widerstrebte aber die Befolgung eines solchen Grundsatzes und ich verließ das Lager in der traurigsten Stimmung und erbittert über die in so abstoßender Weise zur Schau getragene sorglose Gleichgültigkeit der Eingeborenen.«* Die wohlhabenden Mexikaner waren apathisch trotz der dunklen Wolken, die sich über dem Kaiserreich zusammenzogen. Maximilian musste in aller Eile eine starke Nationalarmee aus dem Boden stampfen. Ohne Geld war dies eine unlösbare Aufgabe. Die nach dem konservativen Schwenk Maximilians heimgekehrten Generäle Miramón und Márquez sowie der beliebte indigene General Mejía mussten auf die gefürchtete »leva« – auf Zwangsaushebungen – zurückgreifen und neue Steuern einheben. Schmit von Tavera entsetzten die neuen Soldaten: *»Aber guter Gott, was für Soldaten kamen da zum Vorschein! Zumeist waren Letztere aus Vagabunden und Bettlern formiert worden, welche man durch Anwendung des berüchtigten Presssystems gewaltsam auf den Straßen der Stadt zusammengerafft, notdürftig mit Waffen versehen und dann ohne weitere Umstände zur Bewachung der Stadt verwendet hatte.«* Der Diplomat wunderte sich, dass die Zwangsaushebungen überhaupt zu halbwegs brauchbaren Heeren führte: *»Wenn auch Desertionen ganzer Abteilungen an der Tagesordnung waren, musste es doch immer wundernehmen, dass es möglich war, Truppenkörper vor den Feind zu führen, welche fast ausschließlich durch die Anwen-*

dung brutaler Gewalt zusammengebracht worden waren.« Die unfreiwilligen Soldaten desertierten bei der ersten Gelegenheit. Selbst Offiziere blieben gerne ohne Uniformen, damit sie im Falle einer Gefangennahme nicht als solche erkannt wurden. Ganze Armeen konnten so nach einer Niederlage verschwinden. Maximilian war sich der Aussichtslosigkeit seiner Unternehmung bewusst, er verlor seine Illusionen. Er sah keine Wege mehr vor sich und setzte alles auf ein Blatt. Scheinbar wollte er nur noch das Kaiserreich ohne französische Armee so weit halten, damit Juárez einen ernsthaften Verhandlungspartner sah und er sich ehrenhaft zurückziehen konnte. Wohin wusste er selbst wohl noch nicht. Er erließ eine Generalamnestie für seine politischen Gegner um Juárez wohlwollend zu stimmen.
Der Präsident traute sich mittlerweile samt seiner Regierung an die Hauptstadt heran. Er wusste, dass seine Stunde unaufhaltsam nahte, und kam nach Zacatecas. Der kaiserliche General Miramón überfiel daraufhin die Stadt, der Präsident konnte aber fliehen. Maximilian hatte vorher scharf darauf bestanden, dass bei einer Gefangennahme Juárez' der Schiedsspruch nicht ohne seine Genehmigung angewandt werden durfte. Doch dieser Fall trat nicht ein, Miramón wurde seinerseits vom republikanischen General Escobedo vernichtend geschlagen. Die Kriegskasse, Tausende Gefangene und Geschütze fielen in dessen Hände. Miramón blieb mit seinen Armeeresten in Querétaro, eine von Konservativen, Klerikalen und Ausländern dominierte Stadt. Das Kaiserreich bestand nur noch in vier Städten – in Mexiko-Stadt, Puebla, Veracruz und eben Querétaro. Der Plan, der Kaiser sollte an der Spitze seiner Armee voranreiten, wurde nun verwirklicht. Maximilian wollte den letzten Versuch wagen, echter Kaiser der Mexikaner zu werden. Er umgab sich nur noch mit Mexikanern.
Der Gegner sollte in der wohlhabenden und konservativen Stadt Querétaro erwartet werden, die damals 30 000 Einwohner zählte. Mit 1500 Mann zog Maximilian am 19. Februar 1867 in diese Stadt ein, am Zug dorthin konnten manche feindliche Truppen geschlagen werden. Die Österreicher ließ er zur Verteidigung Mexiko-Stadts zurück. Er wollte Juárez mit jedem Schritt mild stimmen und nicht mit ausländischen Interventions-

truppen reiten. 26 000 Mann republikanische Kontingente marschierten auf die Stadt zu. 9000 kaiserliche Soldaten versetzten ganz Querétaro in Verteidigungszustand. Die Umgebung war dafür nicht geschaffen. Die weiten Hügel um die Stadt kamen eher dem Angreifer entgegen, Geschützstellungen konnten leicht in die Stadt zielen. Zuerst wurde das Hauptquartier der Kaiserlichen am Glockenhügel westlich der Stadt errichtet, später zog man in das festungsartige Kloster de la Cruz um. Dort belegte der Kaiser eine bescheidene Mönchszelle im ersten Stock.
Der Bevölkerung wurde eine Zwangsanleihe aufoktroyiert, der Kaiser hatte kein Geld für seine Truppen. Die arbeitsfähigen Männer der Stadt mussten beim Aufbau der Verteidigung helfen. Von diesem Dienst konnte man sich allerdings loskaufen. Alle Maultiere wurden für die Arbeiten beschlagnahmt. Am 14. und später am 23. März 1867 wurden Sturmangriffe der Republikaner unter Verlusten abgewehrt, doch den Unterlegenen wurde nicht nachgesetzt. Die Republikaner waren zahlenmäßig überlegen und besaßen neueste nordamerikanische Waffen wie ein Repetiergewehr, das alle drei Sekunden einen Schuss abgeben konnte. Die Waffen wurden zum Teil von kriegserfahrenen nordamerikanischen Scharfschützen bedient. Doch die Kaiserlichen zeigten sich disziplinierter und besser ausgebildet, auch wenn es in der Führung selbst extreme Feindseligkeiten gab. Die bedeutendsten Generäle kooperierten nur bei den Kriegsräten und behinderten sich sonst gegenseitig. Sie bezogen nicht einmal gemeinsam das Hauptquartier. Dieser Zustand dürfte Maximilian aber eigentlich recht gewesen sein, denn der *»Generalissimo«* wollte sich keinesfalls nur mit realistischen militärischen Fragen beschäftigen, sondern weiter seinen Träumen nachhängen. Die Uneinigkeit des Generalstabs rächte sich. Miramón wollte die Republikaner angreifen, solange sie nicht alle Kräfte zur Belagerung zusammengezogen hatten und zahlenmäßig noch nicht hoffnungslos überlegen waren. Ein überzeugender Triumph hätte die Kampfmoral und die Zahl der kaiserlichen Soldaten gehoben und weitere Siege ermöglicht. Márquez, der zum Generalstabschef ernannt wurde, stellte sich dagegen und man ließ es zu, dass die republikanische Armee sich in aller Ruhe zur Belagerung sammelte, Ende März zählte sie schon

40 000 Mann. Márquez wollte sie nämlich in ihrer Gänze vernichten und dazu die Hilfe der europäischen Truppen in Mexiko-Stadt anfordern. Dieser Vorschlag gefiel dem Kaiser, er hoffte noch auf eine friedliche Lösung auf dem Verhandlungsweg. Gesandte mit Verhandlungsangeboten wurden zu Juárez geschickt. Sein altes Angebot eines Nationalkongresses interessierte zwar nicht mehr, die Geheimdiplomatie lief aber weiter auf Hochtouren. Zwischen den Gegnern gab es ständig Kontakte. Parlamentäre und geheime Mittelsleute überwanden die Linien. Herz, ein deutscher Korporal der roten Husaren, gelangte beispielsweise am 13. April zu den republikanischen Belagerern, am 9. Mai sah man ihn wieder in Querétaro. Über seine Mission wissen wir wenig.

Maximilian wich inzwischen den Gefechten nicht aus, er kämpfte an vorderster Front mit. Er nutzte jede Gelegenheit, sich der Gefahr auszusetzen. Beobachter merkten, dass er den Tod suchte. Dies schien verständlich, denn das Tor in die Heimat hatte er für immer verschlossen, Mexiko bot keine Zukunft und Selbstmord wäre für einen Katholiken und noch dazu für einen Habsburger ein schlimmer Frevel. Die New Yorker Stadtzeitung schilderte anerkennend:

»*Wie Maximilians Stimmung in der letzten Zeit geschildert worden, wäre ihm der Tod vielleicht lieber gewesen als das Leben. Als noch vor dem Abzuge der Franzosen einige hoch stehende österreichische Offiziere aus seiner nächsten Umgebung ihn beschworen, auch zurückzukehren und nicht nutzloserweise sich den größten Gefahren auszusetzen, wies er alle ihre Bitten mit der entschiedenen Erklärung zurück, er wolle die Ehre seines Hauses aufrechterhalten und nicht ohne das Bewusstsein, seine Krone bis zum letzten Augenblick mit dem Schwert in der Hand verteidigt zu haben, in die Heimat zurückkehren, wo ihn doch nur Schmerz und herbe Enttäuschung erwarten. Bei einer andern Gelegenheit soll er geäußert haben, man habe ihn in die Lage versetzt, für sein ganzes Leben einen Schimpf mit sich herumzutragen oder zu sterben, und er ziehe den Tod vor. Er hat auch in der Tat sein Leben jeder Gefahr ausgesetzt, während der Belagerung von Querétaro hat er sich stets wie ein braver Soldat benommen; an den exponiertesten Punkten war er täg-*

lich zu sehen, obwohl er wissen musste, dass ihn seine hohe Gestalt und sein starker Bart den feindlichen Truppen leicht erkennbar machten, und wie er fast in allen Kämpfen, die stattgefunden, stets in den vordersten Reihen gekämpft, wobei ihm 200 polnische Ulanen, die sämtlich geschworen hatten, ihn bis auf den letzten Mann mit ihrem Leibe zu decken, treu zur Seite blieben, so sind auch wiederholt in der unmittelbarsten Nähe von ihm seine Mitkämpfer gefallen, ohne dass ihn selbst eine Kugel getroffen. Die Tapferkeit seines Benehmens hat auch die allgemeine Bewunderung seines Herzens erregt, und als einen für ihn wirklich schmeichelhaften Ausdruck derselben muss man das Militärkreuz ansehen, das seine Generäle nach einem Treffen, in dem er sich besonders hervorgetan, an seine Brust geheftet hatten.«

Diese bescheidene Bronzemedaille des einfachen Soldaten glänzte stets an der Brust des Kaisers. Wie gerne wäre er selbst in diesem Augenblick ein Soldat gewesen ohne die Verantwortung der Kriegsführung, die ihm einfach zu viel wurde. Unter den einfachen Menschen fühlte er sich immer wohl. Seit seinem Aufbruch aus der Hauptstadt war er froh gelaunt und optimistisch gestimmt. Die Etikette der Hofes war vergessen. Der Kaiser nahm am Leben seiner Soldaten Anteil. Fürst Felix zu Salm-Salm, der wegen Schulden aus der deutschen Armee entlassen wurde und im nordamerikanischen Bürgerkrieg als Brigadegeneral gedient hatte, wurde im Schützengraben von seinem Adjutanten wachgerüttelt *»und während ich mir noch schlaftrunken die Augen rieb, sah ich den Kaiser lächelnd vor mir stehen. In dieser Weise, ohne Adjutanten oder Ordonnanz, mit nichts bewaffnet als mit seinem kleinen Fernglas, pflegte er nachts oder zu anderen Tageszeiten die Tranchen zu besuchen. Da er die mexikanischen Offiziere kannte und wusste, dass sie die Soldaten nicht allein misshandelten, sondern auch ihren Sold und ihre Rationen verkürzten, so pflegte der Kaiser die Leute zu fragen, ›ob sie ihre Löhnung und ihre Ration richtig erhielten?‹ – Es war dies eine sehr gute Kontrolle für die Offiziere, und solche Sorgfalt war den Soldaten so neu und schmeichelhaft, dass sie dadurch den Kaiser ganz außerordentlich lieb gewannen, besonders da er mit ihnen alle Gefahren und Entbehrungen teilte.«*

Der Proviant fehlte nämlich bald, die Haziendas in der Nähe waren längst in republikanische Hand gefallen. Ausfälle zur Besorgung von Lebensmitteln wurden immer schwieriger. Pferde und Maultiere wurden geschlachtet oder sie verendeten auf Grund von Futtermangel. Schlechtes und verdorbenes Fleisch wurde den Leuten verkauft. Die Ruhr ließ nicht auf sich warten. Die Stadt litt unter ständigem Artilleriebeschuss. Bei Angriffen konnte der Feind nur unter starken Verlusten zurückgeschlagen werden. Patronenhülsen wurden notdürftig aus Papier gefertigt, Kanonenkugeln aus den Kirchenglocken der Stadt und dem Bleidach des städtischen Theaters. Die Munition des Feindes wurde ebenso eingesammelt und wieder verwendet.

Doch nicht alle Entbehrungen teilte der Kaiser. »*Um zehn Uhr morgens erschien der Kammerdiener Severo mit gebratenem Truthahn, Aufschnitt, Eiern, Käse, Brot und einer Flasche Wein. ›Unser Mahl ist weder üppig noch ausgesucht luxuriös‹, kommentierte Maximilian, ›doch à la guerre comme à la guerre, außerdem regt die frische Landluft den Appetit an und entschädigt uns für die Menge und Qualität der Speisen.‹*« Für den Kaiser backten die Nonnen des Teresitas-Klosters bis zuletzt Brot aus ihren kleinen Vorräten. Doch der Kaiser sah in seinen Privilegien schlimme Entbehrungen. Er lebte in seiner Fantasie, sogar sein ihm ergebener Sekretär berichtete kritisch: »*An den Nachmittagen absolvierte dort Maximilian seinen einstündigen Spaziergang, den er nützte, um mir – in seiner derart kritischen Lage! – ein neues Hofzeremoniell zu diktieren, was mir, um ehrlich zu sein, völlig lächerlich erschien.*« Diese Spaziergänge bemerkten die Gegner und beschossen den Weg des Kaisers intensiv: »*Maximilian setzte ungerührt seine Spaziergänge fort und diktierte das Hofzeremoniell, obgleich ihn die Offiziere anflehten sich nicht unnötig Gefahren auszusetzen. Die Bitten der Offiziere blieben ungehört und der Kaiser setzte wie immer seine Laune durch.*« Am Abend kegelte er gerne oder spielte Domino. Die Schmetterlinge wurden auch nicht vergessen und Maximilian schrieb Professor Bilimek: »*Ich habe, während die Kugeln um uns pfiffen, in dem interessanten Wald von Calpulalpan die schönsten Schmetterlinge ruhig dahinflattern sehen und hier in Querétaro haben wir eine Gattung Wanzen entdeckt, cimex do-*

mesticus Queretari, welche die zweifache Anzahl Stich- und Saugwerkzeuge zu haben scheint und das Erstaunen aller Ankommenden erregt.«
Bei wichtigen Entscheidungen des Kriegsrates zog es der Kaiser auch vor, nicht anwesend zu sein und seine Generäle die Sache erledigen zu lassen. Der Kriegsrat beschloss, General Márquez sollte mit 1200 Reitern ausbrechen, um in Mexiko-Stadt Verstärkung der Truppen und Geldmittel zu holen. In der Hauptstadt sollte er nach den Rechten sehen, dazu wurde er zum Stellvertreter mit unumschränkten Vollmachten ernannt. Er sollte die untätigen Minister entlassen und ein neues Kabinett bilden. Bei Márquez' Rückkehr nach Querétaro dachte der Kaiser nicht nur an militärische Belange: *»Da wir hier gänzlich Mangel an guten Büchern leiden, wünsche ich, dass Sie eine kleine, aber gute Auswahl von Werken mitnehmen ... Da man im ganzen Land keinen guten Wein findet, wäre es wünschenswert, dass eine gewisse Anzahl guten Bordeaux mitgenommen würde.«*
Der Ausfall glückte am 22. März, aber in der Hauptstadt handelte Márquez eigenmächtig und verschwieg den Auftrag des Kaisers. Er führte den Tross der kaiserlichen Truppen statt nach Querétaro nach Puebla, das er von der Belagerung befreien wollte. Doch er kam zu spät und Porfirio Diaz hatte die Stadt schon eingenommen und die Entsatzarmee erwartet. Das Heer Márquez' wurde in die Flucht geschlagen, Massen desertierten, der General ließ seine Soldaten selber im Stich und floh in die Hauptstadt. Die kaisertreuen ausländischen Truppen unter Major Carl Khevenhüller und Oberst Alphons von Kodolitsch brachten die Reste der Armee zurück.
Um wenigstens die Hauptstadt zu halten wurden nun der Bevölkerung weitere Zwangsanleihen und Rekrutierungen auferlegt. Porfirio Diaz' Heer zog bald einen Belagerungsring um die Stadt. Die Kaiserlichen hatten den Krieg verloren, die Stadt wurde nun langsam ausgehungert. Schmit von Tavera staunte über die mexikanische Kriegsführung: *»Ich konnte mir es nicht erklären, wie es geschehen konnte, dass bei dem grimmigen Hasse der beiden sich gegenüberstehenden politischen Parteien der Kampf nicht mit mehr Nachdruck geführt wurde. Aber frei-*

lich, die eigentlichen Kombattanten hatten – bis auf vereinzelte Ausnahmen – überhaupt keine politische Ansicht und der vom Feinde gefangen genommene Soldat wurde unwandelbar ohne weiteres der Truppe des Siegers einverleibt. Von dergestalt zusammengesetzten militärischen Elementen durfte man wohl auch keine höher entwickelte Kampflust erwarten ... Aber in Mexiko gewöhnt man sich daran, dass viel geschossen und wenig getroffen und der Kampf selbst mit einer gewissen Gemütlichkeit geführt wird: Während dieser Belagerung ereignete es sich, dass ein mexikanischer Offizier, der befragt worden war, warum er denn nicht auf die feindlichen Schanzarbeiter dort drüben schießen lasse, die Antwort gab: ›Ay Señor, das kann ich doch nicht tun; das sind ja keine Soldaten, sondern bezahlte Taglöhner.‹« Die Einwohner der Hauptstadt trafen sich auf ihren Dächern, um die Bombardements als Amüsement zu verfolgen. Bei Ausfällen der Kaiserlichen waren die Republikaner informiert und zogen sich zurück. Die Belagerten waren entrüstet, weil die Republikaner mit der Absperrung der Stadt ziemlich streng waren und sogar in der Nacht geschossen wurde. »*Große Entrüstung erregte unter der Bevölkerung der Hauptstadt das von den Dissidenten mit großer Strenge durchgeführte Absperrungssystem; nur Barbaren, sagte man, könnten auf so rücksichtslose Weise Krieg führen; Ähnliches sei in der mexikanischen Geschichte noch niemals vorgekommen. Bei früheren Pronunciamientos soll es allerdings üblich gewesen sein, dass das Feuer der sich bekämpfenden Parteien des Abends durch stillschweigendes Übereinkommen beiderseits eingestellt wurde, damit die Köche auf dem Markte der Stadt ihre Einkäufe besorgen konnten. Nun ja, wenn man seit 50 Jahren ohne Unterbrechung sich im Kriegszustande befindet, ist es verzeihlich, wenn man sich die Sache so bequem wie möglich einrichtet!*« Eigenmächtig sollte sich Mexiko-Stadt noch länger als Querétaro behaupten.

Dort stand der Kaiser mit 7000 Soldaten einer Übermacht von 40 000 gegenüber, die mittlerweile den Ring um die Stadt fest geschlossen hatte und die Belagerten aushungern wollte. Die Übergabe sollte dann ziemlich blutlos verlaufen. Der Entsatz aus Mexiko-Stadt erschien nicht und man wartete auf Nachricht, ob er überhaupt käme. Man hielt die Moral der Truppen mit Falschmeldungen über die Siege Márquez' aufrecht, doch der Glauben daran verflüchtigte sich, am 25. April wurde es zur Gewissheit: Vor Puebla war Márquez unterlegen und wurde nun selbst in der Hauptstadt belagert. Bei einem erfolgreichen Angriff der Kaiserlichen am 27. April wurden zwar mehr als fünfhundert Gefangene gemacht und Vieh, Lebensmittel und 21 Geschütze erbeutet. Doch der viel versprechende Augenblick wurde nicht zum Ausfall genutzt. Während der Siegesfeiern begannen die Republikaner den Gegenangriff, der die Kaiserlichen wieder zu ihren alten Linien trieb. Die Entmutigung in der Stadt griff um sich. Hunger und Obdachlosigkeit prägten die Situation. Hoffnung konnte nur noch in einem Ausbruch liegen. Den Vorschlag, der Kaiser sollte nur mit der Kavallerie in die Sierra Gorda fliehen, wies dieser zurück. Die Infanterie, die Verwundeten und die Bewohner Querétaros wollte er nicht im Stich lassen. Doch in der belagerten Stadt gab es keine Zukunft. Alle Kriegsräte überlegten nur noch, wie der Belagerungsring zu durchbrechen wäre. Holzbrücken, um die feindlichen Gräben zu überwinden und schnell angreifen zu können, wurden aus dem Holz der Stierkampfarena gezimmert. Während die Truppen mit dem Kaiser entkommen und sich bis zur Küste durchschlagen wollten, sollte ein Volkssturm von Indigenen die republikanische Armee mit einem Ausfall ablenken und die Gräben besetzen. Danach sollten sie nach Hause gehen. Leute meldeten sich genug. Der Ausfall wurde für den 14. Mai geplant, doch konnten nur 300 Leute des Volkssturms bewaffnet werden und so wurde das Unternehmen um zwei Tage verschoben. Zur gleichen Zeit wurde auch ein von den Republikanern geplanter Angriff nicht durchgeführt und auf später vertagt. Der Kommandant der Besatzung des Klosters de la Cruz Oberst Miguel López und sein Stellvertreter, der Kavallerieoffizier Antonio Jablonski, nutzten die Zeit um mit den Belagerern zu verhandeln. Der republikanische General Mariano Escobedo bot ihnen eine Belohnung und die Schonung ihres Lebens an – vielleicht das des Kaisers ebenso, wenn er seine Soldaten ohne Kampf in die Stadt ließe. López beteuerte später im Auftrag des Kaisers ge-

handelt zu haben, der seine eigene Freiheit und die seines Gefolges erkaufen wollte. López schilderte die Ereignisse von damals so: »*In der Nacht des 14. Mai fragte mich der unglückliche Fürst, ob ich den Mut habe, meine Linie zu verlassen um den Feind aufzusuchen und mit ihm zu unterhandeln. Auf meine Zusage hieß er mich im tiefsten Geheimnis die Stadt verlassen und vom feindlichen Generale freien Abzug für seine Person, das Regiment der Kaiserin und einige Personen seines Gefolges fordern. Ich handelte demgemäß ...*« Manche Historiker vermuten, Kaiser Maximilian hätte wirklich hinter dem Geheimabkommen gesteckt. Er wollte kein weiteres Blutvergießen verantworten, wollte aber vor seinen Soldaten, die monatelang gelitten hatten, nicht als Verräter dastehen. Darum arrangierte er alles im Geheimen. Dies bekräftigte Escobedo in seinem »Informe« 1887. Unter den Zeitzeugen entflammte damals ein hitziger Streit.
Auf alle Fälle steht fest, dass Escobedo Wert darauf legte, nur unter vier Augen mit López zu sprechen. Diese Verhandlungen dauerten nach Zeugenaussagen lange, obwohl Escobedo später unterstrich, sie wären kurz gewesen. In der Stadt wussten die Soldaten nichts von den Besprechungen, doch sie bemerkten die außergewöhnliche Ruhe dieser Nacht. Weder Gewehrfeuer noch Kanonenschüsse störten ihren Schlaf oder ihre Wacht.
Am 15. Mai 1867 nach 72 Tagen Belagerung kamen die republikanischen Soldaten durch eine Schießscharte in den Befestigungsring der Stadt. Die kaiserlichen Truppen schöpften erst Verdacht, als ihnen schon Gewehre und Geschütze abgenommen wurden. López verhinderte dabei viel Blutvergießen, er ließ Geschütze von den Schießscharten wegziehen. Ganze republikanische Bataillone kamen kampflos in die Stadt.
General Escobedo wusste dann nicht so recht, wie er in seiner Berichterstattung mit dem Verrat umgehen sollte. In seinen ersten Siegesmeldungen erwähnte er ihn klar, so in einem Telegramm an Justo Mendoza, den Gouverneur Michoacáns: »*Ich bin so glücklich Ihnen mitteilen zu können, dass in diesem Augenblick, fünf Uhr, das Kloster Cruz von unseren Truppen besetzt wurde. Der Stabsoffizier, der dort kommandierte, überlieferte es uns mit zwei Bataillons, die sich auf Diskretion erga-*

ben.« Bald darauf beschrieb er heftige Kämpfe, so berichtete der unter seinem Befehl stehende General Vélez an Escobedo: *»Heute Morgen hatte ich die Bewegung ausgeführt, die Sie mir gestern Nacht anzuvertrauen beliebten, deren Ziel die Einnahme des Forts und des Klosters de la Cruz war. Eine halbe Stunde hat unseren tapferen Truppen zur Besetzung der ganzen Stadt genügt – es waren die Bataillone Supremos Poderes und Nuevo León, mit welchen ich die brillante Waffentat ausführte. Sie haben sich mit Ruhm bedeckt ... Die ganze Garnison des Platzes, die Artillerie und der Train befinden sich in unserer Gewalt. Einige Generale sowie Maximilian entzogen sich der Gefangenschaft durch Flucht in Richtung auf das Fort de las Campanas. Ich beglückwünsche Sie zu dem Ruhm, den das unter Ihrem würdigen Befehle stehende Heer errungen hat. Freiheit und Unabhängigkeit. Querétaro, 15. Mail 1867. A. Vélez«*
Es schien, Escobedo kam etwas spät auf die Idee, durch Berichte von einem heldenhaften Kampf seinen Ruhm zu steigern. Waren hier noch andere Faktoren im Spiel?
López' Vertreter, Oberst Jablonski, weckte gegen 5 Uhr früh Blasio, der Kaiser Maximilian holte, und flehte den Kaiser an sich doch zu beeilen. Maximilian blieb ruhig und gefasst. Im Kloster auf den Gängen waren schon überall die grauen Uniformen und hohen Tschakos der republikanischen Elitetruppen Supremos Poderes zu sehen, doch der Kaiser und seine Generäle konnten sich in aller Ruhe sammeln. Nur untere Chargen wurden gefangen genommen. Der ganze Hofstaat stand noch in bester Kommunikation: Der Kaiser schickte einen Burschen zu seinem Leibarzt Dr. Samuel Basch, der daraufhin bei ihm erschien. Salm erschien aufgeregt bei Maximilian, der das Problem herunterspielte: *»Es wird nichts sein. Die Feinde sind in die Huertas eingedrungen, nehmen Sie Ihre Pistole und folgen Sie mir auf den Platz.«* Dr. Basch ging noch einmal zurück in seine Zelle und musste bemerken, dass seine Pferdedecken fehlten. Erst als er daraufhin einen republikanischen Offizier zur Rede stellte und zum Revolver griff, wurde er festgenommen. Maximilian konnte sich mit seinen Generälen Castillo und Pradillo sowie mit Salm und Blasio davonmachen. Das republikanische Bataillon im Hof reagierte nicht. Erst vor dem Tor zum

Platz vor dem Kloster hinderten Soldaten die Gruppe am Weiterkommen. López stand dort mit Offizieren der Gegner im Gespräch. Als diese dem Kaiser und seinem Anhang den Durchgang verwehren wollten, ertönte ein »*Que pasen, son paisanos! Sie dürfen passieren, es sind einfache Bürger.*« Dabei waren alle außer dem Sekretär Blasio in Uniform mit Säbel und Pistolen. Der Kaiser beruhigte den erstaunten Salm: »*Sehen Sie, es schadet niemals, wenn man Gutes tut. Man findet zwar unter zwanzig neunzehn Undankbare, aber doch hie und da einen Dankbaren. Das hat sich soeben bewährt. Die Schwester des feindlichen Offiziers war sehr häufig bei der Kaiserin, die ihr viele Wohltaten erwiesen hat. – Tun Sie Gutes, Salm, wann immer Sie können.*«
Dem Kaiser wurde wohl bewusst eine Gelegenheit zur Flucht geboten. Diese Bewegungsfreiheit konnte dem Kaiser nur mit dem Wissen und Einverständnis Escobedos gegeben werden. Weitere kaiserliche Offiziere schlossen sich Maximilian an, der reitende Boten an noch nicht informierte Generäle schickte, damit diese mit ihren Truppen zum Glockenberg kämen. Der anwesende Österreicher Fürstenwärther erinnerte sich, dass ein republikanisches Bataillon 200 Schritte hinter dem Häufchen um den Kaiser hielt. Es setzte erst dann seinen Weg fort, als die Kaisertreuen weiterzogen.
López empfahl dem Kaiser sich im Haus des Bankiers Don Carlos Rubio zu verstecken. Doch der Vorschlag interessierte Maximilian nicht. »*Verstecken?*«, erwiderte Maximilian mit zornbebender Stimme, »*niemals! Auf zum Cerro de las Campanas, wo wir vielleicht noch Teile unserer Truppen antreffen.*«
Die verwirrende Lage hatte zur Folge, dass Massen desertierten. Alle Kirchenglocken läuteten nun zum Sturm auf die Stadt: Gewehr- und Kanonenfeuer ertönte in voller Stärke. Doch der Kaiser passierte durch Kugeln und Granaten mit wenigen treuen Soldaten die feindlichen Reihen bis zum Glockenhügel im Westen der Stadt. General Mejía, Salm und andere schlugen einen Durchbruch vor, Maximilian wollte aber auf Miramón und die bereits gefangenen Husaren warten. Trotz des Granatenhagels und weiteren Drängens von Mejía – die Gruppe am Glockenhügel schrumpfte beträchtlich – bestand Maximilian auf eine wei-

tere Frist von zehn Minuten und verspielte so die Gelegenheit zur Flucht.
Des Kaisers letzter Befehl galt dann den geheimen Dokumenten, die er mit sich trug. Sein Sekretär verbrannte sie. Sein Reich fand sein Ende. Er bat *»Salm, jetzt eine glückliche Kugel«*, bekam sie aber nicht. Die Kapitulation blieb die einzige Möglichkeit, diese veranlasste der Kaiser aber erst, als ihm gemeldet wurde, die Dokumente wären verbrannt. Kuriere wurden mit weißen Fahnen zum Feind geschickt, das Feuer eingestellt. Eine Gruppe liberaler Offiziere holte den Kaiser und seine Getreuen und sie ritten zum republikanischen Oberbefehlshaber Escobedo, dem Maximilian seinen Degen übergab. Daraufhin fanden Gespräche unter vier Augen statt. Wenige Augenzeugen wollten das Gespräch gehört haben. Er bat um Schonung für seine Armee wie für seine Umgebung und die Möglichkeit für sich und seine Getreuen, nach Europa heimzukehren.

Die »Exekution«

»Klopft der Tod an die Türe,
so erscheint das Leben doppelt süß.«

»Schön ist es, als Anfänger in eine große Zukunft zu blicken; schöner mit einer großen Vergangenheit, stark in der Gegenwart; noch einer glänzenden Zukunft entgegenzugehen: furchtbar hingegen ist's, sich einer großen Vergangenheit bewusst zu sein, aber keine Zukunft mehr zu haben.«

Ferdinand Maximilian von Habsburg

Maximilian wurde in seine Zelle im Konvent de la Cruz zurückgebracht. Mittlerweile hatten die Republikaner diese ausgeräumt. Bei der genauen, gut organisierten und geordneten Durchsuchung wurden sogar die Matratzen zerschnitten. Maximilian erhielt zwei Koffer mit Kleidern und Büchern wieder. Seine Schriften hielt man zurück, wie andere Gegenstände, die heute im Regionalmuseum Querétaro zu finden sind.

Der Traum vom Kaiserreich Mexiko war endgültig vorbei. Maximilian brach in Tränen aus, als er seinen Leibarzt Dr. Basch wiedersah und sie sich in den Armen lagen: *»Ich bin froh, dass alles ohne neues Blutvergießen abgelaufen ist. So wie ich mir vorgenommen, so hab' ich's getan. Für Sie alle hab' ich gesorgt.«* Diese Worte wurden oft dahingehend ausgelegt, dass der Kaiser vom Verrat López' wusste. Ein weiteres Indiz hierfür war, dass der Habsburger zum Erstaunen seiner Umwelt während der Gefangenschaft ruhig und gelassen blieb. Bevor er während des Überfalles seine Zelle verlassen hatte, hatte er sogar an seine Medizin gedacht: *»Sehen Sie, man muss nie den*

Kopf verlieren. Heute Morgen, als ich schon wusste, dass wir verraten waren, habe ich nicht vergessen, auch das zu mir zu stecken.« Er ließ sich auch nicht auf die Hasstiraden über López ein, die seine Freunde losließen. Zu solchen Gesprächen wollte er nichts beitragen.

Dem Kaiser fehlte es in der Gefangenschaft an nichts. Die engsten Mitarbeiter des Hofs blieben vorerst bei ihm. Bürgerinnen Querétaros und der Bankier Carlos Rubio sorgten für die Wäsche und Speisen. Die vielen gefangenen kaiserlichen Offiziere hatten es weniger bequem. In der Kirche des Klosters de la Cruz pferchten die Republikaner alle 400 Offiziere – darunter viele Europäer – ein. Auf Altären, Beichtstühlen und Bänken saßen die Veteranen und kamen nicht einmal hier zur Ruhe. Eine weggeworfene Zigarette löste in einer Patronenhülse eine Explosion aus, die Gefangenen begannen zu laufen und die Wache feuerte auf sie. Mehrere Tote und Verwundete waren nach diesem Unfall zu beklagen.

Besuche bestaunten den gefangenen Kaiser aus Neugier und Mitleid. Doch er wurde auch wegen Beratungen aufgesucht, so mehrmals von General Escobedo. Manchmal saßen sie eine halbe Stunde hinter geschlossenen Türen zusammen. Maximilian meinte später lapidar zu seinen Leuten, es hätte sich nur um den Austausch von Höflichkeiten gehandelt.

Am 17. Mai wurden die Gefangenen ins Kloster der Unbeschuhten Karmeliterinnen, kurz Teresitas genannt, gebracht. Der Zukunft sahen sie voller Ungewissheit entgegen: Die Sieger fanden den versteckten General Ramón Mendez, der liberale Generäle hinrichten ließ, und machten kurzen Prozess. Selbst die Offiziere seines Stabes wurden herausgesucht und die Republikaner machten sie glauben, auf sie warte ebenso die Exekution.

Am 22. Mai ließ General Escobedo Maximilian, Tomás Mejía, Miguel Miramón und Felix zu Salm-Salm ins Kloster der Kapuzinerinnnen in Einzelhaft verlegen und befahl strengere Aufsicht. Besucher brauchten nun eine schriftliche Erlaubnis. Verabredungen wurden erschwert, indem in Anwesenheit der Wachen nur noch spanisch gesprochen werden durfte. Da ihre Zellen noch nicht bereit waren, schmorten die Gefangenen eine Nacht in der Totengruft des Konvents.

Fürst Salm dachte sofort an Flucht. Dabei hatte er die Hoffnung auf eine großzügige Dankbarkeit des Wiener Hofes, ob der Plan gelänge oder nicht. Der Kaiser zeigte sich zwar interessiert, forderte dabei viel und opferte wenig. Er bestand darauf, die Generäle mitzunehmen, und verzichtete nicht einmal auf sein Erkennungszeichen, den Bart, den er sich nur zusammenbinden wollte. Darum ließ er in einem Laib Brot die Notiz zu Salm schmuggeln: »*Ich brauche notwendig feinen schwarzen Faden zum Binden, Wachs zum Kleben, womöglich eine Brille. Auf dem Pferde müssen zwei Sarapes, zwei Revolver und ein Säbel angebracht sein. Nicht zu vergessen Brot und Zwieback, roter Wein und Schokolade. Eine Reitpeitsche ist auch notwendig.*«
Eifrigste Fluchthelferin war Salms Gattin, geborene Agnes Elisabeth Winona Leclerc Joy. Nicht nur der Kaiser erwartete sich viel von der respektlosen Nordamerikanerin mit großem Durchsetzungsvermögen. Sie hatte ihrem Gatten schon früher oft geholfen, ihn erfolgreich protegiert und bis zum General und Gouverneur von Nordgeorgia gebracht. In Mexiko hatte sie nun, ohne ein Wort Spanisch zu sprechen, Empfehlungsschreiben des liberalen Generals Porfirio Diaz und des preußischen Gesandten Baron Anton von Magnus besorgt, mit denen sie bis zum Sieger von Querétaro, General Escobedo, und selbst bis zum Präsidenten Juárez gelangte. Gemunkelt wurde, dass sie dabei mehr als ihren Charme einsetzte. Sie hätte dabei den Vorteil gehabt, keine Kinder bekommen zu können. Khevenhüller wunderte sich später über ihr Auftauchen in Mexiko-Stadt: »*Sie war, wer weiß wie, durch die Linien. Man sagt, sie habe sich durchgevögelt.*« Sie konnte zwar ihren Gatten und den Kaiser besuchen, doch Escobedo stellte ihr als Dauerbegleiter den Pionieroberst Ricardo Villanueva zu Seite, der Englisch, Deutsch und Französisch beherrschte. Dies machte ihn zu dem perfekten Mann, die Gespräche der Europäer zu verfolgen und Bericht zu erstatten. Im Hauptquartier Escobedos kam es zu einem Treffen mit den Salms und dem Kaiser, der seine Bitte wiederholte, seine Leute und ihn zu schonen und einschiffen zu lassen. Dafür wollte er offiziell seine Krone zurücklegen, nie mehr in mexikanische Angelegenheiten eingreifen und den noch kämpfenden kaiserlichen Generälen befehlen die Waffen niederzulegen.

Agnes Salm besorgte für die Flucht Pferde, Revolver und Säbel. In der Nacht zum 3. Juni wollten sie mit bestochenen französischen und mexikanischen Offizieren in die Sierra Gorda aufbrechen und von dort nach Veracruz gelangen. Ein Telegramm kündigte aber die Ankunft des preußischen Diplomaten Magnus und den gewünschten Verteidiger Maximilians an. Die riskante Flucht wurde daraufhin verschoben, obwohl Salm Maximilian beschwor, dies wäre wohl die letzte Gelegenheit.
Der Kaiser sah sein Leben nicht gefährdet. Er vertraute auf eine einvernehmliche Lösung und auf die internationalen Interventionen. Viele Mächte weltweit bemühten sich um sein Wohlergehen. Schon vor seiner Gefangennahme am 5. März wurde Fürst Metternich in Frankreich angewiesen von Napoleon Zusicherungen zu verlangen, dass der mexikanische Kaiser in Sicherheit bliebe. Doch Napoleon konnte nichts mehr für Maximilian tun, nachdem dieser das Angebot nicht nutzte, mit den französischen Truppen das Land zu verlassen. Jetzt hatte Napoleon keinen Einfluss in Mexiko mehr. So mobilisierten die Österreicher ihren Gesandten in Washington, Baron Wydenbruck, um den Außenminister der Vereinigten Staaten William Henry Seward um Intervention zu bitten. Seward bat Juárez um eine menschliche Behandlung der Unterlegenen und die Anerkennung als Kriegsgefangene. Später bat Präsident Andrew Johnson seinen Kollegen Juárez persönlich um eine Milderung des ausgesprochenen Urteiles. Selbst die republikanische nordamerikanische Presse forderte davon Abstand zu nehmen, an den konservativen Mexikanern Rache zu üben. Bedeutende Liberale wie Garibaldi aus Italien und Victor Hugo aus Frankreich baten ihren Freund Juárez um Milde für Maximilian. Gnadengesuche aus Paris, Wien, Berlin und London trafen ein. Kaiser Franz Joseph ging schlussendlich so weit, seinen Bruder wieder in den Rang und in die Rechte eines österreichischen Erzherzogs einzusetzen, um ihn der mexikanischen Hoheit zu entziehen. Hunderte Bürgerinnen Querétaros baten genauso wie die Gattinnen der Generäle um das Leben der Gefangenen.
Dem preußischen Geschäftsführer Baron Anton von Magnus kamen bei diesen Interventionen besondere Verdienste zu. Maximilian hatte ihn per Telegramm gebeten mit zwei ausgewählten

Advokaten nach Querétaro zu reisen. Maximilian zog Baron Magnus in dieser Sache dem österreichischen, belgischen oder französischen Gesandten vor. Preußen war im Bürgerkrieg neutral und pflegte freundschaftliche Beziehungen zum republikanischen Mexiko. Für Magnus bedeutete dies eine einzigartige Gelegenheit, seiner Heimat zu nutzen. Preußen stand vor dem Krieg mit Frankreich und interessierte sich für ein befreundetes, neutrales Österreich. Den Bruder des österreichischen Kaisers zu retten konnte dazu verhelfen. Den Bitten Maximilians wurde so schnell Folge geleistet. Am 5. Juni traf Magnus mit den Gesandten Belgiens, Italiens und Frankreichs in Querétaro ein. Der österreichische Geschäftsträger Baron von Lago und sein Attaché Schmit Ritter von Tavera kamen über abenteuerliche Umwege erst später. Umso rascher wurden sie in die neuen Fluchtpläne des Kaisers verwickelt, die ihnen wenig Vertrauen einflößten: »*Sehr zu beklagen war es hierbei, dass die Fürstin [Agnes Salm] sich nicht dessen bewusst zu sein schien, dass nur durch Anwendung der größten Vorsicht die Geheimhaltung des Fluchtprojektes ermöglicht werden konnte. In dieser Hinsicht war ihr allzu ostentatives Auftreten, dessen Ziele in Querétaro das Tagesgespräch der juaristischen Offiziere bildete, ein verhängnisvoller Fehlgriff. Besonders bedenklich erschienen die freundlichen Beziehungen, welche die Fürstin zu Oberst Villanueva, einem Adjutanten Escobedos, unterhielt, von welchem man guten Grund hatte anzunehmen, dass er die Rolle des Verräters spiele. Unter dem Vorgeben, der Fürstin als aufrichtiger Freund ergeben zu sein, begleitete sie Villanueva auf jedem ihrer Schritte, tatsächlich handelte es sich aber hierbei für ihn darum, von allem, was die Fürstin unternahm, unterrichtet zu werden. Die Offiziere, mit welchem mein Chef und ich zu verkehren Gelegenheit hatten, machten kein Hehl daraus, dass die Fürstin sich mit Fluchtprojekten befasse, und eines Tages wurde ich von einem von ihnen höhnisch aufgefordert, doch eines der Pferde zu probieren, welche die Fürstin zur Flucht des Kaisers in Bereitschaft halte. Wenn nun unter solchen Verhältnissen Villanueva als treuer Schildknappe der Fürstin sich seinen Vorgesetzten gegenüber nicht im Entferntesten kompromittierte, lag es wohl auf der Hand, dass Villanueva – ebenso wie Hauptmann*

Kreutz – aus guten Gründen gegen den Verdacht etwaiger Sympathien für den Kaiser vollkommen sichergestellt war.«
Der Kaiser hingegen vertraute den Fähigkeiten seiner Fluchthelfer und war an den Warnungen Baron Lagos nicht interessiert. Er blieb voller Optimismus und deutete Baron Lago an, ihm nicht alles gesagt zu haben. Seine Fantasie war beflügelt, mit Salm malte er sich die Zukunft rosig aus: »*Wenn eine Flucht bewerkstelligt werden könnte, sollte sie zunächst nach der Sierra Gorda und von hier nach dem Rio Grande und dann nach Veracruz gehen. Hier erwartete der Kaiser über eine Million in der Kasse zu finden, und da die Mexikaner keine Flotte hatten es zu verhindern, konnte man Lebensmittel von Havanna und Truppen von dem kaiserlich gesinnten Staate Yucatán einführen und sich wenigstens ein Jahr halten, während Miramón und Mejía im Lande tätig waren. Ein Jahr ist eine lange Zeit in Mexiko und die Sache des Kaisers konnte wieder eine glückliche Wendung nehmen.«*
Die Flucht wurde auf den 15. Juni festgelegt. Die bestochene Wache sollte kein Hindernis darstellen, seinen Fluchthelfer wollte Maximilian an einem goldenen Siegelring erkennen, den er der Fürstin Salm aushändigte. Diese dachte an die Kommandanten des Kapuzinerinnenklosters, Oberst Ricardo Villanueva und Oberst Miguel Palacio, wofür sie ihnen vom Kaiser unterzeichnete Wechselformulare des Bankhauses Carlos Rubio über je 100 000 Pesos geben wollte. Die Soldaten forderten zudem eine Gegenzeichnung des österreichischen und des italienischen Gesandten. Von Maximilian dazu getrieben unterschrieb Baron Lago widerwillig, Cavaliere Curtopassi wollte sich dem Unfug auf keinen Fall anschließen, die Diplomaten witterten ein abgekartetes Spiel. Sie vermuteten, die Republikaner wollten den Kaiser auf der Flucht erschießen und ihn auf diese Art loswerden. Andernfalls konnte Escobedo nicht untätig bleiben, da die ganze Stadt von den Plänen wusste. Die Hoffnung der Salms hingegen war es, die Republikaner wollten einer Flucht nichts in den Weg stellen und sich Maximilians unblutig entledigen. Deren wirkliche Absichten blieben unbekannt, denn Lago entfernte selbst seine Unterschrift und der Handel fiel ins Wasser. Da nutzte nicht einmal, dass sich die Fürstin Salm Oberst Pala-

cio anbot um die Abmachung zu sichern. Escobedo verwertete die Geschichte um die lästigen Diplomaten am 14. Juni aus Querétaro auszuweisen. Selbst Agnes Salm erklärte der General unmissverständlich, ihr täte die Luft Querétaros nicht gut und sie müsste abreisen.

Es lag auf der Hand, dass der gefangene Kaiser für die siegreiche Regierung Unbill bedeutete. Der Fall war für die international keineswegs sattelfeste Regierung höchst prekär. Man zögerte dementsprechend bei der Handhabung des Prozesses, dessen Beginn lange aufgeschoben wurde. Am 24. Mai lief er unter dem Militäranwalt Manuel Azpíroz an. Maximilian wurde vernommen, erkannte aber die Zuständigkeit des Militärgerichts für seinen Fall internationalen Ausmaßes nicht an. Dementsprechend antwortete er auf politische Fragen nicht. Maximilian kümmerte der ganze Prozess reichlich wenig. Dr. Basch merkte ihm nur an, dass die geistige Tätigkeit, die der Prozess von ihm forderte, ihn in gute Laune versetzte. Nur von wenigen Getreuen umgeben widmete er seine Zeit dem Dominospiel und der Lektüre. Trotz seiner Gelassenheit bereitete er sich intensiv auf das Ende dieses Lebens vor. Er verfasste verschiedene Abschiedsbriefe, so an seine Mutter:

»*Liebe beste Mama!*

Fest im Glauben und treu meiner Ehre gehe ich mit ruhigem Bewusstsein dem unverdienten Tode entgegen. Nicht Schuld, sondern Unglück hat mich nach Gottes Ratschluss in diese Verhältnisse gebracht, ich bin ehrenhaft unterlegen der Übermacht der Feinde und dem Verrate. 72 Tage haben wir uns in einer Stadt, die eine offene unvorbereitete war, gegen einen siebenmal stärkeren Feind tapfer und ritterlich gehalten, nächtlicher Verrat hat uns in die Hände unseres Feindes geliefert. Durch Freunde werden Sie, beste Mutter, die näheren Details erfahren. Im Augenblicke der Gefangennehmung war ich an Dissenterie schwer krank, in den verschiedenen Gefängnissen, in welche man uns brachte, litt ich noch viel. Meine letzten Gedanken auf dieser Welt sind für meine gute, arme Charlotte und für Sie, geliebte Mutter, der ich so vieles Gute zu verdanken habe. Ich schreibe nicht an meine arme Charlotte, da ich nicht weiß, in welchen Gesundheitszuständen sie sich befindet, Sie, beste Mut-

ter, werden sie trösten und aufrichten. Seit diesem Jahre habe ich keine direkten Nachrichten weder von Ihnen noch von Charlotten. Papa küsse ich in Ehrfurcht die Hände, den Brüdern, Verwandten und Freunden sende ich die herzlichsten Grüße. Sie, beste Mutter, Charlotten und die früher Erwähnten bitte ich aus ganzem Herzen um Verzeihung für Kränkungen und Unrecht, die ich ihnen allenfalls angetan habe. Ich sterbe ruhig mit dem wahren Trostgefühl, das Gute gewollt und angestrebt zu haben, und mit der Genugtuung, viele wahre und edle Freunde in diesem Lande zurückzulassen, denen mein Andenken teuer bleiben wird. Ein Freund bringt Ihnen, beste Mutter, mit diesen letzten Zeilen als Andenken für Sie den Ring mit den Haaren der seligen Amalie von Braganza, den ich täglich trug, und für meine arme, geliebte Charlotte den Ehering.
Sie, heiß geliebte Mutter, um Ihren Segen und Ihre Gebete bittend, verbleibe ich Ihr Ihnen ewig treuer Sohn Max.«

Azpíroz bezog sich in seiner Anklage auf das von Juárez am 25. Januar 1862 erlassene Gesetz, nach dem die Unterstützung der ausländischen Intervention durch Todesstrafe geahndet werden musste und das jede Begnadigung ausschloss. Sie wurde in 13 Beschuldigungen festgelegt. Schwer wiegende Verbrechen wurden dem ehemaligen Kaiser darin vorgeworfen: Maximilian hätte als Werkzeug der französischen Intervention gedient und den Kaisertitel zu Unrecht an sich gerissen. Er hätte die Freiheit und die Unabhängigkeit Mexikos bedroht und sich die Souveränität unrechtmäßig angeeignet. Nur mit Waffengewalt verfügte er über die Interessen, Rechte und das Leben der Mexikaner. Er führte einen ungerechten Krieg auf Seiten der Franzosen und ließ weitere ausländische Freiwilligenkorps ins Land kommen. Sein Dekret vom 3. Oktober 1865 lieferte die Grundlage für hunderte unrechtmäßige Erschießungen von republikanischen Gefangenen. Nach dem Abzug der Franzosen führte Maximilian den Krieg weiter und verschärfte das Verbrechen dadurch, dass er für den Fall seiner Gefangennahme die Veröffentlichung seiner Abdankung verfügte, jedoch im Falles seines Todes die Herrschaft an eine konservative Regentschaft übergehen sollte. Seine Weigerung, das Gesetz vom 25. Januar 1862 und das

Kriegsgericht anzuerkennen, und seine Missachtung des Gerichts, indem er Fragen des Militäranwalts unbeantwortet ließ, wurden ihm ebenso vorgeworfen.

Die Verteidiger Maximilians hingegen unterstrichen, die republikanische Verfassung Mexikos von 1857 habe die Todesstrafe für politische Verbrechen abgeschafft und das Militärgericht sei nicht zuständig. Mit ständigen Einsprüchen zum Verfahrensverlauf wollten sie Zeit gewinnen und hofften auf weitere Interventionen. Die Verteidiger Maximilians waren einflussreiche und anerkannte Liberale, die persönlich bei der Regierung in San Luis Potosí intervenieren konnten. Sie sprachen bei Präsident Benito Juárez, Außenminister Lerdo de Tejada, Justizminister Iglesias und Kriegsminister Mejía vor, doch das Kriegsgericht begann zu tagen. Die öffentliche Anklage begann am 12. Juni im Gran Teatro de Iturbide, wo das Gericht auf der Bühne vor Zuschauern tagte. Das Verfahren sollte nicht im Geheimen vor sich gehen, sondern ganz im Gegenteil. Republikanische Offiziere, die keinen Dienst hatten, wurden zur Anwesenheit verpflichtet. Das Spektakel wurde groß angekündigt, schon am Tag zuvor Zählkarten ausgegeben. So viele Menschen wie möglich sollten die Gerechtigkeit der Sieger über die Untaten der Besiegten miterleben.

Maximilian weigerte sich aber auf einer Bühne vor der Anklage zu erscheinen. Dies wurde ihm problemlos zugestanden, der republikanische Arzt Rivadeneyra erklärte ihn für verhandlungsunfähig, da er an Durchfall litt. Seine Generäle Mejía und Miramón mussten auf Stühlen ohne Lehnen den mehrstündigen Prozess über sich ergehen lassen. Die ausgezeichneten Verteidiger vollführten Kunststücke an Formalitäten und Rechtslogik. Damit langweilten sie aber nur das Militärgericht, das aus sechs jungen Unteroffizieren und einem jungen Oberstleutnant als Vorsitzender bestand. Den Darlegungen der Verteidigung wurde entgegnet, die Zuständigkeit des Militärgerichts läge im Ermessen der Regierung. Maximilian und die Generäle wären keine Kriegsgefangenen, da ein völkerrechtswidriger Krieg stattgefunden hätte. Der gute Glauben Maximilians, die Bevölkerung Mexikos hätte ihn gewünscht, wurde nicht akzeptiert. In diesem Fall hätte er keine weiteren ausländischen Freikorps ins Land

geholt. Das Gericht sprach sich am 14. Juni einstimmig für das Todesurteil aus »*wegen Verbrechen gegen den Staat, die öffentliche Ordnung und den Landfrieden, das Völkerrecht und die Bürgerrechte*«. Die sechs Stellungnahmen der Gerichtsmitglieder sahen sich sehr ähnlich, das Todesurteil selbst umfasste nur eine Seite. Trotzdem besprach sich das Gericht neun Stunden.
Maximilians einflussreiche Verteidiger baten bei der Regierung in San Luis Potosí sofort um Milde: »*Er ist zum Tode verurteilt worden, und als seine Verteidiger ... wiederholen wir die Bitte um Begnadigung des Erzherzogs ... Der Tod Maximilians und seiner Gefährten ... mag, auf der politischen Waagschale der Gerechtigkeit gewogen, die verdiente Strafe sein, aber diese ist moralisch bereits durch die Verkündigung des Urteils abgebüßt und ihre Vollstreckung ist unnötig und sinnlos. Der Fall des Kaiserreiches ist endgültig, das Bestehen der Republik gesichert ... Jetzt, wo die Macht, die sich Kaiserreich benannte, gebrochen ist, gibt es keine dringlichere Notwendigkeit als den Frieden ... Wie viele Tränen und Opfer hätten sich manche Völker erspart, wenn ihre Lenker die traurigen Folgen einer übertriebenen Strenge vorausgesehen hätten. Noch niemals hat diese Frieden gestiftet. Unsere große Entfernung vom Prozessort und die Möglichkeit einer übereilten Urteilsvollstreckung zwingen uns, den Herrn Präsidenten zu ersuchen, ... diese so lange aufzuschieben, bis über unser Gesuch endgültig entschieden ist. Es wäre traurig, wenn ein Gebrechen am Telegrafen oder eine sonstige zeitliche Verzögerung die Gewährung einer Begnadigung verhindern und wenn ein moralisch so bedeutsames Anliegen durch den Ausfall eines Kommunikationsmittels scheitern würde. Mexiko wäre mit der Hinrichtung des Erzherzogs Maximilian und seiner Gefährten weder groß, noch klug, noch hochherzig. Unser Volk kann es sich nicht leisten, alle möglichen Früchte eines großen Sieges aufzugeben, um den Leidenschaften bürgerlicher Zwietracht zu frönen ... Das Volk fühlt mit uns. Männer aller Parteien werden in der Begnadigung Maximilians einen Akt der hohen Politik erblicken, den die Milde und das Verlangen nach Frieden erfordern.*«
Die Bitte erreichte nichts. Nach der offiziellen Bestätigung durch General Escobedo wurde das Urteil den Angeklagten be-

kannt gegeben, es sollte noch am selben Tag um 15 Uhr am Glockenhügel vollstreckt werden. Baron Magnus bat bei der Regierung ebenso um Begnadigung und Aufschub der Hinrichtung, nur der zweite Wunsch wurde gewährt: »*Die Verteidiger Maximilians und Miramóns haben soeben der Regierung angezeigt, dass das Urteil des Kriegsgerichts, das sie sowie Mejía zum Tode verurteilt hat, bestätigt worden und dass die Hinrichtung für heute Nachmittag angesetzt ist. Für die drei Verurteilten wurde um Begnadigung gebeten, welche die Regierung nach reiflichster Überlegung abgelehnt hat.*
Damit aber die Verurteilten die nötige Zeit zur Ordnung ihrer Angelegenheiten haben, hat der Präsident der Republik beschlossen, dass die Hinrichtung nicht vor dem Morgen des 19. ds. stattfinden soll. Sie werden gebeten das Nötige anzuordnen und den Empfang dieses Telegramms zu bestätigen. Mejía«
Die Verurteilten hatten schon gebeichtet und die Kommunion empfangen. Am Glockenhügel warteten viele Schaulustige auf die schon vorbereitete Exekution, die nun der Rechtsbeauftragte der republikanischen Armee Licenciado Escoto absagte: »*Das ist eine Grausamkeit*«, meinte selbst der eingefleischte Republikaner, »*wäre es ein wirklicher Pardon, dann könnte ich diese Depesche verstehen. Aber nur ein Aufschub! Wäre ich verantwortlich, ich würde mich in der Tat bewogen fühlen, die Depesche zu unterdrücken und die Exekution vollziehen zu lassen.*«
Maximilian äußerte sich mehrmals, dass ihm diese Vertagung unangenehm erschien: »*Das ist hart, denn ich hatte jetzt schon ganz mit der Welt abgeschlossen.*« Er zeigte sich mit einem Gnadengesuch nicht einverstanden, er hätte mit diesem Leben abgeschlossen: »*Komme was da wolle, ich gehöre nicht mehr dieser Welt an.*« Am nächsten Tag erzählte er Baron Magnus von seinen erlittenen Qualen.
Dieser hatte inzwischen in San Luis Potosí weiter um das Leben Maximilians gekämpft. Er bot sogar Garantien der preußischen Regierung an, die drei Verurteilten aufzunehmen und dafür einzustehen, dass sie sich in die Angelegenheiten Mexikos nie wieder einmischten. Er versicherte den Mexikanern auch die Dankbarkeit aller Souveräne Europas, mit denen Maximilian ver-

wandt war. Die Wohlgesonnenheit Englands, Belgiens und Österreichs war ein attraktives Angebot für die Liberalen.
Außenminister Lerdo erklärte Magnus das Dilemma der mexikanischen Regierung. Den Österreicher hätte man gerne begnadigt. Doch die beiden mächtigen Generäle stellten eine große Bedrohung für die liberale Republik dar. Sie hätten viele Anhänger und die Geschichte Mexikos hatte gezeigt, dass Unterlegene immer wieder aufgestanden und Verbannte immer wieder heimgekehrt waren und an die Macht zu gelangen versucht hatten. Es wäre aber vollkommen unmöglich, die beiden Generäle erschießen zu lassen und den Ausländer heimzuschicken. Die Bevölkerung des Landes würde diesen Kniefall vor fremden Mächten nie verzeihen. Die gerade an die Macht im Gesamtstaat zurückgekehrte Regierung hätte von vornherein jegliches Vertrauen verspielt.
Die Exekution musste stattfinden, verschiedene Details daran bekümmerten die Regierung in außerordentlichem Maße. Schon vor dem Urteil erging ein Telegramm an Escobedo mit genauen Anweisungen, was mit den Leichnamen zu geschehen hätte. Die Einbalsamierung der Generäle sollte ihren Verwandten überlassen werden. Für den Leichnam Maximilians trüge der Staat Sorge. General Escobedo müsste alles Notwendige veranlassen und niemand anderem gestatten die Aufgabe zu übernehmen. Angeordnet wurde, dass die Einbalsamierung »*durch vertrauenswürdige Mexikaner geschieht, wobei Ausländer zugegen sein dürfen und alles auf zweckmäßige Weise und auf Kosten der Regierung zu erfolgen hat*«. Die Aufbahrung sollte ebenso unter behördlicher Aufsicht geschehen. Die Regierung beschloss schon am 17. Juni, den Leichnam nicht an Österreich auszuliefern.
Sein Leichnam kümmerte Maximilian ebenso, an Escobedo schrieb er am darauf folgenden Tag: »*Herr General! Ich wünsche, dass, wenn möglich, mein Leichnam an Herrn Baron Magnus und Herrn Dr. Basch übergeben wird, damit er nach Europa gebracht werde, und Herr Magnus soll sich um die Einbalsamierung, die Überführung und die sonst noch nötigen Dinge kümmern. Maximilian*« Für die Einbalsamierung und den Transport des Leichnams nach Europa erbat er sich finanzielle Unterstützung bei dem reichen Bankier Carlos Rubio. Den

Leichnam wünschte er an der Seite der Kaiserin, die er auf Grund einer Falschmeldung für tot hielt. Besonderes Gewicht legte Maximilian darauf, dass bei der Exekution nicht auf seinen Kopf geschossen werde, damit seine Züge nicht entstellt würden. Schon vor Tagen bat er Baron Lago, sich dringend bei Escobedo zu verwenden, damit man gute Schützen aussuche, die auch ihr Ziel richtig zu treffen wüssten. *»Es passt sich nicht für einen Kaiser, in Todeszuckungen sich auf dem Boden herumzuwälzen.«*

In seinen Testamenten kümmerte sich Maximilian um die Versorgung seiner Bediensteten, Freunde und der Invaliden der Freiwilligenkorps aus seinem Nachlass mit Schenkungen und lebenslangen Pensionen. Er dachte genauso an die Zukunft des Schlosses Miramar und bat um die geschichtliche Aufarbeitung seines mexikanischen Kaiserreichs. Seine letzten Briefe widmete er seinem kaiserlichen Bruder und verwunderlicherweise seinem großen Widersacher:

»Herrn Benito Juárez. Im Begriffe den Tod zu erleiden dafür, dass ich versuchen wollte, ob neue politische Institutionen im Stande wären, dem blutigen Krieg, der seit so vielen Jahren dieses unglückliche Land verheert, ein Ende zu setzen, werde ich mein Leben mit Freuden hingeben, wenn dieses Opfer zum Frieden und der Wohlfahrt meines neuen Vaterlandes beitragen kann. Zuinnerst überzeugt, dass nicht Dauerhaftes auf einem blutgetränkten und durch heftige Beben erschütterten Boden gedeihen kann, beschwöre ich Sie mit jener Feierlichkeit und Aufrichtigkeit, die den Augenblicken eigen ist, in denen ich mich befinde, dass mein Blut das letzte sein möge, das man vergießt, und dass Sie die nämliche Ausdauer, die ich mitten im Glück anzuerkennen und zu schätzen wusste, mit der Sie die soeben zum Siege gelangte Sache verteidigen, nun auch dem edlen Zweck widmen, die Gemüter zu versöhnen und auf einer dauerhaften, festen Grundlage die Ruhe dieses unglücklichen Landes wiederherzustellen. Maximilian«

In dieser Nacht besuchte ihn noch General Escobedo, angeblich um sich zu verabschieden. Später meinte er, der niedergerungene Kaiser hätte ihn noch einmal gebeten über seinen Verhandlungsauftrag an López zu schweigen.

Die Hinrichtung wurde für den 19. Juni um 10 Uhr geplant, die Messe sollte um 7 Uhr stattfinden. Doch sie wurde um zwei Stunden vorverlegt. Nach dem Empfang der Sterbesakramente fuhren die Verurteilten mit ihren Beichtvätern in drei verhängten Kutschen zum Glockenhügel. Maximilian hatte sich Taschentücher unter die Brust gestopft, er wollte nicht, dass das Blut seine Kleidung durchtränkte. Neben den Soldaten beobachteten nur wenige Zivilisten von weiter Entfernung die Hinrichtung. Dementsprechend variieren die Augenzeugenberichte in den Details. Gezählt wurden drei getrennte sowie nur ein Exekutionskommando, das aus einmal sieben, einmal acht Soldaten bestand. Der inoffizielle Hoffotograf François Aubert skizzierte das Exekutionskommando verschwommen, er erkannte die Anzahl der Soldaten von seinem Standort nicht. Vom entschlossenen, festen Schritt des Kaisers wurde genauso berichtet wie von einem gebrochenen Eindruck, den er machte. Jedem Soldaten gab er eine Goldmünze mit der Bitte, gut zu zielen und nicht das Gesicht zu treffen. Den Ehrenplatz in der Mitte trat er an General Miramón ab und stellte sich links der Gruppe. Manche erinnerten sich, eine pathetische, längere Abschiedsrede vernommen zu haben. Doch er dürfte sich kurz gehalten haben: *»Ich vergebe allen, bitte, dass auch mir alle vergeben, und wünsche, dass mein Blut, das nun vergossen wird, dem Lande zum Wohl gereichen werde. Viva México! Viva la Independencia!«* Daraufhin – etwa um 7 Uhr – ertönten die Gewehrsalven und die Verurteilten brachen zusammen. Manche beschrieben, Maximilian sei durch einen Gnadenschuss ins Herz von seinen Schmerzen befreit worden. Doch dieser dürfte Mejía gegeben worden sein.

Nach der Hinrichtung wurde der Leichnam Maximilians sofort zum Kapuzinerinnenkloster zurückgeführt. Der Wunsch Maximilians, seinen Leichnam Baron Magnus und Dr. Basch zu übergeben, wurde nicht erfüllt; er blieb unter behördlicher Aufsicht. Der verantwortliche Militärarzt Dr. Rivadeneyra teilte seine Verantwortung und seine Aufgabe des Einbalsamierens gerne mit Dr. Licea, eigentlich Gynäkologe, der als Modearzt Querétaros schon die kaiserlichen Generäle versorgt hatte.

Dr. Basch sah den Leichnam und stellte kühl fest, dessen Todes-

Frontseite des ehemaligen Klosters »Santa Teresa«, in dem Maximilian gefangen gehalten wurde

kampf habe nicht lange gedauert: »*Palacios meldete mir, dass ich für immer frei sei und die Erlaubnis habe, der Einbalsamierung beizuwohnen. Er führte mich hinab in die Kirche zum Leichname des Kaisers, der mit einem Tuche bedeckt auf einem Tische lag. Seine Züge waren nicht entstellt, der Körper von sechs Kugeln durchbohrt.*
Die Schüsse wurden aus kürzester Distanz abgefeuert und alle sechs Kugeln durchschlugen den Körper, so dass keine einzige von ihnen bei der Sektion aufgefunden wurde. Die drei Brustwunden waren absolut tödlich, die eine hatte ihren Weg durch das Herz (die rechte Vor- und linke Herzkammer) genommen, die zweite das Brustblatt durchbohrend die großen Gefäße zerschnitten, die dritte Kugel endlich die rechte Lunge durchbohrt. Der Natur dieser drei Wunden nach konnte der Todeskampf des Kaisers nur der allerkürzeste gewesen sein.«
Nicht alle Ausländer hatten so leichten Zugang zum Leichnam. Schmit von Tavera kam unangemeldet nach Querétaro zurück, um über eine würdige Behandlung des Leichnams zu wachen und Vorbereitungen zum Transport nach Europa zu treffen. Der wachhabende Offizier wies ihn barsch ab, er bräuchte eine schriftliche Erlaubnis. Selbst Dr. Licea wollte ihn nachher am Eintritt hindern, es wäre ein zu schrecklicher Anblick: »*Nach langem Sträuben gab Dr. Licea endlich nach und ließ mich sein Laboratorium betreten. Es war eben um die Zeit der in den Tropen so rasch sich vollziehenden Abenddämmerung: Bei Betreten des Gemaches erblickte ich eine in ein leinenes Umschlagtuch gewickelte menschliche Gestalt von abnormer Magerkeit, welche von einem mitten in dem Raume an der Decke desselben befestigten Stricke frei schwebend herabhing. Das musste des Kaisers Leiche sein – ich wagte es kaum, meinen Blick nach jener Gestalt zu richten!*« So sah er zuerst den schlecht einbalsamierten Leichnam Mejías in einem ärmlichen Holzsarg. Dr. Licea machte sich über die Hässlichkeit der Indigenen lächerlich und meinte, daraus hätte er nichts Schönes gestalten können: »*Ja, aber el Emperador (der heuchlerische Doktor gebrauchte in meiner Gegenwart stets nur diese Bezeichnung, während selbst die Imperialisten nur einfach von Maximilian sprachen und sich niemals des Kaisertitels bedienten) ist*

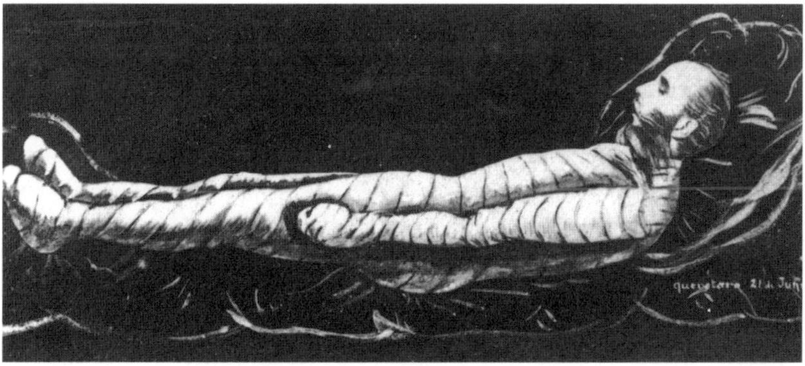

Maximilian auf dem Totenbett

ein sehr schöner Mann und das ist für mich ein Vergnügen, einen so schönen Menschen einzubalsamieren. Jetzt freilich sieht er nicht gut aus, aber warten Sie nur, bis ich fertig bin – ich werde ihn ganz zu ihrer Befriedigung herrichten ... Aber es drohte bald dunkel zu werden und Licea, der keine Zeit mit mir zu verlieren hatte, führte mich zu jener verhüllten weißen Gestalt. Indem er mir erklärte, dass er die Leiche habe aufhängen müssen, damit sie rascher eintrockne, beseitigte er das Tuch, in welches das Haupt des Leichnams eingewickelt war, und ich erblickte die Züge des verewigten Kaisers von Mexiko wieder, seit ich ihn zuletzt in Mexiko in seinem Palast von einem zahlreichen Hofstaate umgeben gesehen hatte. Damals erklärte er von seinem Throne aus, dass er die kaiserliche Krone mannhaft gegen ihre Feinde zu verteidigen entschlossen und dass ein Habsburger niemals seinem Worte untreu geworden sei. Jetzt hing die Leiche des durch schmählichen Verrat vom Throne gestürzten Kaisers an einem nachlässig um den Leib geschlungenen gewöhnlichen Stricke: Die matten hellblauen Augen blickten mir starr, aber ausdruckslos ins Gesicht und der schöne blaue Bart hing steif zu beiden Seiten des Antlitzes herab; Letzteres war mit einem gewöhnlichen glänzenden Firnisse überstrichen worden; die Gestalt des Kaisers befand sich enge in weiße Bandagen ein-

geschlossen, was wohl darauf hindeutete, dass die Einbalsamierung der Leiche noch nicht vollendet war.
Dieser niederschmetternde Anblick überwältigte mich so sehr, dass ich den weiteren Bemerkungen Liceas kein Gehör zu schenken vermochte. Als befänden wir uns in einem gewöhnlichen anatomischen Laboratorium, setzte mir der Doktor das von ihm angewendete Einbalsamierungssystem auf das Gründlichste auseinander. Nicht wenig tat er sich auf die große Sorgfalt zugute, deren er sich deshalb beflissen habe, damit ›die Angehörigen des Kaisers durch die Resultate seiner Arbeit zufrieden gestellt würden‹. Um mich überzeugen zu können, dass die Züge nicht entstellt wären, nötigte mich der Doktor, auf einen Stuhl zu steigen und aus nächster Nähe in das Antlitz des entseelten Kaisers von Mexiko zu blicken. ›Erkennen Sie ihn wieder?‹, fragte mich Licea – ich brachte die bejahende Antwort nicht über meine Lippen.«
Die Einbalsamierung funktionierte nur mangelhaft, obwohl die beiden mexikanischen Ärzte ganze acht Tage arbeiteten. Dabei benahmen sie sich, wie verschiedene Augenzeugen verärgert anmerkten, pietätlos. Dr. Licea wurde später gar angeklagt, da er Haare und vielleicht gar andere Teile der Leiche an sich genommen und verkauft hatte. Einige der Kleidungsstücke, in denen der Leichnam gesteckt hatte, konnte der ehemalige Hoffotograf François Aubert gleich erstehen und lichtete sie in seinem Atelier ab. Der »*Gehrock mit Durchschüssen*« und ähnliche Fotos verkauften sich blendend. Im Kapuzinerinnenkloster machte er schon ein Bild der zusammengeworfenen Kleidungsstücke der Hingerichteten. Der Fotograf bildete ebenso die Prozessbeteiligten, die gefangenen Generäle und das Exekutionskommando ab. Nur den Leichnam durfte er nicht festhalten. Hinter dieser Regel sowie hinter der Vermarktung der anderen Exekutionserinnerungen dürfte General Escobedo gestanden haben. Er duldete den Handel nicht nur, er regte ihn an. Am 28. September kam Aubert zu seinem Foto des Leichnams in schwarzer Hose, hohen Stiefeln und langem Gehrock mit Goldknöpfen, weißem Hemd und Glacéhandschuhen in einem schlichten Sarg aus Holz und Zink. Als Dokument der Einbalsamierung verkaufte er Fotos seiner Zeichnung des aufgehängten Leichnams, der

Der durchschossene Gehrock des Kaisers

ganz in Binden gehüllt war. Bei der Totenmesse wurde die aufgebahrte Leiche nicht der Öffentlichkeit preisgegeben. Es wäre eine gute Möglichkeit gewesen, denn so schön blieb sie nicht lange. Ein unachtsamer Wachsoldat zerschlug mit seinem Bajonett das Glas des Sargs. Bis August wurde das Glas nicht ausgetauscht und durch die zirkulierende Luft verfiel der Körper schnell.

Schmit von Tavera bereitete alles für den Abtransport der sterblichen Überreste vor. Er wusste nichts vom Regierungsbeschluss, den Leichnam nicht zu übergeben: »*Der Präsident Juárez, welcher anfänglich bezüglich der Übergabe der Leiche des Kaisers an die österreichische Gesandtschaft keinerlei Schwierigkeiten erhoben hatte, besann sich nachträglich unvermuteterweise eines andern und Baron Lago wurde davon verständigt, dass die Leiche bis auf weiteres in Mexiko zu verbleiben habe. Auch der preußische Gesandte hatte in San Luis Schritte unternommen, um in den Besitz der Leiche zu kommen.*« Diese Haltung wurde aus Europa wie aus den Vereinigten Staaten scharf kritisiert. Die mexikanische Regierung änderte diese zwar über den Sommer, verlangte aber ein offizielles Gesuch Österreichs, das eine Anerkennung der neuen politischen Verhältnisse in Mexiko bedeuten sollte. Am 25. September 1867 verfasste der österreichische Außenminister Graf Friedrich von Beust an seinen mexikanischen Kollegen Lerdo de Tejada die Bitte im Namen der kaiserlichen Familie.

Der verunstaltete Leichnam wurde schon vorher auf den Weg in die Hauptstadt geschickt. Dr. Rivadeneyra bot sich an, ihn noch einmal zu schminken. Doch darauf wurde verzichtet, es hätte sich auch nicht ausgezahlt. Am Weg fiel der Sarg zweimal vom Wagen. Einmal landete er direkt in einem Fluss, der trockene Körper saugte sich voll Wasser. Bei einem Sturz soll sogar die Nase abgebrochen sein, die durch eine Knetmasse ersetzt wurde. In Mexiko-Stadt stellte man fest, so könnte man die Leiche unmöglich übergeben. Am 13. September 1867 begann im Templo de San Andrés der zweite Einbalsamierungsversuch durch vier Ärzte, einer davon starb während der Arbeit an Leichengiftinfektion. Der Leichnam wurde dabei noch einmal zum Trocknen aufgehängt. Die in Querétaro herausgenommenen

Organe wurden wieder in die Körperhöhlen eingesetzt und der Leichnam in einen schöneren Sarg mit drei Schichten aus gewöhnlichem Holz, Rosenholz und Zink gelegt.
Die Leiche sollte Konteradmiral von Tegetthoff, ein guter Freund Maximilians aus Marinezeiten, abholen. Am 2. Oktober 1867 brachte eine mexikanische Eskorte von 300 Soldaten den Leichnam nach Veracruz, wo am darauf folgenden Tag die feierliche Übergabe stattfand und das Übergabeprotokoll unterzeichnet wurde: »*Im Einvernehmen mit dem Herrn Vizeadmiral Tegetthoff wurde die Kiste im Sagrario der Pfarrkirche dieser Stadt beigesetzt und noch am selben Tage in Gegenwart des genannten Herrn zur Abnahme der Sperre und Öffnung der Kiste geschritten. – Innerhalb der äußeren Holzkiste wurde eine zweite hermetisch verschlossene aus Zink und in dieser ein Sarg aus Rosenholz vorgefunden, deren Inhalt durch den Herrn Vizeadmiral als die Leiche des Erzherzogs Ferdinand Maximilian von Österreich erkannt, in vollkommen gut konserviertem Zustande befunden und unter Äußerung seiner Befriedigung von diesem in Empfang genommen wurde.*« In der Ehrenkabine der »Novara« zwischen brennenden Kerzen wurde der Sarg Tag und Nacht bewacht. Am 16. Januar 1868 traf die »Novara« in Triest ein. Der Sarg wurde ausgeschifft und nach einem bis ins kleinste Detail geregelten Trauerzeremoniell mit der Südbahn nach Wien überführt. Dort wurde der Leichnam in einen neuen Sarkophag eingebettet und in der Kammerkapelle der Hofburg aufgebahrt. Die Mutter des Verurteilten zeigte sich entsetzt: »*Das ist nicht mein Sohn!*« Dennoch wurde der Leichnam am 18. Januar 1868 in einem sechsspännigen Leichenwagen von der Hofburg zu seiner letzten Ruhestätte, der Kapuzinerkirche, überführt.

Die Flucht

»Er war um zu sein.
Er starb um zu leben.«

»Gesunde Ideen entstehen im Zeitüberfluss,
glänzende im drängenden Zeitmangel.«

»Nur durch Finsternis und Irrwege kommt man
zur wahren Erkenntnis.«

Ferdinand Maximilian von Habsburg

So weit erzählt uns die offizielle Geschichtsschreibung das Leben Ferdinand Maximilians von Habsburg, ein ereignisreiches Leben mit einem Ende voller Ungereimtheiten. Sofort rankten sich verschiedene Gerüchte um die Hinrichtung, die Informationen blieben bis heute widersprüchlich und undurchsichtig. Man versuchte Licht in die Sache zu bringen. Dieses Vorhaben misslang nicht nur den 1867 erschienenen »Enthüllungen über die letzten Lebenstage und die Hinrichtung des Kaisers Maximilian I. von Mexiko«: »*Den immer noch sehr spärlich eintreffenden Nachrichten über die Hinrichtung Kaiser Maximilians I. entnehmen wir nach dem Mexicano, der Daily News von New York, der Mexican Times und einer in New Orleans darüber erschienenen Broschüre dasjenige, was wir den Umständen nach für wahr halten. Wer will und kann diese Nachrichten verbürgen? Keiner, der dort gelebt hat und die Schwierigkeiten kennt, unter denen man in Nordamerika und Mexiko sichere und gewisse Auskunft über irgendein Ereignis erhalten kann. Vielleicht ist dem so genannten Gouvernement des Juárez auch daran gelegen, dass die Wahrheit über alle diese Dinge nie bekannt wird, gleichwie er den Leichnam der Ermordeten auszuliefern sich weigert.«*

Europa vermutete nicht ganz zu Unrecht, die mexikanische Regierung hielte Information gezielt zurück. Niemand konnte je über die letzten Tage des Kaisers Maximilian von Mexiko ein einheitliches Bild ohne Unklarheiten gewinnen. Viele Fragen blieben offen.

Wieso nahm Maximilian die Fluchtmöglichkeiten scheinbar nie ernst? Die Geschichte Mexikos hatte oft gezeigt, dass die Befehlsketten des Militärs leicht durchbrochen werden konnten. Schon gegen Santa Anna erteilte Präsident Benito Juárez nach dessen erneuter Landung in Mexiko das Todesurteil. Doch Santa Anna nutzte seine Kontakte und konnte aus der Gefangenschaft fliehen. Die mexikanischen Wachen waren bestechlich. Während der Einnahme Querétaros zeigten die Republikaner gar ein klares Interesse an der Flucht des unangenehmen Gefangenen. War es wirklich nur Ehrgefühl und Glauben an die Gerechtigkeit oder war sich der Kaiser sicher, ihn erwartete keine Gefahr?

Wenn die republikanische Rache so unerbittlich war – wieso zerrte man Maximilian nicht vor das Kriegstribunal, um den Sieg der Mexikaner über den ausländischen Eindringling dem zahlreichen Publikum vor Augen zu führen? Der Angeklagte hörte nicht einmal die Kundgabe des Urteils des Kriegsgerichts, nur weil er Durchfall hatte und sich nicht auf einer Bühne zeigen wollte. General Mejía musste schwer krank als Angeklagter auf einem lehnenlosen Stuhl stundenlang ausharren. Für die rauen mexikanischen Bedingungen dieser Zeit zeigten die Sieger hier überraschende Milde gegenüber ihrem schillerndsten Feind? Oder gab es ein Interesse, den Kaiser nicht zu präsentieren und mit ihm zu verhandeln, während sich die Öffentlichkeit auf den Prozess konzentrierte?

Konnte es sich die Regierung Benito Juárez' wirklich leisten, die Interventionen des Auslands zu ignorieren? Der mächtige Verbündete der republikanische Regierung, die Vereinigten Staaten, die Kriegsmaterial lieferten und Europa daran hinderten, das kaiserliche Mexiko weiter zu unterstützen, erbat genauso die Schonung des Lebens des Habsburgers wie alle europäischen Mächte. Der preußische Gesandte Magnus bot Mexiko die Dankbarkeit und damit die Anerkennung durch die europäischen Monarchien an, samt der Garantie, der Österreicher und die wirklich lästigen konservativen Generäle mischten sich nie wieder in mexikanische Belange ein. Diese Offerte hätte doch im Gegensatz zu den möglichen militärischen Strafexpeditionen im Falle der Hinrichtung des Kaisers wie Musik in den Ohren des Präsidenten klingen müssen. Die Hinrichtung wurde in Europa dann aber erstaunlich gelassen akzeptiert. Auf militärische Interventionen wurde verzichtet, die meisten Mächte etablierten bald Kontakte mit der Republik Mexiko. Hatte die international keineswegs konsolidierte Regierung Benito Juárez' vielleicht eine einvernehmliche Lösung mit den für das Leben Maximilians bittenden Ländern gefunden?

Wieso wurde der geplante Termin der Hinrichtung um drei Tage aufgeschoben? Angeblich, damit Maximilian mit Hilfe des preußischen Gesandten noch private Belange regeln konnte. Eigentlich hatte er schon Wochen dazu verwendet, Testamente und Abschiedsbriefe zu verfassen, diese Dinge waren bereits erledigt. Selbst die republikanischen Soldaten fanden diese Verzögerung der Erschießung grausam, wenn danach keine Begnadigung folgte. Brauchte man die Zeit etwa noch, um mit Maximilian schwerwiegendere Details zu verhandeln oder Antworten aus dem Ausland abzuwarten?

Von der Hinrichtung ist uns Verschiedenes überliefert. Ist er gar mit einem Taschentuch vor dem Gesicht zur Hinrichtung geschritten? Sprach er wirklich seine letzten Sätze in bestem Spanisch, obwohl er seinen starken Akzent nie verloren hatte? Wie konnten es die mexikanischen Generäle annehmen, ihrem Kaiser bei der Exekution die linke Seite zu überlassen? In der Mitte war der Ehrenplatz, dies war der Platz Jesu. Links wurde der Dieb Barabas gekreuzigt, ein Bild, das sich den katholischen Mexikanern bei der Hinrichtung dreier Männer sicher aufdrängte.

Doch vor allem – wieso hielt man das Publikum von der Exekution fern? Mehrere Reihen Soldaten ließen Zivilisten kaum das Geschehen beobachten. Um die Bevölkerung Querétaros fern zu halten führte man die Hinrichtung auch Stunden vor dem geplanten Zeitpunkt durch. Eigentlich wollten die Sieger ihren Triumph demonstrieren und fürchteten sich nicht vor dem Volk. Beim Prozess des Kriegsgerichts wurden die Offiziere gar verpflichtet das Spektakel zu verfolgen. Die Hinrichtung wäre wohl noch abschreckender und einprägsamer gewesen. Es war in Mexiko auch üblich, Exekutionen an die große Glocke zu hängen. Die Köpfe wurden meist an Stangen lange Zeit präsentiert. Gab es ein Interesse die Hinrichtung still und unbeobachtet vor sich gehen zu lassen?

Warum hätten die sterblichen Überreste des Habsburgers zuerst gar nicht ausgeliefert werden sollen? Wieso wurden sie gar so stümperhaft einbalsamiert und auf dem Transport so roh behandelt? Gab es ein Interesse den Leichnam zu deformieren? Wieso wurde er erst sieben Monate nach der Hinrichtung den Österreichern übergeben?

Die Antworten blieben stets unbefriedigend, die Fragen wurden gar nicht mehr diskutiert. Debatten liefen nur noch um den Verrat des belagerten Querétaro. Handelte López dabei eigenmächtig oder gab es einen Auftrag Maximilians?

Manche Historiker sind der Meinung, der Kaiser hätte den Wunsch gehabt, die Stadt ohne Blutvergießen zu übergeben. Darum hätte López nach seinen Verhandlungen mit den Republikanern die bronzene Tapferkeitsmedaille bekommen. Maximilian hatte besondere Gründe dieser Person zu vertrauen. Er hatte ihm das Kommando über das Hauptquartier übergeben, obwohl er wusste, López hatte in seiner Armeelaufbahn schon die Seiten gewechselt. Vielleicht machte ihn gerade das zum richtigen Mann für diesen Auftrag. Die Sicherheit, mit der sich der Oberst nach seinem Verrat noch bewegte, könnte ebenso von der Mitwisserschaft des Kaisers zeugen. Am Morgen des Verrats führte er einen republikanischen General in Zivil durch das Kloster de la Cruz und durch die Höfe um ihm Orientierung zu verschaffen, wie Salm überlieferte. López war über alle Maßen aktiv die Übernahme der Stadt unblutig zu gestalten. Er ließ Geschütze wegräumen und der Kaiser beauftragte ausgerechnet ihn in der Stunde des Überfalls an die Kavallerieregimenter die Befehle zur Sammlung am Glockenhügel zu über-

bringen, obwohl seine Zusammenarbeit mit den Republikanern offensichtlich war. Dadurch kam die Kavallerie natürlich nicht mehr zum Kampfeinsatz.
Der Kaiser blieb für den Überraschungsangriff – die Taktik der Republikaner war eigentlich seit geraumer Zeit das Aushungern der Stadt – sehr gelassen und beruhigte seinen Stab. Nicht einmal seine Medizin vergaß er beim Aufbruch, er brauchte scheinbar wenig zu fürchten. Die angreifenden Soldaten hatten den Befehl, den Kaiser und sein Umfeld zu schonen. Sie versuchten ja nicht einmal ihn festzunehmen. Ganz im Gegenteil konnte er sich inmitten der feindlichen Elitetruppen frei bewegen. Sein ganzer Hof konnte sich noch sammeln und zum Glockenhügel ziehen. Nur Dr. Basch wurde nach direkten Provokationen gegenüber einem republikanischen Offizier dann doch kurzfristig in Gewahrsam genommen. Es ist leicht möglich, dass Maximilian von seiner Unantastbarkeit wusste. Von einer Gruppe republikanischer Soldaten wurde seine uniformierte Gruppe als »Zivilisten« durchgelassen. Salm staunte, Maximilian erklärte die Situation etwas fadenscheinig: Charlotte hätte die Schwester des Offiziers als Hofdame beschäftigt und gut behandelt. Seine Erinnerungsgabe hätte exorbitant gewesen sein müssen, in der Situation des Überfalls und der Flucht in einzelnen Soldaten Verwandte der Hofgesellschaft seiner Gattin zu erkennen.
Ein republikanisches Bataillon verfolgte die Gruppe zwar, griff aber nie an und wartete sogar geduldig um einen Zusammenstoß zu verhindern. In der ganzen Stadt wurde nicht mehr wirklich gekämpft. Die Soldaten Querétaros desertierten in Massen, auf weiterkämpfende Einheiten wurde ebenso wenig geschossen. Eine kaiserliche Kavallerieeinheit ritt durch Außenbezirke, in denen sich die Republikaner schon verschanzt hatten. Doch deren Gewehre schwiegen, das Geläute zum Sturm auf die Stadt und der folgende Kanonenbeschuss sollten ebenso weniger Opfer fordern, sondern eine Eroberungsschlacht inszenieren. General Escobedo wusste ja lange nicht, ob er den Verrat López' öffentlich machen sollte, schlussendlich entschied er sich für die Verbreitung der Nachricht einer gewaltsamen Besetzung Querétaros. Entschied diese Version gar seine Regierung in San Luis Potosí, zu der Telegrafenverbindung bestand?

Die Theorie, Maximilian hätte die Auslieferung der Stadt angeordnet, wird von den Worten unterstützt, mit denen Maximilian Dr. Basch begrüßte: »*Ich bin froh, dass alles ohne Blutvergießen abgelaufen ist. So wie ich mir vorgenommen, so hab' ich's getan. Für Sie alle hab' ich gesorgt.*« In der Gefangenschaft verlor Maximilian nie ein schlechtes Wort über López, das Thema des Verrats interessierte ihn wenig. General Escobedo bestätigte 1887 die Version, Maximilian habe Querétaro verraten, wollte aber unter keinen Umständen, dass die Öffentlichkeit dies erfahren würde. Seine Ehre als Habsburger wäre unwiderruflich befleckt gewesen. Anhänger Maximilians kritisierten diese These, bis heute sind die Historiker geteilter Meinung.

Eine Erklärung für diese bunte Sammlung von Ungereimtheiten konnte in den mexikanischen Archiven nie gefunden werden. Ausgerechnet aus dem zentralamerikanischen Kleinstaat El Salvador kam eine Version des Endes Maximilians, die die mexikanischen Wissenschafter aufhorchen ließ. Der Architekt Rolando Ernesto Deneke interessierte sich dort seit jeher in seiner Freizeit für die Geschichte seines Landes. Dabei ging es ihm weniger um Kriege und Präsidentenintrigen, sondern um interessante Menschen, die in seinem kleinen Land gelebt hatten. Einer dieser Menschen war Justo Armas. Schon als Junge hatte Deneke von seiner Großmutter Consuelo von der Aufsehen erregenden Person erfahren. Seine Urgroßmutter Abelina hatte nämlich freundschaftliche Kontakte mit dieser mysteriös erscheinenden Figur. Deneke wollte mehr über Justo Armas erfahren, begann zu recherchieren und widmete die letzten fünfzehn Jahre der Erforschung des Lebens dieser bedeutenden Persönlichkeit der Jahrhundertwende in El Salvador. Die Recherchen führten zum Ausgangspunkt zurück. Die Großmutter Denekes überlieferte das alte Gerücht, dieser Justo Armas wäre der mexikanische Kaiser Maximilian gewesen, der auf irgendeine Weise der Exekution entkommen konnte. Deneke hatte ihr keineswegs geglaubt, stellte aber intensive Nachforschungen an. Dazu nutzte er nicht nur seine Freizeit in El Salvador, sondern er reiste nach Österreich, Belgien, Frankreich und Mexiko um Anhaltspunkte zu finden. Dass Justo Armas eine Verbindung mit dem mexikanischen Kaiser gehabt haben musste, zeigen alleine die vielen Gegenstände und Fotos, die ursprünglich Maximilian gehörten und nun im Besitz des eigentümlichen Fremden in El Salvador waren. Nach Jahren detaillierter Recherchen konnte Deneke die alte Annahme bestätigten. Maximilian von Mexiko und Justo Armas aus El Salvador waren identisch, sie waren ein und dieselbe Person.

Deneke stellte seine These an der Universität seiner Heimat vor. Die unglaubliche Geschichte inspirierte den spanischen Diplomaten Santiago Miralles zu »*La tierra ligera – Das leichte Land*«, einem Roman zwischen Dokumentation und Fiktion. In diesem Werk versucht der junge italienische Abenteurer Alvaro Pignatelli in El Salvador im Auftrag eines Sammlers, die Herkunft eines Silberetuis mit dem Zeichen Kaiser Maximilians herauszufinden. Dabei stößt er auf Justo Armas, dessen wahre Identität er nach langen Recherchen und verschiedenen Verdachtsmomenten von einem befreundeten Freimaurer erfährt. Die Idee wurde in der Presse kolportiert und zwischen Wissenschaftern diskutiert.

Deneke lieferte neben einer Unzahl von Beweisen für seine Theorie, Kaiser Maximilian von Mexiko hätte als Justo Armas in El Salvador bis ins 20. Jahrhundert gelebt, auch den Hintergrund dieser unglaublichen Geschichte: Maximilian war wie Benito Juárez Freimaurer. Die Brüder des einflussreichen Bundes kamen auf die Idee, eine Exekution des Habsburgers zu inszenieren und ihm ein neues Leben in Mittelamerika zu ermöglichen. Sie schworen bei ihrer Ehre als Freimaurer, diesen Handel nie und niemandem zu verraten. Die Mitgliedschaft bei dem Weltbund hätte Maximilian das Leben gerettet, wie seinerzeit Santa Anna durch Freimaurerzeichen aus der texanischen Gefangenschaft befreit wurde. Die Brüderschaft der echten Freimaurer stand immer über jeglichem Zwist der Ideologien, Parteien und Nationen – und Benito Juárez war ein überzeugter Freimaurer. Noch heute wird jeder 15. Januar in Mexiko offiziell als Tag der Freimaurer gefeiert, denn an diesem Tag ist Benito Juárez in die damalige Geheimgesellschaft aufgenommen worden. Für einen Freimaurer wäre es unmöglich gewesen, das Todesurteil über einen Kollegen zu fällen. Dies widerspräche dem Schwur, den Juárez beim Eintritt in den Zirkel geleistet hatte. Schon 1723 wurde im ersten Konstitutionsbuch der Freimaurerei des Presbyterianers James Anderson, den so genannten »Alten Pflichten«, die Verpflichtung einer gegenseitigen Hilfestellung unter Brüdern festgelegt: *»Zum Verhalten gegenüber einem fremden Bruder: Erkennt ihr jedoch, dass er ein wahrer Bruder und echter Bruder ist, so achtet ihn entsprechend. Ist er in Not, so muss ihm nach Vermögen geholfen werden, oder man muss ihn dorthin verweisen, wo ihm geholfen werden könnte. Ihr müsst ihn einige Tage beschäftigen oder ihn weiterempfehlen. Doch ihr seid nicht verpflichtet, über euer Vermögen hinauszugehen, sondern nur dazu, einem armen Bruder, der ein guter und rechtschaffener Mann ist, allen anderen Armen in gleicher Lage vorzuziehen.*

Kurzum, all diese Pflichten habt ihr zu befolgen ... übt brüderliche Liebe, den Grund- und Schlussstein, den Mörtel und Ruhm dieser uralten Bruderschaft, meidet allen Zank und Streit, alle Verleumdung und üble Nachrede; erlaubt anderen nicht einen ehrlichen Bruder zu verleumden, sondern verteidigt seinen Charakter und erweist ihm alle guten Dienste, soweit das mit eurer eigenen Ehre und Sicherheit vereinbar ist, und mehr nicht. Und wenn einer von ihnen ein Unrecht tut, müsst ihr euch an eure eigene und seine Loge wenden ... beginnt niemals einen Rechtsstreit, wenn der Fall anders entschieden werden kann, und hört geduldig auf den ehrenhaften und freundlichen Rat von Meister und Mitbrüdern, wenn sie dazu angetan sind, euch von einem Rechtsstreit mit Fremden abzuhalten, oder euch ermutigen möchten, alle Prozesse beschleunigt zu beenden, damit ihr euch der Sache der Maurerei mit desto größerem Eifer und Erfolg widmen könnt. Doch liegen Brüder oder Gesellen miteinander im Rechtsstreit, so sollen Meister und Brüder willig ihre Vermittlung anbieten, der sich die streitenden Brüder dankbar beugen sollen. Falls dieses Einlenken undurchführbar ist, dann allerdings müssen sie ihren Prozess oder Rechtsstreit ohne Zorn und Erbitterung führen (nicht auf gewöhnliche Weise) und dabei nicht sagen oder tun, was die brüderliche Liebe und die Erneuerung und Fortsetzung guter Dienste behindern könnte, damit jedermann den wohltätigsten Einfluss der Maurerei

sehen kann, so wie das alle Maurer gemacht haben seit Anbeginn der Welt und wie die das machen werden bis an das Ende der Zeiten.«
Die Brüderschaft hätte die zwei Konkurrenten Juárez und Maximilian an einem Strick ziehen lassen. Schon der Grundstein des im 18. Jahrhundert entstandenen Bundes lag im Vertrauensverhältnis zwischen Menschen unterschiedlicher Überzeugungen. Die Freimaurer wollen einen besseren Menschen schaffen und leisten im Hinblick auf diesen Erziehungsarbeit. Sie bauen am Tempel der Menschlichkeit, dazu muss sich jeder einzelne Freimaurer zu einem edlen Menschen formen und als »*behauter und geschliffener*« Stein in den Tempel passen. Das Buch vom guten Benehmen von Adolf Franz Freiherr von Knigge war ein typisches Werk eines Freimaurers. Erst sollte der Mensch veredelt und vervollkommnet werden, dann wird sich die Gesellschaft ändern. Freimaurer müssen fremde Anschauungen und Überzeugungen, fremde Sitten und Gewohnheiten gelten lassen. In den Logen sind politische Diskussionen zumeist nicht einmal gestattet. Die Realität hindert viele Freimaurer zwar daran, ihre Ideale stets vor jedem Menschen anzuwenden, wenigstens im Logenleben wird intensiv danach getrachtet, dem Ruf nach Brüderlichkeit gerecht zu werden. Der schwerste Vorwurf, den man gegen einen Freimaurer erheben kann, ist unbrüderliches Verhalten und Handeln untereinander.
Zu den Geboten der Freimaurerei käme in diesem Fall eine gewisse Sympathie, die Präsident Juárez und Maximilian füreinander empfanden. Juárez nannte seinen Widersacher nahezu liebevoll »gran iluso«, den großen Träumer. Maximilian hatte stets die Zusammenarbeit mit Juárez gesucht, seine liberalen Gesetze nicht widerrufen. Juárez selbst beließ nun viele Gesetze des Kaiserreichs in der Republik.
So könnten die zwei Freimaurer Juárez und Maximilian übereingekommen sein diesen seltsamen Pakt zu wagen. Die verschwiegene Freimaurerei hätte eine ideale Plattform für die geheime Durchführung des Plans dargestellt.
Gegenüber einer Begnadigung hatte diese Handhabung für beide Seiten erhebliche Vorteile. Vor seinem Volk konnte sich Juárez als übermächtiger Sieger präsentieren. Nicht die Vereinigten

Staaten, nicht die Heilige Allianz in Europa konnte ihn in die Knie zwingen. Selbst dem Habsburger sollte Juárez' strenge Gerechtigkeit widerfahren. Bis heute gilt die Exekution Maximilians in der Erinnerung der Nation als heroischer und patriotischer Akt. Auf einer Unzahl der überdimensionierten Wandgemälde Mexikos ist er noch heute als der triumphale Höhepunkt des Schaffens Juárez' zu bewundern.
Die wirklich gefährlichen konservativen Generäle Miguel Miramón und Tomas Mejía, die unter Mexikos finanzstarken Konservativen und unter den Indigenen bis zuletzt viele Anhänger besaßen, hätte sich der Präsident vom Hals geschafft. Eine Verbannung wäre weniger sicher gewesen. Schon einmal hatte er Miramón ins europäische Asyl geschickt – mit dem Erfolg, dass er dort mitgeholfen hatte, eine französische Intervention vorzubereiten. Verbannte Mexikaner kehrten öfter wieder zurück – von Agustín Iturbide bis zu Santa Anna. Trotz des preußischen Angebots einer Garantie verwundert es wenig, wenn Juárez mehr dem Freimaurerbund als den Staatsführungen vertraute, die ja immer wieder wechselten.
Doch die protestierenden Regenten hätte er mit der fingierten Exekution genauso beruhigt. Über Freimaurerkollegen hätte er die Nachricht vertraulich zu allen Monarchen bringen können. Das Netz der Bruderschaft war weltweit gespannt und bot Kanäle zu allen Regierenden. Auf der internationalen Politbühne tauchten dann auch nur zahme Proteste und keine scharfen Zurechtweisungen oder Kriegserklärungen auf. Juárez hätte somit sein Ziel am besten erreicht. Europäische Ansprüche und die mexikanische Monarchie wären endgültig für tot erklärt worden – durch einen Akt der Gnade und nicht durch eine Exekution. Im Inneren seines Landes träte er trotzdem als Rächer und starker Mann auf. Die Republik wäre aus der Geschichte gefestigt hervorgegangen und hätte sich nicht mit einer Provokation der europäischen Mächte in einen neuen Teufelskreis der Gewalt und Instabilität begeben.
Maximilian wäre an einem Austausch seiner Identität genauso interessiert gewesen. Mit seinem Leben als Kaiser Maximilian von Mexiko hatte er schon abgeschlossen, mit seinem Leben als österreichischer Erzherzog schon lange zuvor. In Querétaro hat-

te er deshalb den Tod gesucht, doch der Tod des Soldaten war ihm nicht vergönnt. Eine Rückkehr nach Österreich reizte ihn wenig. Schon vor Monaten hatte er die Franzosen allein nach Europa fahren lassen und war in einer aussichtslosen Position in Mexiko verharrt, nur um seine Heimat nicht wiedersehen zu müssen.
Was hätte ihn in Österreich erwartet? Als Verlierer und Versager wäre seine Stellung weiter gesunken. Er musste sich eingestehen, dass er als Regent nicht triumphiert hatte. In Lombardo-Venetien konnte er die Schuld allein Wien zuschieben. Jetzt konnte er zwar über Paris schimpfen, doch reinwaschen konnte er sich wohl nicht mehr ganz. Er war auf falsche Berater hereingefallen, er hatte die Realität Mexikos nicht erkannt, nicht durchführbare Gesetze erlassen und sinnlose Kommissionen einberufen. Vielleicht musste er sich während der Belagerung Querétaros sogar eingestehen, dass er das Amt des Regenten vor allem aus der Ferne liebte. Nachdem sein Bruder Franz Joseph den österreichischen Thron bestiegen hatte, wollte auch er eine solche Bedeutung erlangen. Doch in der Stunde der Wahrheit – mit der Verantwortung der Kriegsführung und der bitteren Regentschaft auf den Schultern – sah er ein, sein Interesse galt mehr den Schmetterlingen, schönen Spaziergängen und Frauen.
Er war in Mexiko gescheitert. Er hatte alles auf eine Karte, auf dieses Land jenseits des Ozeans gesetzt. Von vornherein war er sich der Gefahren bewusst, doch er nahm die Krone an. Es war eine Kaiserkrone, die ihn seinem Bruder gleichstellte. Aus dem Land auf dem neuen, nach vorne strebenden Kontinent wollte er eine Weltmacht hervorbringen. Er wollte sich in Mexiko bewähren oder fallen. Nur eine kurze Zeitspanne kam ihm eine Abdankung in den Sinn, mit dem Gedanken an Österreich hatte er sie schnell wieder verworfen. Am Wiener Hof wartete niemand auf ihn. Selbst seine Mutter schrieb ihm, er müsste in Mexiko so lange wie möglich bleiben. *»Und doch muss ich jetzt wünschen, dass du in Mexiko so lange ausharrst als möglich und mit Ehren geschehen kann.«* Die Ehre der Habsburger ging ihr über alles. Maximilian hatte diese mit seinem mexikanischen Abenteuer mehr befleckt als hochgehalten.

Wenn er nach der Gefangennahme in Querétaro nach Hause zurückkommen sollte, würde er als hoffnungsloser Träumer, Verlierer und Schönredner dastehen. Und was daran besonders schmerzte: So falsch wären diese Vorwürfe nicht gewesen. Mit seinen Schönfärbereien und Prahlereien in den Briefen an die Brüder – in Europa und Österreich könnte sich nichts mit Mexiko, dem mexikanischen Volk und seiner tadellosen Regentschaft vergleichen – hatte er sich nur noch lächerlicher gemacht. Er wollte Franz Joseph nicht unter die Augen treten, ihn mit »Seine Majestät« begrüßen und ein wohlwollendes und verzeihendes »Maxi« hören müssen. Einiges hätte der Kaiser seinem jüngeren Bruder sehr wohl entschuldigen müssen, Maximilian hatte sogar von Mexiko aus noch viel Unruhe am Wiener Hof gestiftet. Der Widerruf des unterzeichneten Familienpakts verärgerte Franz Joseph und veranlasste ihn, im November 1864 dem österreichischen Reichsrat den an sich geheimen Vertrag vorzulegen und so der Öffentlichkeit preiszugeben. Maximilian verschlimmerte die Situation, indem er Protestnoten an die europäischen Mächte sandte. In Aussagen und Zeitungsartikeln wandte er sich immer wieder gegen die österreichische Monarchie. Sein Interesse am Wiener Thron spiegelte sich in den Briefen Eloins wider, die ihn an den Rand des Hochverratsverdachts brachten. In Österreich vertraute ihm niemand mehr. Sein Bruder Karl Ludwig hatte ihm trotz seiner Bitte keinen Sohn anvertraut, um diesen als Thronfolger in Mexiko zu erziehen. Die zugesicherten und bitter notwendigen Kontingente an Freiwilligenkorps wurden ihm nicht geschickt. Man hatte ihn hängen gelassen. Falls ein bedeutendes Amt in der Monarchie zu besetzen wäre, würde an Maximilian wohl als letzter aller Erzherzöge gedacht werden.

Neben der Ehre hatte Maximilian in Mexiko noch viel Geld verloren. In Europa warteten hohe Schulden auf ihn. Er hatte in Querétaro vor kurzer Zeit erfahren, dass seine so genannte »Miramar-Kasse« leer war. Mit der Ankunft der Kaiserin, die ständige ärztliche Betreuung benötigte und mexikanische Diener mit sich hatte, stiegen die Ausgaben weiter. Maximilian hatte zwar angeordnet Fonds der Kaiserin herzunehmen und verschiedene Auslagen einzusparen. Doch seine finanziellen Nöte

bekam er damit nicht in den Griff. Er hätte wohl bei »Seiner Majestät« betteln müssen, ein Canossagang.
Als Stütze blieb ihm zwar seine Gattin, von der er vielleicht dachte, sie sei schon gestorben. Diese Falschmeldung kursierte in Mexiko. Inwieweit die geistig umnachtete Charlotte überhaupt ein großer Anreiz gewesen wäre, nach Europa zu kommen, sei dahingestellt. Viele vermuten, es hätte sich sowieso nur um eine Konvenienzheirat gehandelt. Vielleicht war sie wirklich von Alfred van der Smissen schwanger und Maximilian wollte sie auf keinen Fall sehen. Wenn er an ihre letzten Worte und Zeilen in Mexiko dachte – an die Durchhalteparolen, kein Habsburger dürfte seine Stellung verlassen, Abdanken wäre nur für Schwächlinge –, dann fand er wohl, die ehrgeizige Charlotte wäre bei seinen Verwandten in Österreich gut aufgehoben.
Sein Leben hingegen wäre wohl glücklicher weit weg von Wien, weit weg von seinem Bruder Franz Joseph, weit weg von Hof und Etikette. Dem romantischen Geist Maximilians wäre die Idee, aus seinem bisherigen Leben auszusteigen, wohl genial vorgekommen. Es erinnerte ihn an seine geliebte romantische Literatur. Wie oft tauschte dort ein Fürst sein aufwändiges Leben gegen die Echtheit eines einfachen Daseins. Er malte sich das glückliche, intensive Leben aus, das er bei seinen Reisen immer wieder bewunderte. Tänze und gutes Essen gab es nicht nur am Hof. Die einzigen Privilegien des Hofes waren sorgenvolle Verantwortung, Intrigen und Familienzwist. Ihn hatte es immer schon in die Ferne gezogen, bei Fahrten auf dem Meer fühlte er sich wohl. Das warme Klima zog er immer dem rauen Wind nördlich der Alpen vor. Die Länder des hispanischen Kulturkreises liebte er dabei aufrichtig. Wie er schon als Junger Spanien den Vorzug gegeben hatte, bedeutete Mexiko nun viel für ihn. Bis zuletzt, trotz aller Niederlagen hatte er es nicht hassen gelernt. Er liebte die mexikanische Küche und Sprache, trug die einheimische Kleidung voller Stolz und identifizierte sich mit der Geschichte des Landes. Er war der erste Regent Mexikos, der die nationale Unabhängigkeit jährlich vom Balkon des Nationalpalastes hochleben ließ – eine noch heute heiß geliebte Tradition. Doch in Mexiko konnte er unmöglich bleiben, ein neues Leben im angrenzenden Mittelamerika wäre die Lösung

all seiner Probleme. El Salvador hatte kaum Ausländer, niemand würde ihn dort am Ende der Welt erwarten und erkennen. Der Problemlosigkeit seines einfachen Lebens wäre dabei nachgeholfen worden. Viele Gegenstände aus seinem Besitz wären ihm aus Mexiko nachgeschickt worden. Durch Freimaurerverbindungen sollte er von vornherein Eingang in höchste Politikerkreise des Kleinstaates bekommen.

Diese These Denekes bringt die klassische Geschichtsschreibung gehörig durcheinander und klingt deswegen abstrus. Doch viele Ungereimtheiten würden sich so wie von alleine erklären. Maximilian versuchte von Anfang an mit Juárez Kontakt aufzunehmen. Dabei lief immer einiges über geheime Diplomatie, von der niemand erfuhr. Oft blieb der Kaiser selbst vor seinen engeren Mitarbeitern in Mexiko geheimnisvoll. Seine Husaren Khevenhüller und Kodolitsch konnten den Kaiser schnell überzeugen nicht mit den Franzosen unehrenhaft abzureisen: »*Wir drangen nun in ihn, das Land doch nicht auf eine solche Weise zu verlassen, auf Befehl Napoleons oder Bazaines. Da unterbrach er uns mit den Worten: ›Ich gebe Ihnen mein Wort, dass ich Mexiko nur mit Ehren verlassen werde. Die Zukunft wird Ihnen das zeigen. Geschehe, was da wolle. Ich kann und darf nicht weiter reden.*‹«
Eine frühe Annäherung wäre denkbar, Maximilian wollte Juárez nicht erschießen lassen, als Miramón diesen 1867 bei Zacatecas fast erwischte. Maximilian unternahm einiges um den Präsidenten milde zu stimmen. Für politische Gegner erließ er eine Generalamnestie. In Querétaro wartete Maximilian auf Verhandlungsergebnisse. Während sich noch die einzelnen republikanischen Bataillone langsam sammelten, schlugen die Kaiserlichen noch nicht zu. Sie ließen den Republikanern die Möglichkeit zur Belagerung. Bei erfolgreichen Ausfällen wurde den Republikanern nie nachgesetzt, die Belagerten begnügten sich immer mit kleinen Siegen. Gefangene behandelte man stets gut. Die ganze Haltung des Kaisers war eine abwartende. Gesandte verließen immer wieder die belagerte Stadt um mit den Republikanern oder der Hauptstadt Kontakt aufzunehmen. Viel davon blieb natürlich geheim, einer der wenigen bekannten Kuriere

war der deutsche Husarenkorporal Herz. Diese Leute hätten erste Verhandlungsschritte für eine einvernehmliche Lösung setzen können.
Juárez hatte die Aufgabe der Stadt mit Maximilian als Gefangenen gefordert, einige Versicherungen hatte er dabei wohl schon gemacht. So könnte der Kaiser natürlich beim Verrat des Obersten López mitgemischt haben. Bei der Einnahme der Stadt hatte er dann nichts zu befürchten. Nur die Dokumente mussten verbrannt werden, einige Beweisstücke der Korrespondenz mit dem Freimaurerbruder hätten sich darunter befinden können. Sonst wäre diese Tat eher unverständlich, Maximilian lag eine genaue historische Aufarbeitung seines Kaiserreichs sehr am Herzen und verlangte sie ausdrücklich.
Für ihn selber war wohl gesorgt, für seine Soldaten und seinen Haushalt versuchte er darum zu intervenieren. Einige Mittelsmänner wurden in die Geschichte halb oder ganz eingeweiht. Einer davon hätte General Escobedo sein müssen, mit dem der Kaiser nach seiner Gefangennahme sofort allein sprach. Wie schon bei der Einnahme der Stadt blieb Maximilian während seiner ganzen Gefangenschaft sehr ruhig und gelassen, selbst nachdem General Mendez schon erschossen worden war. Über die langen Besuche General Escobedos erzählte Maximilian seiner Umgebung nichts, er tat sie als Besuche zum Austausch von Höflichkeiten ab.
Die Idee eines Identitätswechsels wäre rasch entstanden, denn Maximilian wurde bald abgeschirmt. Besuche konnten nicht mehr ohne weiteres den ehemaligen Kaiser sehen. Beim Gericht hatte er nicht zu erscheinen. Die Besprechungen wären inzwischen auf Hochtouren weitergelaufen. Ein möglicher Eingeweihter war Karl Freiherr von Gagern. Der republikanische Offizier und Freimaurer besuchte Maximilian öfter. Offiziell gab er an, dem Habsburger nur erklärt zu haben, dass er weder als Kaiser noch als Erzherzog gesehen werde, sondern als Abenteurer, Eindringling und Freibeuter. Lange vor dem Urteil fand er es notwendig, zu bekräftigen, der Kaiser werde exekutiert. Als Mitwisser verwischte er natürlich auch Spuren und tat kund, Maximilian hätte seine Freimaurerzeichen nicht verstanden: *»Ich versuchte darauf, durch die unter Freimaurern üblichen*

Zeichen mich ihm als Mitglied dieses Weltbundes zu erkennen zu geben. Meine Zeichen blieben unbeachtet. Später mischte ich in die Unterhaltung freimaurerische Ausdrücke und sagte ihm, er möge absehen von der Uniform, die ich trage, und nur einen Menschen in mir erblicken, der nicht allein mit Freuden bereit, sondern auch moralisch verpflichtet sei, ihm ... zu helfen. Maximilian dankte mir herzlich, zeigte aber nicht mit einem Wort, ... dass er meine freimaurerischen Andeutungen verstanden habe. Ich begriff, dass er dem Orden nicht angehöre.« Seine späteren Aufzeichnungen wären ein Teil des geheimen Paktes geworden.
Maximilian musste etwas im Schilde geführt haben, wenn er die Fluchtpläne dermaßen als Spiel betrachtete. Er war nicht bereit, seinen Bart, an dem man ihn erkennen konnte, abrasieren zu lassen. Der erste Fluchtversuch wurde wegen der Ankunft der Diplomaten und Verteidiger mit Baron Magnus verschoben. Den zweiten Versuch sah Maximilian noch operettenhafter und romantischer. Er überreichte Agnes Salm einen goldenen Siegelring, an dem er seinen Helfer erkennen wollte. Wenn er dabei mit Freunden Pläne zur Zukunft der Monarchie schmiedete, handelte es sich nur noch um einen angenehmen Plausch und um einen Witz. Er selbst konnte dies nicht mehr ernst nehmen.
Ein Spiel von Verhandlungen und Plänen auf mehreren Ebenen hätte Maximilian sicher fasziniert. Mit dem Ehepaar Salm und den Diplomaten gab es ein Fluchtspiel, mit den Brüdern der Freimaurerei ging es wirklich um seine Zukunft. Die andere Ebene störte vielleicht die Realisierung des echten Plans der Freimaurer und sie wurde ausgeschaltet, indem man die Diplomaten und die lästige Fürstin Salm aus Querétaro entfernte. Der Prozess wäre genauso ein Parallelspiel gewesen um den Formalitäten Genüge zu tun und um die Öffentlichkeit abzulenken. Dementsprechend sah Maximilian nur eine anregende Unterhaltung in den Gerichtsverhandlungen. Er las, spielte Domino und schloss sein Leben als Habsburger ab. Das Testament sprach seinen Besitz den Bediensteten, den Invaliden der Freiwilligenkorps und den treuen Freunden zu. Lange Abschiedsbriefe schrieb er ohne Groll und mit einer ruhigen, klaren Sicht der Dinge. An seinen Gönner Benito Juárez ging ebenso ein überraschend wohlwollendes Schreiben ab.

Dieses anstrengende Leben sollte zu Ende gehen. Scheinbar waren am 16. Juni noch nicht alle Details geregelt und das Datum der »Exekution« wurde um drei Tage verschoben, obwohl dies selbst eingefleischte Republikaner grausam fanden. Man brauchte noch einige Gespräche, vielleicht auch Antworten der Freimaurerkollegen aus El Salvador. In seiner scheinbar letzten Nacht besprach er sich noch mit Escobedo. Zu Blasio sagte er kühl, er hätte lieber weitergeschlafen.
Wie die Exekution inszeniert geworden wäre, ist nicht gewiss. Stand Maximilian selbst oder ein anderer vor einem Kommando mit Platzpatronen? Wurde gar ein anderer erschossen? Jedenfalls war es dem Betroffenen sehr wichtig, nicht im Gesicht getroffen zu werden. Vor der Exekution überreichte er den Soldaten Goldmünzen, damit sie nicht ins Gesicht träfen. Maximilian hatte schon Baron Lago angewiesen sich dafür zu verwenden, gute Schützen zu beauftragen. Sie sollten nur auf die Brust schießen. Noch dazu hatte der zur Exekution Schreitende nach einigen Quellen ein Taschentuch vor dem Gesicht. Den Freimaurern ist es nicht unbekannt, sterben zu müssen. Um ins neue Leben der Bruderschaft einzutreten wird der Tod eines jeden Freimaurers inszeniert. Maximilian wäre nicht noch einmal dem Bund beigetreten, sondern er hätte sich auf ein völlig anderes Leben vorbereitet. Er hätte auf das Leben in Palästen verzichtet und dafür die Wärme und Unbekümmertheit Mittelamerikas eingetauscht. Bei der falschen Exekution hätte man verständlicherweise keine Schaulustigen gebraucht. So veranstaltete man sie einfach drei Stunden früher als angekündigt. Der Statist oder Maximilian überließ den Ehrenplatz in der Mitte gerne General Miramón. Die Generäle waren eine ernste Bedrohung der jungen Republik. Da konnten die Bitten Maximilians nichts helfen, sie mussten sterben.
Ein Hauptproblem der Inszenierung der Erschießung wäre natürlich der Leichnam gewesen. Nach der fast dreimonatigen Belagerung Querétaros gab es jede Menge Leichen in der Stadt, darunter auch genug groß gewachsene blonde mit Bart. Alle Ungarn der Husarenkavallerie des Freiwilligenkorps mussten Vollbärte tragen. Bei der französischen Fremdenlegion in Mexiko befanden sich fast nur Deutsche, viele blieben mit den kai-

serlichen Truppen oder desertierten zu den Republikanern. Bei dem Belagerungsgemetzel kamen viele ums Leben. Doch ein Double dürfte man nicht jedem präsentieren. So instruierte die Regierung schon früh General Escobedo, nur er dürfte sich um den Leichnam des Kaisers kümmern. Um sich das Problem schnell vom Hals zu schaffen, beschloss die Regierung schon am 17. Juni, die sterblichen Überreste nicht auszuliefern.

Einige wenige – wohl eingeweihte – Augenzeugen ließ man an die Leiche. Dr. Basch, der ehemalige Leibarzt Maximilians, stellte dann erstaunlich kühl die Tiefe der Wunden fest und erwähnte kaum, dass es sich um den Kaiser handelte. Unangemeldeten Ausländern wurde sie nicht leicht gezeigt. Khevenhüller wurde daran gehindert, nach Querétaro zu kommen, um seinem Kaiser noch einmal ins tote Antlitz zu schauen und ihm die letzte Ehre zu erweisen. Genauso ließ man die Gesandten, die den Kaiser natürlich alle gut kannten, nicht aus der Hauptstadt nach Querétaro ausreisen. *»Den Gesandtschaften gegenüber benimmt sich die jetzige Regierung ganz unglaublich. Schon in Querétaro ließ Escobedo sie binnen zwei Stunden hinausjagen. Hier verweigert man ihnen die Pässe.«* Schmit von Tavera kam nach Querétaro, doch man forderte von ihm eine schriftliche Erlaubnis um zum Leichnam zu gelangen. Vielleicht weihte man ihn ein oder man hatte eine andere Leiche dem Antlitz des Kaisers schon sehr ähnlich gestalten können. Die Einbalsamierung wäre mehr eine Modellierung des Leichnams gewesen, um eine Ähnlichkeit mit dem ehemaligen Kaiser zu formen. Vier Fotos existieren von dem Leichnam, sie unterscheiden sich beträchtlich. Bei einem Foto wurde nachgewiesen, dass es von einer Puppe gemacht wurde. Maximilian war darauf völlig unpassend als dunkler Typ mit schwarzen Augen und rundem Kopf abgelichtet, obwohl er von hoher Statur war und helle Augen hatte. Keine Abbildung kann als Beweis dienen, der Leichnam wäre Maximilian. Die Ähnlichkeit ist nirgends frappant. Noch dazu berichten einige Quellen, der Bart des Kaisers sei bei einer Granatenexplosion in Mitleidenschaft gezogen worden – auf den Fotos erschien er aber in voller Pracht.

Die anderen Fotos Auberts veranschaulichten die Umstände der Exekution und suggerierten somit stark deren Realität, Escobedo unterstützte sie wohl deshalb. Sie beweisen aber gar nichts. Bei der Totenmesse am 28. Juni konnten die Besucher nicht am Leichnam Maximilians vorbeiwandeln, der Sarg blieb verschlossen.

Die stümperhaften Einbalsamierungen und die rohe Behandlung des Sarges während des Transportes wären der absichtliche Versuch gewesen, die sterblichen Überreste bis zur Unkenntlichkeit zu entstellen, man sollte keine klaren Züge mehr erkennen. Im Gegensatz zum Leichnam Maximilians gelang es den gleichen Ärzten sehr gut, Mejía und Miramón zu erhalten. Mejía blieb nach der Überlieferung als Toter noch drei Monate bei seiner Gattin, die kein Geld für die Beerdigung hatte. Dabei blieb er gut konserviert. Miramón wurde dreißig Jahre nach seinem Tod in gutem Zustand vom Friedhof San Fernando nach Puebla verlegt.

Erst am 13. Januar übergab man die völlig deformierte Leiche an Vizeadmiral Tegetthoff, der das Protokoll unterschrieb, auch wenn der Leichnam kaum mehr an seinen Freund erinnerte. Die Wortwahl im Übergabeprotokoll zeigt deutlich, dass es sich dabei mehr um eine diplomatische als um eine realistische Beschreibung handelt – der Leichnam wäre *»in vollkommen gut konserviertem Zustande«* gewesen.

In Österreich weigerte sich die Mutter Maximilians in diesen kärglichen Resten eines Menschenlebens ihren Sohn zu erkennen: *»Das ist nicht mein Sohn!«*

Alias Justo Armas

»Das Leben ist ein ewiges Vergessen.«

»Wahre Freiheit existiert nur in individueller Gestaltung.«

»Im Gleichgewicht der Seele beruht das Glück des Lebens.«

Ferdinand Maximilian von Habsburg

El Salvador wäre zweifellos ein brillantes Versteck gewesen. In dem abgelegenen, unbedeutenden Land hätte selbst den Kaiser von Mexiko niemand erkannt. Das Territorium des Kleinstaats grenzte nur an den Pazifik und stand so nicht in regem Kontakt mit der Außenwelt. Schon während der Kolonialzeit hatte Spanien kaum Interesse am entlegenen El Salvador gezeigt. In weit geringerem Maße als die anderen spanischen Kolonien bildete dieser Ort einen Anziehungspunkt für Einwanderer. Die meisten Glücksritter verließen das Land schnell wieder. Die Hauptstadt San Salvador liegt im »Valle de Hamacas«, im Tal der Hängematten, viele Erdstöße und Erdbeben lassen die Gegend regelmäßig erzittern. In dem gefährdeten Land gab es auch noch einige nicht erloschene Vulkane.

Ein Leben in El Salvador hätte Maximilian wohl gefallen können. Überreiche Natur konnte er in der Nähe San Salvadors besuchen, von Tausenden Orchideenarten, einem wunderbaren See bis zum immerfeuchten Nebelwald hatte der Salvadorianer verschiedene Juwelen an Landschaften vor der Haustür. Exoten wie Mangroven, Balsambäume und Ölpalmen waren genauso zu beobachten wie Affen, Jaguare, Pumas, Alligatoren und hunderte Vogelarten.

Dem Land wurden auch positive Perspektiven versichert. In zeitgenössischen Berichten wurde die besitzende Klasse El Salvadors stets als die innovativste und progressivste ganz Zentralamerikas hochgelobt. Der Unternehmergeist spiegelte sich in Manufakturen zur Erzeugung von Kerzen, Schuhen, Seifen und Zigaretten wider.

Das Tor zu dem zentralamerikanischen Land wäre aber für den neu geborenen Maximilian vor allem durch die engen Verbindungen der mexikanischen Regierung mit der El Salvadors geöffnet worden. Juárez' Regierung hatte die Kollegen in El Salvador stets tatkräftig unterstützt. Präsident Francisco Dueñas kam 1863 in El Salvador an die Macht und konnte sie bis 1871 konsolidieren. Der Vizepräsident und Kanzler seiner Regierung Gregorio Arbizú war nicht nur Freimaurer, sondern er war vorher bevollmächtigter Botschafter in Paris gewesen und hatte Napoleon III. kennen gelernt. Der konservative Arbizú versteckte nie seine Sympathien für die monarchistische Idee. Er wäre der perfekte Ansprechpartner für diesen Fall gewesen.
Es ist dokumentiert, dass sich Justo Armas 1870 in der Hauptstadt San Salvador niedergelassen hat. Doch die seinen Aufenthalt im Land belegenden Dokumente des »Archivo General de la Nación Salvadoreño« besitzen nicht den kleinsten Hinweis auf seine Herkunft, sein Ankunftsdatum oder eine andere Spur zu seiner früheren Existenz. Armas dürfte schon 1868 im Land erschienen sein. Sein Aussehen erregte in der kleinen Stadt von etwa 30000 Einwohnern großes Aufsehen. Seine Gestalt war groß und schlank, er hatte zwar keine Haare, aber er trug einen auffallenden Backen- und Schnurrbart. Seine hellen Augen und sein süddeutscher Akzent unterstrichen seine ausländische Herkunft.
In seiner neuen Heimat protegierte ihn der Vizepräsident Arbizú, denn Armas war dessen Freimaurerkollege. Vom weltweiten Bund musste ihm der Bruder schon im Voraus empfohlen worden sein. Er empfing ihn herzlich und beherbergte ihn anfänglich. Über die Vermittlung Arbizús wurde Justo Armas zum Berater des Präsidenten. Der Fremde beherrschte nämlich mehrere Sprachen und wusste vom Regieren sowie von internationalen Beziehungen erstaunlich viel. Seine Beratertätigkeit galt im Na-

tionalpalast als sehr nützlich, aus innenpolitischen Streitigkeiten hielt er sich heraus. So konnte er nach Machtwechseln sogar für spätere Präsidenten tätig sein. Er betreute das Protokoll des Kanzlerbüros und veranstaltete Diplomatenbankette.
Doch er baute seine Existenz nicht nur auf diese Arbeit auf, sondern gründete sein eigenständiges Unternehmen, indem er für die Oberschicht El Salvadors edle Bankette, Empfänge und Feste bei deren Feierlichkeiten organisierte. Bei Fragen der Etikette und feinen Veranstaltungen musste er so viel Erfahrung wie in der Politik gehabt haben. Er organisierte die Kellner, ließ auserlesene Speisen zubereiten und die passenden Getränke dazu servieren, selbst bei den Möbeln und der Musik bewies er exquisiten Geschmack. Die Accessoires waren von einer Qualität, die in El Salvador überraschte: Das Geschirr aus bestem Porzellan, das Besteck aus feinstem Silber und dazu herrliche Gläser. Die edlen Kerzenleuchter wetteiferten an Pracht mit herrlichen Blumen. Santiago Miralles formuliert in seinem Roman über Justo Armas: »*Mir wurde von den organisierten Banketten erzählt und diese erscheinen wie aus einem Traum. Stellen Sie sich vor, mir wurde geschildert, wie er die Feier zur Hochzeit der Señoritas Lalinde, drei Schwestern der Santa Ana, die sich am gleichen Tag vermählten, ausrichtete. Don Justo Armas ließ aus der Hauptstadt Karren voller Rosenstöcke kommen um den Empfang zu schmücken. Das Beste aber ist, dass es sich in der Stunde der Wahrheit herausstellte, die Rosen dufteten nicht ... So schickte Don Justo seinen Assistenten Curcucho Miranda zurück in die Hauptstadt, um Rosenessenzen zu kaufen, um die Blumen damit zu besprengen. Wie die Gäste ankamen, überraschten sie der Schmuck, das Porzellangeschirr und das Essen, aber vor allem verblüffte sie der Duft der Rosen. Stellen Sie sich das vor? Es muss ein bewundernswerter Señor sein!*«
Nicht nur seine Arbeit öffnete Justo Armas die Türen zur Gesellschaft der Oberschicht. In der örtlichen Freimaurerloge hinter der Kirche Rosario wurde der fremde Kollege als willkommener Bruder aufgenommen. Das Holzhaus mit Säulen und Giebel schien unauffällig, doch die darin verborgene, schweigsame und solidarische Bruderschaft traf in El Salvador wichtige politische Entscheidungen. Die reichen Kaffeeplantagenbesitzer

konnten von hier aus entscheidenden Einfluss auf alle Präsidenten ausüben. Die wohlhabenden Großgrundbesitzer konnten so ihren Landbesitz ständig erweitern. 1870 wurde kommunaler Landbesitz abgeschafft um dem Kaffeeanbau weitere Flächen zur Verfügung zu stellen. Die gute Bodenqualität der vulkanischen Asche an den Bergeshängen der Vulkankette wurde zur intensiven Bewirtschaftung genutzt, mehrere Ernten im Jahr waren bei dem häufigen Regen möglich. Kaffee wurde angebaut, seitdem die Erfindung künstlicher Farbstoffe die alten Exportgüter El Salvadors Indigoblau und Cochenillerot unrentabel machte, und brachte dem Land nun großen Wohlstand. Aus Europa kamen finanzkräftige Personen mit neuen Techniken der Landwirtschaft und Vermarktung. Weitere »Kaffeebarone« fanden sich in der Loge ein. Justo Armas hatte an deren Spiel der Macht und des Geldes kein Interesse. Doch er zeigte sich erfreut, schnell in die Gesellschaft integriert worden zu sein. Der Ausländer mit besten Manieren und voller Ritterlichkeit gab den Señoritas der besten Kreise Unterricht in Protokoll und Etikette. Seine Geschäfte gingen ausgezeichnet, von seinem Freimaurerbruder Gregorio Arbizú mietete er zwei aneinander liegende Reihenhäuser an der Ecke der Sexta Calle Oriente mit der Séptima Avenida Sur. Eines verwendete er für seine Geschäfte, er besaß und lagerte selbst die für Feste notwendigen Möbeln und das Geschirr. Das andere Haus stellte seinen Privatbereich dar.

Er konnte eine eindrucksvolle Kunstsammlung sein Eigen nennen – mit japanischen Keramikkrügen großen Ausmaßes, Tabakdosen aus Gold, feinsten Einlegearbeiten und einem Schrumpfkopf der Jíbaros aus Amazonien, *»den er jede Woche sonntags kämmte, damit das Haar sich nicht verfilzt«*, wie Santiago Miralles berichtet. Neben wertvollen Gemälden und Zeichnungen fanden sich in der Sammlung Armas' verschiedene Fotografien der österreichischen Familie der Habsburger, besonders des mexikanischen Herrscherpaares und der Kaiserin Charlotte. Mexiko dürfte Armas viel bedeutet haben, viele Fotos zeigten Landschaften dieses Landes. Selbst ein Ölgemälde Franz Josephs fand sich in dem Haus in El Salvador. Eine Verbindung zum Hause Habsburg musste existieren, hatte Justo

Armas doch eine Unzahl von edlen Möbeln und exquisitem Geschirr, das die Insignien des Hauses Habsburg und des Kaisers Maximilian von Mexiko trug. In Mexiko dachte man, diese verschwundenen Gegenstände seien Plünderern in die Hände gefallen oder sie wären im Atlantik versunken, doch sind sie über undurchsichtige Wege nach El Salvador gelangt. Noch heute befinden sie sich im Besitz verschiedener Familien des zentralamerikanischen Landes. Manche Häuserinterieurs der wohlhabenden Familien schmücken noch immer edle Möbel mit dem Monogram Maximilians.

In El Salvador konnte man sich Waren solcher Feinheit und aus dem Besitz der österreichischen Herrscher sicher nicht besorgen. In diesem Land legte sich Justo Armas nur ein paar Stücke prähispanischer Kunst zu. Seine Freunde fragten sich schon früh, wie konnte sich Armas diese Reichtümer leisten. Manche wollten die Rätsel lüften, die den geheimnisvollen Herrn umgaben. Doch Justo Armas wich Fragen zu seiner Vergangenheit und zur Herkunft seiner Stücke immer aus und so begannen Gerüchte zu entstehen.

Dem stets bestens gekleideten Armas haftete eine weitere Seltsamkeit an, er benutzte kein Schuhwerk, sondern ging jeden Weg barfüßig. Selbst bei seinen feinen Banketten trug er zum Frack keine Schuhe. Freunden erzählte er, er habe einen Schwur auf die Jungfrau Maria getan. Er wäre der einzige Überlebende eines Schiffbruchs. In dieser hoffnungslosen Situation der Gefahr habe er die Jungfrau um Hilfe gebeten und geschworen, im Falle seiner Rettung zum Gedächtnis und zur Buße nie den Kontakt zur Erde zu verlieren, nie wieder Schuhe zu tragen und ein einfaches Leben zu führen.

Justo Armas genoss die Natur seiner Umgebung, genoss seine wohl schmeckenden Zigarren. Privat führte er ein zurückgezogenes Leben, aber er versteckte sich in El Salvador nicht vor der Gesellschaft, nein er arbeitete für ihre Anlässe.

Die Person Justo Armas passt erstaunlich in das Bild, das man sich von Maximilian, dem abgedankten Kaiser Mexikos, machen kann. Seine Arbeit hätte haargenau den Fähigkeiten des Habsburgers entsprochen. Hier hätte er seine durch die Ausbildung am Wiener Hof und vielfältigen Erfahrungen gewonnenen

Kenntnisse eingesetzt ohne ins Feuer zu greifen. Eine Mithilfe bei der Regentschaft von der zweiten Reihe aus wäre seinen Wünschen perfekt entgegengekommen. Ihm wären die politischen Probleme El Salvadors nicht fremd gewesen, sie waren denen Mexikos zum Verwechseln ähnlich. Immer wieder beunruhigten Bürgerkriege, Aufstände, Militärputsche, gescheiterte Föderationsversuche und Grenzstreitigkeiten mit Guatemala das Land. Der gelernte und erfahrene Politiker hätte sicher so manchen treffenden Kommentar und Ratschlag abgegeben. Die unerfahrenen Präsidenten hätten von den aus schweren Schlägen gewonnenen Einsichten Maximilians profitiert. Justo Armas drängte sich aber nicht in die erste Reihe, sondern versuchte höchstens ausgleichend zu wirken, indem er Aspekte der liberalen wie der konservativen Politik unterstützte. Aus einer beratenden, zurückhaltenden Stellung heraus machte er sich damit keine Feinde. Doch seine Stärke waren das Protokoll und die Formalitäten. Die Diplomaten und einflussreichen Ausländer gewann er mit seinem selbstbewussten Auftreten in ihren Kreisen und mit seinen Fremdsprachenkenntnissen. Nach El Salvador kamen vor allem Italiener, deren Sprache er ausgezeichnet beherrschte.
Von seiner großen Hassliebe – der Etikette – wäre Maximilian so nicht einmal hinter den Vulkanen der amerikanischen Meeresenge losgekommen. Gerade in diesem Bereich hätte er eine lukrative Arbeit gefunden, bei der seine von Juárez nachgeschickten Besitzungen an Möbeln, Geschirr und Besteck ausgezeichnete Verwendung finden konnten.

Justo Armas wäre dann also nicht der Überlebende eines Schiffbruchs gewesen, oder doch? Maximilian hätte sich zu Recht als Überlebende des Untergangs der mexikanischen Monarchie gesehen. Das Kaiserpaar hatte wohl schon lange dieses Bild des Imperiums als Schiff verwendet, das sie durch stürmische See lenken mussten. Die geistig umnachtete Charlotte in Europa nutzte einen ihrer lichten Momente, um ein Bild nach ihren genauen Anweisungen zeichnen zu lassen, das sie als Stich an Freunde und Verwandte mit ihrer Widmung schickte, um den Tod Maximilians bekannt zu geben. Darauf war Maximilian als letzter Mann auf einem sinkenden Schiff dargestellt, kreuzte seine starken Arme und hielt die Fahne bis zuletzt aufrecht.

Sein Schwur – vielleicht auf die mexikanische Nationalheilige, die Jungfrau von Guadalupe – wäre dann der gewesen, wenn er nach dem Untergang seines Reiches heil aus Mexiko kommen sollte, wollte er ein besinnungsreiches Leben führen und büßend auf Schuhe verzichten.

Nach Justo Armas tauchte in San Salvador eine mexikanische Nonne, die Schwester Trinidad auf. Es wird vermutet, dass sie »*La Paloma*«, eine Geliebte Maximilians, war, die ihm treu bis nach Zentralamerika gefolgt war. Santiago Miralles erzählt die Geschichte der Liebschaft auf eine romantische Weise: Die Beziehung des jungen Kaiserpaares von Mexiko war ja bekanntlich in manch privaten Dingen sehr kühl, sie schliefen nicht einmal zusammen. Der sehnsüchtige Maximilian beneidete manches Mal die französischen und österreichischen Offiziere, die sich ungeniert den hübschen Mexikanerinnen nähern konnten. So war er in Puebla in eine österreichische Uniform geschlüpft und lernte in dieser Rolle das schöne Mädchen Guadalupe kennen, das sich verführen ließ. Guadalupe erschien es ein Drama, dass der junge, bärtige Offizier ausgerechnet der verheiratete Kaiser war. Ihre Familie verteufelte sie, ihr liberaler Bruder wollte sie gar verstoßen und durch die Stadt zerren. So blieb ihr nur der Weg ins Kloster, sie wurde eine Schwester zur Barmherzigkeit. Nach der Machtergreifung der liberalen Regierung Juárez' wurde ihr religiöser Orden aus dem Land verwiesen. Sie wandte sich Richtung Süden und gelangte nach San Salvador. Bald traf sie »Justo Armas«, der ihr eine Tätigkeit im ausgezeichneten Spital Rosales verschuf. Gregorio Arbizú war natürlich der Besitzer dieses einzigen modernen Spitals in ganz Zentralamerika. Maximilian bat sie, ihn nicht zu verraten. Die mittlerweile demütige Ordensschwester dachte gar nicht daran. Eine Freundschaft der besonderen Art entwickelte sich. Schwester Trinidad aus dem Spital Rosales besuchte Justo Armas meist in Begleitung regelmäßig etwa alle zwei Wochen.

Einen bestechenden Hinweis für die These, dass Justo Armas Maximilian von Habsburg wäre, lieferte die österreichische

Dynastie selbst. Nachweislich besuchten zwei Diplomaten Österreich-Ungarns mitten im Ersten Weltkrieg den bedeutungslosen Kleinstaat in Zentralamerika. Sie stiegen im Hotel »*Nuevo Mundo*« ab, ihre Anwesenheit erregte großes Interesse. Der Aufgabe der Botschafter wurde gespannt entgegengesehen. El Salvador hatte sich im großen Krieg neutral erklärt, wollten die Österreicher den Präsidenten zu einer Haltung gegen die Entente bewegen? Was waren ihre Angebote? Doch die Politiker El Salvadors wurden enttäuscht, die Diplomaten suchten nur Justo Armas auf und besprachen sich nicht mit den Führungskräften des Landes.

Es wird angenommen, die Österreicher seien ausgesandt worden, um Maximilian alias Justo Armas anzubieten, er solle seine wahre Identität enthüllen und sie nach Österreich begleiten. Dort wollte der den Tod erwartende Franz Joseph seinen Bruder als seinen legitimen Thronfolger einsetzen. Sein Sohn Rudolf wie sein Neffe Franz Ferdinand waren ja tot, als nächster Habsburger wäre der junge Karl, der Enkel seines Bruders Karl Ludwig, auf den Thron gekommen. Franz Joseph hielt Karl bis zuletzt von jeder Regierungspolitik fern, denn er hoffte wohl, sein Bruder würde aus seinem gewählten Asyl am Pazifik zurückkehren. Doch die Botschafter mussten El Salvador ohne einen zukünftigen Kaiser Österreichs verlassen. Maximilian war scheinbar ein glücklicher Justo Armas geworden. Sein gemütliches Dasein in El Salvador wollte er keineswegs gegen die Führung der untergehenden Donaumonarchie eintauschen. Die Situation – eingeschlossen zwischen mehreren übermächtigen Gegnern – hatte er bereits zur Genüge kennen gelernt. Er nahm keinen von vornherein verlorenen Thron mehr an. Er zog sein ruhiges Paradies der bedrängten Heimat vor. Nach dem Tod Franz Josephs kam der vollkommen unvorbereitete Karl an die Macht, schnell ging das österreichische Kaiserreich seinem Ende zu. Dies hätte die versteckte Habsburgerseele Maximilians wohl geschmerzt. Sonst verfolgte er nur oberflächlich die Geschehnisse der Welt. Die alten Befürchtungen der europäischen Monarchen bewahrheiteten sich: Die Vereinigten Staaten nahmen unaufhörlich an Macht zu: Sie hatten Alaska gekauft, verbesserten ständig ihre innere Infrastruktur – eine Eisenbahn quer durch den Kontinent war fertig gestellt worden – und das 100-Jahr-Jubiläum ihres Staatenbundes hatten sie mit einer unvergleichlichen technischen Leistungsschau gefeiert. Nun stand dieser Gigant vor der Kriegserklärung an die Mittelmächte. Justo Armas hätte wohl geahnt, dass seine Heimat langsam aufhörte zu existieren.

Er war in El Salvador zu Hause. Große Veränderungen und Fortschritte hatte er in diesem Land bereits miterlebt. Bald nach seiner Ankunft wurde die beeindruckende Kathedrale gebaut. Er erlebte Naturwunder, bei seismischen Tätigkeiten 1880 trat der San-Andrés-See nahe der Hauptstadt aus seinen Ufern und ließ neue Inseln zurück, als er sich wieder senkte. Ihn faszinierte dieses Land, er liebte seine Arbeit im Nationalpalast. Dessen Fassade von hundert Metern, dessen Marmorstiegen und Granitsäulen ließen ihn einen angenehmen Hauch früheren Prunks spüren. Seine Umgebung strahlte Optimismus und Zukunftsgläubigkeit aus. El Salvador hatte sich zum wohlhabendsten Staat Zentralamerikas entwickelt, der 1914 eröffnete Panamakanal sollte seine Chancen im Außenhandel weiter verbessern. In seiner neuen Heimat hatten Engländer Eisenbahnlinien erbaut, einige tausend Kilometer Telegrafenlinie durchzogen das kleine Land, es gab Elektrizität und fließendes Wasser. Selbst das Gelbfieber wurde besiegt. Er war zwar nur ein Rädchen im Staatsbetrieb, doch er liebte seinen kleinen Erfolg und den seines Landes. Seine neue Rolle erfüllte ihn, hier brillierte er. Seine Person wurde nicht wegen seines Namens, sondern wegen seiner Tätigkeit respektiert und geachtet. Die Vergangenheit war abgeschlossen, niemand fragte ihn mehr danach. Nur als ein verheerendes Erdbeben am Fronleichnamstag 1917 die Hauptstadt verwüstete und ein Vulkanausbruch einen sieben Kilometer langen Lavastrom ins Tal schickte, wollte er angeblich sein Geheimnis nicht mit ins Grab nehmen. Einem seiner besten Freunde, Rodolfo Schleuz, gestand er seine Identität. Dieser erzählte es nur im engsten Familienkreis weiter. Nur sein Sohn Otto Schleuz schrieb die Anekdote nieder: Der Kaiser wäre nach der gestellten Exekutionsszene sofort in Decken gehüllt und in voller Lebenskraft in das Kapuzinerinnenkloster zurückgetragen worden. Dort hüllte er sich in eine schlichte Mönchs-

kleidung und ging und ritt in Begleitung eines alten Priesters drei Tage Richtung Süden. Am Morgen des 23. Juni 1867 stießen sie an die Grenzen Mexikos und der Mann Gottes wies Maximilian den Weg – in El Salvador sollte er sein Glück finden, ein einflussreicher Freimaurerbruder wäre unterrichtet.
Justo Armas arbeitete, bis er im hohen Alter sein Augenlicht verlor und sich ins Privatleben zurückzog. Ob er als alter Herr erfuhr, dass die geistig umnachtete Charlotte, die Kaiserin von Mexiko, im Januar 1927 verstarb, und ob es ihn betraf, wissen wir nicht.
1936, kurz vor seinem Tod, soll der moribunde Armas bei seiner letzten Beichte das Geheimnis um seine wahre Identität dem Bischof von El Salvador anvertraut haben. Dieser klagte nach den letzten Atemzügen Armas': *»In Wahrheit ist ein Prinz gestorben!«* In den erschienenen Nachrufen in El Salvador wurde die Möglichkeit erwogen, Justo Armas wäre Maximilian, der Kaiser von Mexiko, gewesen. Viele Bürger San Salvadors waren sich dessen sicher, doch die Gerüchte erhielten nirgends ein bedeutendes Echo und verebbten im Laufe der Jahrzehnte. Falls Justo Armas Maximilian war, wäre er mit 104 Jahren gestorben, ein erstaunlich hohes Alter, aber kein Gegenbeweis. Justo Armas starb ohne Nachfahren, wie Maximilian schien er keine Kinder bekommen zu können.

Die Diskussion

»Wer in der Diskussion in Leidenschaft gerät,
ist verloren, denn Leidenschaft argumentiert nicht,
sondern schlägt nur mit roher Gewalt drein.«

Ferdinand Maximilian von Habsburg

Rolando Deneke konnte seine These mit seriösen Beweisen unterlegen. Ohne finanzielle Hilfe einer akademischen Institution investierte er dafür große Mengen an Zeit und Geld. Er sammelte die Gegenstände Justo Armas' mit dem Monogramm des Kaisers Maximilian oder dem Wappen der Habsburger. Viele befinden sich noch in El Salvador. Da Justo Armas kinderlos verschied, beerbten ihn die Kinder seines Freimaurerbruders Gregorio Arbizú. Der teure Schmuck, das Porzellan, das Glas und die Silbergegenstände sind einwandfrei Originale und keine Fälschungen. In El Salvador erstandenes Besteck verglich Rolando Deneke mit dem Besteck Maximilians in Mexiko, es war identisch. Die Stücke des Kaisers wurden in Paris bei Christofle angefertigt. Deneke fragte auch dort nach und die Vermutung wurde bestätigt. Das Besteck aus El Salvador stammte aus diesem Haus.

Viele Stücke aus dem persönlichen Besitz Maximilians wurden in dunklen Kanälen vermutet, da sie nie nach Österreich geschickt wurden, aber auch nicht in Mexiko auftauchten. Von einer Plünderung wurde nie gesprochen. Im Schloss Chapultepec blieben nur wenige Möbelstücke, die kaum zu transportieren waren. Die Kaiserin Charlotte in Belgien bekam aus Mexiko nur einige Geschirrstücke. In Triest brachte man ebenso nur we-

nige Stücke aus dem privaten Besitz in sein Schloss. Selbst der Leichnam war nur mit einer Kette und einem Ring am Finger aus Mexiko eingeschifft worden. Eine Schachtel mit Briefen und Dokumenten wurde erst spät nach Österreich geschickt. Dabei wurde um den Nachlass des Herrschers hoch gepokert. Der Hamburger Konsul John Bahnsen forderte den österreichischen Gesandten Baron von Lago gar zum Duell, da dieser sehr ungestüm zwei Koffer mit Kleidern und vermuteten Briefen des Kaisers verlangte.
Die Idee liegt nahe, die Kostbarkeiten Justo Armas' hätten dem Kaiser aus Mexiko gehört. In Armas' Garderobe fand sich auch ein Hut mit zwei Spitzen. Einen Hut gleicher Art hatte Maximilian getragen und ein Foto mit diesem auf dem Kopf nach Europa geschickt.

Ein weiteres umwerfendes Indiz liefert ein Edikt, das Juárez nach der Exekution des Kaisers in ganz Mexiko publizieren ließ: »*El Archiduque Fernando Maximiliano José de Austria había sido pasado justo por las armas – dem Erzherzog Ferdinand Maximilian Joseph von Österreich wurde Gerechtigkeit durch die Waffen zuteil.*« Justo Armas hatte sich seinen Namen aus den zwei Schlüsselwörtern dieses Schreibens des mexikanischen Präsidenten zusammengestellt. Ein Bezug zur Hinrichtung Maximilians muss bestanden haben.

Eine beeindruckende Sammlung an bereits erwähnten Indizien wurde zusammengestellt. Viele Widersprüche der offiziellen Geschichtsschreibung konnte die Theorie Denekes klären, die nun Wellen schlug. Sie hatte als offenes Gerücht in El Salvador schon voriges Jahrhundert existiert. Die Delegation aus Wien, die kurz vor dem Tod des Kaisers in El Salvador auftauchte und nur mit Justo Armas in Kontakt trat, überzeugte die Leute endgültig, es handle sich um den ehemaligen Kaiser von Mexiko.
Deneke wollte aber mehr als Indizien und ließ Expertisen der Handschriften von Maximilian und Armas erstellen. Armas' Tagebuch befindet sich noch heute in den Händen der Nachfahren Arbizús. Verschiedene in den Vereinigten Staaten angefertigte Vergleiche kamen zum selben Ergebnis: Der Schriftzug gehört

zu ein und demselben Menschen, wenn auch ein zeitlicher Unterschied festgestellt wurde. Justo Armas' Schrift zeugte zwar von weniger Entschlossenheit, doch von mehr Entwicklung des Schreibers.
Rolando Deneke betätigte sich weiter als Detektiv. Eine Methode der Kriminologie ist die »antropomorphe Komparatistik«. Ohren und Nase werden nicht nur heute operiert, sie konnten auch in vergangenen Tagen noch bei Erwachsenen weiterwachsen und sich ändern. Die Haut unterliegt sowieso starken Veränderungen. Doch die Struktur der Knochen bleibt ein Leben lang dieselbe. Anhand von Fotos mit Maximilian und Justo Armas ließ Deneke einen Gesichts- und Schädelvergleich eines renommierten Spezialisten erstellen. Die Schädelform, der Sitz der Augen und die Lage der Nase ergaben eine totale Übereinstimmung der beiden Personen.
Nach diesen beeindruckenden Zeugnissen wagte Deneke, von der Familie Arbizú, in deren Familiengrab am Gemeindefriedhof San Salvadors Justo Armas ruht, die Genehmigung zu erbitten, den Toten ausgraben zu dürfen. Aus seinen Knochen wurde DNA gewonnen, die mit Proben verglichen wurde, die Nachfahren aus dem Hause Habsburg zur Verfügung gestellt hatten. Dies war keine leichte Aufgabe für den Architekten aus El Salvador, der dreihundert Bittschriften an verschiedene Nachkommen der österreichischen Dynastie gesandt hatte. Nur wenige davon antworteten, noch weniger waren bereit ihm Proben zu überlassen. Dazu war ebenso das Einverständnis des Vorsitzenden des Hauses Otto von Habsburg notwendig. In zwei Labors wurde daraufhin untersucht – in den Vereinigten Staaten und in Spanien. Obwohl die DNA von Armas durch Mikroorganismen verunreinigt war, ergab sich eine überraschend große genetische Übereinstimmung. Selbst wenn Justo Armas nicht Maximilian von Mexiko war, dürfte er Habsburger Blut in den Adern gehabt haben.

Historiker und andere Fachleute, die sich lange mit dem Kaiser von Mexiko beschäftigt hatten, konnten sich der Seriosität der These Denekes nicht entziehen und stellten sich der Diskussion. Der mexikanische Maximilian-Experte José Manuel Villalpando erkennt die Beweise an, betont aber, sie wären nicht endgültig. Die Indizien beeindrucken ihn: die Fotos der Habsburgerfamilie und des mexikanischen Kaiserpaares – beispielsweise vor der Jungfrau von Guadalupe – gab es nie an der Straßenecke zu kaufen. Vieles an der Exekution und der Behandlung des Leichnams blieb unklar. Das einzige Foto mit den Generälen Miramón und Mejía stellte sich als Fälschung heraus. Villalpando fand in seiner tiefen Kenntnis der Person Maximilians keine Gegenargumente zum Identitätswechsel des Kaisers: »*Die Forschungen Denekes stimmen mit meinen Urteilen zum wankelmütigen Charakter Maximilians überein. Ich schließe mit der Erschießung in Querétaro, die die Lösung für alle seine Probleme war. Doch ihn zu begnadigen und nach El Salvador zu schicken, war eine noch bessere Lösung: Es rettete seine Leben ohne weitere Komplikationen, ohne wirtschaftliche Probleme und ohne die Notwendigkeit, sich der Missachtung in Europa, den Schulden und dem Bankrott und dem Leben mit einer verrückten Ehefrau zu stellen.*«

Doch wenige mexikanische Historiker stehen der These vom Überleben des Österreichers so offen gegenüber. Wenn Maximilian nach El Salvador geschleust worden wäre, hätte Benito Juárez, der große Verteidiger der Heimat und der Republik, sein Volk hierbei hinters Licht geführt und ihm bei der Hinrichtung eine Komödie vorgespielt. Villalpando sieht die Angelegenheit nicht so streng und bekräftigt, die These würde Juárez und seinen unbeirrbaren Charakter nicht in Misskredit bringen. Er hatte ja die Monarchie bereits besiegt, die Begnadigung wäre ein genialer Schachzug eines erstaunlichen Politikers gewesen. So hätte er sich den Respekt Europas gesichert, der im Handel und in der Politik bedeutende Vorteile für die Republik Mexiko gebracht hätte.

Diese Sichtweise stieß in Mexiko auf wenig Gegenliebe. Die These Denekes wurde vielmehr schroff abgelehnt und zum Teil wütend zurückgewiesen. An der Geschichtsschreibung um den Nationalhelden Benito Juárez soll nichts geändert werden. Trotz seines Freimaurergelübdes hätte der Präsident dem unrechtmäßigen Kaiser sein Mitwirken an der französischen Intervention nie verziehen. Ein seltsames Argument wird öfters gegen die neue Theorie vorgebracht: Benito Juárez sah den Leichnam Maximilians und hatte ihn nicht als einen anderen erkannt. Das wäre von einem Mitwisser und Mitinitiator auch befremdlich gewesen. Nach den Überlieferungen sah der Präsident den Leichnam am 6. Juli in Querétaro und während der zweiten Einbalsamierung in Mexiko-Stadt. Dabei registrierte er vor allem die Statur des Hingerichteten. Man könnte seine Kommentare auslegen, Juárez beschreibe die physische Qualität des Ersatzes für Maximilian.

Auch die fachliche Kompetenz Denekes wurde in Frage gestellt: Er wäre kein professioneller Historiker und wolle nur berühmt werden. Eine ganze Reihe mexikanischer Historiker wie Silvio Zavala, José Luis Martínez, Nicole Giron, Patricia Galeana, José Ortíz Monasterio und Jean Meyer wollten die These widerlegen.

So wurde der Ausschrei der Mutter Maximilians verschieden gedeutet. Dies wäre eine nicht unnatürliche Reaktion einer Mutter, wenn man den Sarg mit dem halb verwesten Körper des vermeintlichen Sohnes vor ihr öffnete. Immer wieder wurde auf Zeugen der Hinrichtung und der Einbalsamierung verwiesen, die ihre Beobachtungen schriftlich festgehalten hatten. Der Herausgeber vieler Dokumente um das mexikanische Kaiserreich und hervorragende Maximilian-Kenner, der Österreicher Konrad Ratz, führt an, die letzten Tage wären in von seiner Hand verfassten Briefen, Testamenten und Augenzeugenberichten zu gut belegt, um darin Zeit und Möglichkeit zu finden, eine derart komplexe Idee auszubrüten. Er weist auf die verschiedenen Zeugen der Exekution hin – wie den preußischen Gesandten Anton von Magnus, den ungarischen Koch Tüdös und den letzten Beichtvater Soria y Breña. Maximilians Leibarzt Dr. Samuel Basch beschrieb nachher seine Autopsie, Vizeadmiral Tegetthoff bestätigte die Übergabe, die Öffnung und den Inhalt des Sarges. Nach sieben Monaten müsste der Leichnam nach der besonderen Behandlung aber schon unkenntlich gewesen sein und die Unterschrift Tegetthoffs war wohl eine Formalität. Ratz führt an, selbst Einwohner Querétaros konnten den Leichnam sehen. Über die Fragen, wer den Leichnam in welchem Zustand sah, wissen wir jedoch wenig. Doch zweifellos sind dies ernst zu nehmende Gegenargumente, dabei sollten aber drei Punkte nicht vergessen werden.

Erstens: Die Durchführung der fingierten Hinrichtung und Einbalsamierung hätte ohne Zweifel nur einige wenige Mitwisser benötigt. Diese wären neben einigen Freimaurern enge Mitarbeiter Juárez' und Maximilians gewesen – Leute wie den Leibarzt Dr. Basch hätte man hier nur schwer hinters Licht führen können. Menschen wie den geschwätzigen Fürst Salm hatte man von der Mitwisserschaft ausgeschlossen. Er wurde auch im Gefängnis vom Kaiser getrennt. Eingeweihte wären vor allem Freimaurer gewesen, die sich auf republikanischer wie auf kaiserlicher Seite zur Genüge fanden. Über Kanäle des Bruderbundes wäre die Nachricht auch ins Ausland gekommen. Dieser kleine Kreis an Informierten hätte trotzdem in Erinnerungsschriften die offizielle Version der Hinrichtung verbreiten können.

Zweitens: Die meisten Augenzeugen der Hinrichtung sahen nur wenig Konkretes. Sie waren zu weit vom Ort des Geschehens entfernt. Ein großes Aufgebot an Soldaten versperrte ihnen die Sicht. Trotzdem konnten sie notieren, was sie von weitem sahen oder was erzählt wurde.

Drittens: Nicht viele Menschen kannten den Kaiser wirklich. Die Bewohner Querétaros, die mit ihm in der wochenlangen Belagerung ausharrten, wurden durch die zeitliche Vorverlagerung der Hinrichtung an der Beobachtung gehindert. Die republikanischen Soldaten sahen den Kaiser – wenn überhaupt – nur einmal im Profil auf einer Münze. Nicht einmal die Zeitungen Mexikos zierten zu dieser Zeit Abbildungen der Regenten des Reiches. Die Monarchen und Politiker konnten sich lange Zeit unerkannt in ihren Ländern bewegen. Ludwig XVI. floh aus Paris in aller Gelassenheit nach London. Auf dem Weg zum Hafen von Calais bekam er großen Appetit auf einen Schweinsbraten und ließ in einem Dorf halten. Dort hatte er dann überraschenderweise das große Pech, das ihn jemand erkannte. Er wurde verhaftet und verlor seinen Kopf. Kaiser Maximilian konnte sich sogar in der Hauptstadt inkognito bewegen. Die Anwesenheit vieler mitteleuropäischer Soldaten machte sein Aussehen nicht absolut einzigartig. Seine Identität wurde ihm oft nicht einmal geglaubt, wenn er sich zu erkennen gab. Wir erinnern uns an seine vergeblichen Versuche, eine Bäckerei zu besuchen, oder an seine inkognito unternommenen Liebesabenteuer. Der renommierte Historiker Jean Meyer zweifelt an der aufgestellten Vermutung, das Exekutionskommando wären neu eingetroffene Soldaten aus dem Hinterland gewesen, die den Kaiser sicher nie zu Gesicht bekommen hatten. Dies wäre gar nicht nötig gewesen. Ebenso wäre es für den unbekannten Kaiser nicht unmöglich gewesen, heil die Grenzen Mexikos zu erreichen.

Nicole Giron fragt, wer die Rolle des Kaisers bei so einer unattraktiven Szene wie der Hinrichtung gespielt haben sollte. Quellen sprächen dagegen, dass ein adäquater Schauspieler den Tod inszeniert hatte. Vielleicht war wirklich Maximilian am Glockenhügel zugegen, hatte aber nur Platzpatronen empfangen.
Der Ersatz des Leichnams scheint ebenso ein Schwachpunkt der These des Überlebens Maximilians zu sein. Doch wie beschrieben befanden sich viele Ausländer, viele darunter tot, in Querétaro zum Zeitpunkt des Endes der Belagerung. Einen gefallenen Europäer hätte man während der Einbalsamierung große Ähnlichkeit mit dem Kaiser verleihen können.

Der Schriftsteller Fernando del Paso beschäftigte sich ausführlich mit dem Kaiserreich Mexikos und dessen Protagonisten, über die er den Briefroman *»Noticias del Imperio – Nachrichten aus dem Imperium«* verfasste. In die Diskussion um Justo Armas schaltete er sich zwar ausgleichend ein, verlor aber nicht seine Skepsis. Er weist darauf hin, dass Juárez damit ein großes Risiko eingegangen wäre: Hätte der unbeständige Maximilian sein Freimaurerwort gebrochen und seine Identität enthüllt, wäre der mexikanische Präsident einem Skandal auf internationalem Niveau gegenübergestanden. Innenpolitisch hätte er solche bloßgestellten freimaurerischen Machenschaften wohl kaum überlebt. Doch die Kontrolle durch die Bruderschaft in El Salvador gab ihm hier vielleicht genügend Sicherheit. Noch dazu hätte Justo Armas von El Salvador aus der Welt nichts enthüllen können.

Del Paso stellt dazu fest, dass die beiden Kontrahenten Freimaurer von verschiedenen Riten waren. Juárez gehörte dem yorkinischen Ritus an, Maximilian dem schottischen. Diese verschiedenen Freimaurergruppierungen waren oft mehr Feind als Freund und hätten sich nicht geholfen.
Konrad Ratz zweifelt überhaupt an, Maximilian wäre Freimaurer gewesen. Der republikanische Oberst Karl von Gagern besuchte ihn am 28. Mai im Gefängnis des Kapuzinerinnenklosters und schrieb nieder, der abgedankte Kaiser hätte seine Anspielungen der Freimaurerei nicht erkannt. Hier taucht wieder die Frage auf, ob nicht von Gagern einer der Initiatoren des seltsamen Paktes war. Der deutsche Freimaurer und Adelige tauchte mehrmals im Gefängnis Maximilians auf und wollte scheinbar nicht mehr als ihm klarzumachen, er wäre in den Augen der Sieger nur ein Freibeuter und Abenteurer – ein seltsamer Grund für mehrere Besuche.

Die Frage, ob Maximilian Freimaurer war, ist wohl eine der entscheidendsten rund um die neue These. Viele Monarchen und Adelige in Europa waren Mitglieder der Bruderschaft. Die Freimaurerei war zwar dem aufklärerischen Gedankengut verpflichtet, trug aber kein revolutionäres Element in sich. In den »Alten Pflichten« wurde festgelegt: *»Ein Maurer ist ein friedfertiger Untertan der bürgerlichen Gewalten, wo immer er auch wohnt und arbeitet, und lässt sich nicht in Zusammenrottungen und Verschwörungen gegen den Frieden und die Wohlfahrt des Volkes ein, noch beträgt er sich pflichtwidrig gegen die Unterobrigkeiten.«*
In England übernahm schon im frühen 18. Jahrhundert der Hochadel die Führung der Freimaurerei, zahlreiche Mitglieder aus dem Königshaus betätigten sich in höchsten Funktionen der »Königlichen Kunst«. Der irische und französische Adel stand dem um nichts nach. Der spätere Friedrich der Große von Preußen ließ sich schon als Kronprinz 1738 geheim in die Freimaurerei aufnehmen, auf Grund seiner noblen Herkunft wurde er noch in der gleichen Nacht zum Gesellen und zum Meister erhoben. Zwei Jahre später bekannte er sich als Kaiser öffentlich zur Freimaurerei, seine Nachkommen taten es ihm gleich.

In den bedeutendsten Kreisen der Politik, des Geistes und des Militärs saßen Freimaurer. Bei der Schlacht von Waterloo 1815 standen sich sogar mehrere Bundesbrüder als militärische Führer gegenüber: Der Preuße Blücher und der Brite Herzog von Wellington besiegten die Franzosen Michel Ney und Emanuel Graf von Grouchy. Ney hätte in Paris erschossen werden sollen, hartnäckig hält sich die Legende, dass er von Freimaurerbrüdern in letzter Minute gerettet wurde und in Amerika bis zu seinem Tode als Schullehrer tätig war.

Der aufklärerische Bund hätte Maximilian wohl angezogen. Als Mitglied der katholischen Habsburgerfamilie hätte er einen Beitritt wie einst Friedrich der Große geheim gehalten. Die Diskretion des Bundes hätte ihm dies leicht ermöglicht. Höchstens als österreichischer Kaiser hätte er dann seine Sympathien vertreten können, der Bund hatte mächtige Gegner. Der katholischen Kirche war die Freimaurerei ein Dorn im Auge. Zu Zeiten Maximilians erließ Pius IX. ein Verzeichnis der *»hauptsächlichen Irrtümer unserer Zeit«*. Die Freimaurerei wurde darin als *»Synagoge des Satans«*, als eine verbrecherische und unsittliche Sekte gebrandmarkt.

In der österreichischen Herrschergeschichte war nur Kaiser Franz Stephan, der Gatte Maria Theresias, bekennender Freimaurer. Schon als Herzog von Lothringen war er 1731 in Den Haag in den Bund aufgenommen worden. Seine Gattin stand der Freimaurerei zwar misstrauisch gegenüber, doch sie umgab sich dennoch mit Freimaurern wie ihrem Leibarzt und Direktor des medizinischen Wesens Gerhard van Swieten. In Wien blühte die Freimaurerei aber erst unter ihrem Sohn, Kaiser Joseph II., auf. Seine Reformen waren von freimaurerischem Geist durchtränkt. Er gewährte Religionsfreiheit, schuf die Leibeigenschaft und die Folter ab, schränkte die Todesstrafe ein und milderte die Zensur. Aus familiären Rücksichten trat er zwar nicht bei, doch wahrte er keine Distanz. Sein engster Berater Graf Johann von Dietrichstein-Proskau war Großmeister der Wiener Landesloge. Die Loge *»Zur wahren Eintracht«* stellte den geistigen Mittelpunkt Wiens dar. Ihr Meister Hofrat Ignaz von Born ging sogar als Vorbild Sarastros aus der »Zauberflöte« in die Geschichte ein. Um die Jahrhundertwende verbot Maximilians Großvater Kaiser Franz I. die Freimaurerei aus Angst vor »*Umtrieben der geheimen Gesellschaften*« im Dienste Frankreichs – Aufführungen der »Zauberflöte« wurden als staatsgefährdend verboten. Doch der Einfluss des Bundes konnte nicht mehr geleugnet werden und zog den jungen Maximilian wohl an. Eine Mitgliedschaft wäre nicht zuletzt ein Punkt gewesen, der seine Opposition zum Bruder unterstrichen und ihm Unterstützung der liberalen Bevölkerung Wiens gesichert hätte. Die ethische Gemeinschaft mit ihren Idealen von Gedanken- und Gewissensfreiheit, von Humanität, Toleranz und Brüderlichkeit entsprach den Ansichten des Erzherzogs. Die Verpflichtung vor dem »*Großen Baumeister*« widersprach nicht seinen religiösen Ansichten. Die bedeutendsten seiner geistigen Vorbilder wie Gotthold Ephraim Lessing, Johann Gottfried Herder, Johann Gottlieb Fichte, Johann Wolfgang von Goethe, Christoph Martin Wieland, Ludwig Börne und Heinrich Heine waren bekennende Freimaurer. Der Wille der Freimaurer, ständig an sich selbst, an ihrer eigenen sittlichen Vervollkommnung zu arbeiten, entsprach seinem Bestreben. Maximilian führte stets ein Kärtchen mit Lebensregeln mit sich. Er wollte seine guten Vorsätze in die Tat umsetzen und einen vollkommenen Menschen aus sich formen.

Das maurerische Ideal der Menschenbildung vergaß er nicht einmal vor der Kronannahme. Ein Zeitzeuge berichtete: »*Frappierend an den Gesprächen war bloß sein gewisser emphatischer Ton, ein Schwung jugendlicher Enthusiasmus, wie schön die Welt sei, was es da alles noch zu tun gäbe und welcher Genuss es sei, die Menschen zu leiten und zu veredeln. Dabei keine Spur von politischer Ambition oder Herrschsucht, nicht jener souveräne Akzent von ›Gottes Gnaden‹, vielmehr ein gelegentliches Andeuten, dass man über solche Schwächen hinaus sei und die Welt längst schon mit jenen Augen ansehe, die den ›Contrat social‹ gelesen und Jean Jacques verstehen. Besonders auffallend ergab sich der stets stereotype Ausruf, sooft von irgendeinem nahen oder entfernten Volke die Rede war: ›Welch herrliches Volk! Aus dem ließe sich auch noch was machen!‹*«

Wie hätte Maximilian nun dem Bund beitreten können? Besonders seine Reisen boten ihm viele Gelegenheiten. Etwa als er Paris besuchte, wäre der Eintritt in die Loge des Großorients, die Napoleon III. gefügig war, kein Problem gewesen. Auch politisches Kalkül könnte eine Motivation zum Beitritt gewesen sein. Seit der Ankunft der Österreicher waren die Logen in Lombardo-Venetien sofort verboten und geschlossen worden, sie blieben aber als Geheimbünde der größte Feind der österreichischen Herrschaft. Maximilian wären große Sympathien der Freimaurerei sicher gewesen. Auch als Kaiser von Mexiko hätte es Möglichkeiten für Maximilian gegeben, Freimaurer zu werden. Sein Regierungschef Eloin hätte ihn leicht bei seinen Freimaurerkollegen vorstellen können. In Mexiko trat der Kaiser offiziell als »*Beschützer des Ordens*« auf. In einigen Briefen äußerte er sich in maurerischer Manier, so an seinen Arzt in Miramar: »*Doch bereue ich nicht die Gegenwart, sie gehört der Tat, dem Streben, dem Schaffen. Ist auch die friedliche Wonne des Lebens dahin, so wird einem große Genugtuung in dem Gedanken, dass man der Menschheit dient und dass ich nun auch einige Tropfen Öl in das große Licht der Aufklärung schütten kann; dass es mir gegönnt ist, beizutragen zu jenem Werke der Vervollkommnung, an der redliche Menschen seit Jahrhunderten, ja Jahrtausenden arbeiten. Habe ich hier nicht mehr die Brise der Adria, den Duft Lacromas, so lebe ich hier in einem freien Lande unter einem freien Volke, in welchem Prinzipien herrschen, die man daheim in Österreich nicht einmal in der Nacht träumen darf. Keine Schranken beengen mich mehr und hier darf ich offen sagen, dass ich das Gute will. Ist Mexiko auch in vielem zurück, mangelt ihm materieller Wohlstand und Entwicklung, so sind wir doch in den sozialen Fragen, in den wichtigsten meiner Meinung nach, Europa und zumal Österreich weit vor. Hier bei uns herrscht ein gesunder Demokratismus ohne kränkliche Fantasterei nach europäischer Art, sondern mit jener Kraft und Überzeugung, wie sie vielleicht einstens bei Ihnen nach fünfzigjährigem schweren Ringen sich entwickeln wird. Die europäischen Urteile über dieses Land sind fast durchgängig falsch, man kann und will die hiesigen Verhältnisse nicht verstehen, man ist zu stolz einzugestehen, dass wir Amerikaner in den Hauptpunkten um ein gutes Stück vorwärts sind.«* Maximilians Verlangen, einen Tropfen Öl ins Licht der Aufklärung zu gießen und am Werk der Vervollkommnung mitzuwirken, könnten direkt einer Freimaurerfibel entnommen sein. Die redlichen Menschen, die schon Jahrtausende an diesem Werk arbeiteten, wären somit die Freimaurer gewesen. Verschiedene Logen des Bundes orteten ihre Vorbilder in der Geschichte – von den Steinmetzbrüderschaften des Mittelalters bis zu den Templern der Kreuzzugszeiten. Der Einfluss der Freimaurerei hätte auch die bewunderte Form des *»Demokratismus«* Mexikos sein können. Die Mitgliedschaft Maximilians bei den Freimaurern bestätigte Dominique Morillon mit Quellen der Handschriftenabteilung der französischen Nationalbibliothek gegenüber Villalpando.

Mit der Eigenschaft als Freimaurer würde sich zudem die ungewöhnliche Sympathie erklären, die die italienischen Widersacher Österreichs Maximilian entgegenbrachten. Alle führenden Köpfe der italienischen Einigungsbewegung waren Freimaurer der Carbonari: Camillo Benso Graf von Cavour wie Giuseppe Mazzini. Giuseppe Garibaldi war sogar der erste Großmeister des *»Ordre du rite Memphis-Misraein«*. Cavour äußerte sich stets überraschend positiv über den österreichischen Erzherzog. Charlotte wurde in Mailand während ihrer Europareise um Hilfe für Mexiko zu finden von Garibaldi wie vom italienischen König in allen Ehren als Herrscherin empfangen. Das Entgegenkommen konnte nicht dem mittlerweile konservativ regierenden Kaiserpaar von Mexiko gelten. Die überzeugten Liberalen Italiens reichten ihre Hände vielleicht der Gattin eines anerkannten Freimaurerbruders. Der radikale Revolutionär Garibaldi schrieb nach der Gefangennahme Maximilians sogar ein Gnadengesuch für Maximilian an Benito Juárez. Den italienischen Nationalisten und Gegner der Vielvölkermonarchie bewog wohl die gemeinsame Bruderschaft zu diesem Schritt. Dass Juárez dem Gesuch seines bedeutenden Freimaurerkollegen gar nicht nachkam, wäre ebenso verwunderlich. Dessen Anhänger hatten den mexikanischen Präsidenten tatkräftig unterstützt. Die italienischen »Garibaldini« kämpften in ihren roten Blusen als wichtiges Kontingent freiwillig in den Reihen der Republikaner.

Wurde hier tatsächlich der Leichnam Maximilians nach Europa gebracht und in Wien beigesetzt?

Auf Grund der Tatsachen des Besitzes Armas' und der bewiesenen Ähnlichkeit zwischen Justo Armas und Maximilian halten es die Kritiker der These Denekes für möglich, Justo Armas sei ein österreichischer Aristokrat gewesen, der mit Maximilian in Mexiko zusammengearbeitet habe. Dies könnte natürlich die Vielzahl von Habseligkeiten des Kaisers in seinem Besitz erklären. Beim Fall des Imperiums wäre dieser dann aus Mexiko geflohen, Juárez verfügte ja die Ausweisung der Ausländer.
Um die Ähnlichkeit der genetischen Information zu begründen bietet Villalpando eine weitere Erklärung: Erzherzog Johann Salvador, ein Cousin des Kaisers, heiratete ohne Erlaubnis der Habsburger Familie ein unstandesgemäßes Chormädchen. Er soll mit einem Segelschiff getürmt und in Europa nie wieder gesehen worden sein. Er wurde vielleicht zu Justo Armas, was passierte aber dann mit seiner Frau?
Rund um das Ende des Kaisers von Mexiko sind noch viele Fragen zu beantworten. Die These Denekes wartet freilich auf endgültige Beweise – ein schweres Unterfangen: Die Freimaurer hätten ihre Geheimnisse ihrem Schwur gemäß mit in das Grab genommen. Als Bestätigung müsste Justo Armas noch einmal exhumiert werden und seine DNA mit derjenigen aus Haaren und Bartresten Maximilians des Mexikanischen Nationalmuseums der Geschichte verglichen werden. Zur weiteren Bestätigung – die Haare könnten falsch sein – müsste man die Ergebnisse mit der genetischen Information eines Mitglieds der Familie Habsburg-Wittelsbach gegenüberstellen. Falls die drei Proben übereinstimmten, wäre der einzige Schritt zur lückenlosen Klärung des Falls ein Vergleich mit der DNA des Körpers, der im offiziellen Grab Maximilians in der Kapuzinergruft liegt. Wenn nur diese aus der Reihe fiele, wäre die These Rolando Denekes vollkommen bestätigt.

Verwendete Literatur

Bamford Parkes, Henry: A History of Mexico. Boston, Mass. 1979.

Conte Corti, Egon Caesar: Maximilian und Charlotte. Wien 1924.

Conte Corti, Egon Caesar: Maximilian von Mexiko. München 1980.

Conte Corti, Egon Caesar: Vom Kind zum Kaiser. Wien 1950.

Ferro, Euphemia von: Erzherzog Ferdinand Maximilian von Österreich Kaiser von Mexiko als Dichter und Schriftsteller. Zürich 1911.

Größing, Sigrid-Maria: Schatten über Habsburg. München 1997.

Habsburg, Ferdinand Maximilian von: Aus meinem Leben. Reiseskizzen, Aphorismen und Gedichte. Leipzig 1867.

Habsburg, Ferdinand Maximilian von: Mein erster Ausflug. Leipzig 1868.

Hamann, Brigitte: Mit Kaiser Max in Mexiko. Aus dem Tagebuch des Fürsten Carl Khevenhüller 1864–1867. Wien 1983.

Haslip, Joan: Maximilian von Mexiko. München 1972.

Lennhoff, Eugen: Die Freimaurer. Wien, München 1981.

Menjívar, Rafael und Rafael Guidos Véjar: El Salvador de 1840 a 1935. Estudiado y analizado por los extranjeros. San Salvador 1985.

Middendorff, Wolf: Maximilian, Kaiser von Mexiko. Sein Leben und sein Prozess in historischer und psychologischer Sicht. Köln 1981.

Oslo, Allan: Freimaurer – Humanisten? Häretiker? Hochverräter? Frankfurt am Main 1988.

Pitner, Ernst von: Im Dienst Kaiser Maximilians von Mexiko. Wien–Köln–Weimar 1995.

Ratz, Konrad (Hg.): Kampf um Mexiko. Kaiser Maximilian in den Erinnerungen seines Privatsekretärs José Luis Blasio. Wien–München 1999.

Ratz, Konrad: Maximilian und Juárez. Hintergründe, Dokumente und Augenzeugenberichte. Graz 1998.

Ratz, Konrad: Maximilian in Querétaro. Der Untergang des zweiten mexikanischen Kaiserreichs. Graz 1991.

Ratz, Konrad: Das Militärgerichtsverfahren gegen Maximilian von Mexiko. Hardegg 1985.

Reinalter, Helmut: Die Freimaurer. München 2000.

Schmit Ritter von Tavera, Ernst: Geschichte der Regierung des Kaisers Maximilian I. von Mexiko. Wien 1903.

Tenenbaum, Barbara A.: México en la época de los agiotistas. 1821–1857. México, D. F. 1985.

Trueba, Alfonso: Santa Anna. México 1954.

Valmy, Marcel: Die Freimaurer. Arbeit am Rauen Stein mit Hammer, Zirkel und Winkelmaß. München 1988.

Villalpando César, José Manuel: Maximiliano. México 1999.

Vogelsberger, Hartwig: Maximilian Kaiser von Mexiko. Ein Habsburger auf Montezumas Thron. Wien 1992.

O. A.: Enthüllungen über die letzten Lebenstage und die Hinrichtung des Kaisers Maximilian I. von Mexiko nebst den nach seiner Gefangennahme gefundenen geheimen, nicht handschriftlichen Papieren und Correspondenzen. London 1867.

BILDNACHWEIS:

Bildarchiv der Österreichischen Nationalbibliothek 35, 45, 53, 73, 83, 101, 157, 159, 161, 205